부동산 정책,
WHY & HOW

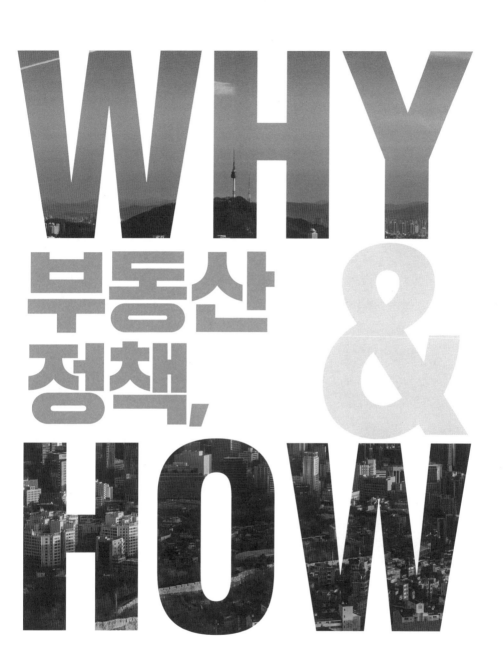

WHY 부동산 정책, & HOW

손재영, 남영우, 황규완, 이준용, 황세진 지음

매일경제신문사

프롤로그

자유 시장 경제체제에서 정책은 시장에 대한 정부의 개입이다. 부동산 시장에서 정부의 개입은 여러 이유로 정당화된다. 가장 원초적으로, 부동산 시장이 성립되고 작동하기 위한 기반으로 부동산 소유권 제도의 확립이 중요하다. 소유권과 관련된 사회적 기본 틀을 뒷받침하는 제도적 장치들, 예컨대 등기제도, 중개제도, 부동산 거래 및 소유를 보호하기 위한 보험, 공증, 감정평가제도, 공공에 의한 부동산의 매수 및 수용, 보상제도 등을 모두 광의의 부동산 정책에 포함할 수 있다. 다른 한편, 이 같은 기반 제도들이 안정적으로 확립된 것을 전제로 효율성, 형평성, 경제안정 등을 제고하기 위한 각종 시책, 예컨대 각종 규제 및 지원제도, 세제, 금융정책 등을 더욱 좁은 의미의 부동산 정책이라고 할 수 있다.

이 책은 후자의 의미로서 우리나라 부동산 정책을 검토하고 발전 방향을 제시하는 목적을 가진다. 필자는 오랜 시일 대학에서 부동산 정책을 강의하면서 교과서의 필요성을 느껴왔다. 그러나 우리나라 부동산 정책이 워낙 자주, 큰 폭으로 바뀌어서 거의 매년 개정판을 내야 한다고 생각하니 교과서를 쓸 엄두가 나지 않았다. 그래서 대안으로 주제별 논문들을 모아 편집해서 교재로 쓰고는 했다. 교과서를 쓰기 어렵다는 생각은 지금도 마찬가지다.

그런데 20대 대선을 전후해서 여러 사람이 읽을 수 있는 정책 입문서가 필요함을 절감했다. 이번 대선에서는 일찍부터 부동산 공약이 승부처가 되리라는 예상이 많았다. 문재인 정부 아래에서 주택가격이 급등하고 세 부담이 늘어 집을 가진 사람들이나 못 가진 사람들 모두가 힘들고 고단했기 때문이다. 두 주요 후보가 모두 부동산 공약에 공을 들였지만, 당시의 여당 후보가 과감하게 문재인 정부와의 단절을 강조하는 모습은 인상적이었다. 두 후보의 공약이 매우 유사했기 때문에 새 정부 출범 이전부터 '무엇을 해야 하나?'에 대해 여야 간에 공감대가 이루어져 있었다고 할 수 있다. 이 공감대가 유지되었다면 새 정부의 정책 전환이 순조로웠겠지만, 아쉽게도 그렇게 되지 않았다. 결국, 여당이든 야당이든 표가 나오는 방향으로 공약을 내걸었지만, 진정 어떤 정책이 필요한지에 대해서 깊은 생각이 없었던 것이다.

부동산 정책이 왜, 어떤 일을 해야 하는지에 대해서 논의가 새로 시작될 필요가 있다. 부동산 문제에 대한 기본적인 인식부터 점검해서 공감대를 넓혀야 할 것이다. 이 책의 저자들은 그러한 사회적 요구에 부응하기 위해 관심 있는 일반인이 쉽게 읽고 공감할 수 있는 책을 쓰기로 의견을 모았다. 대학교재나 전문서적에 비해 엄밀성을 조금 덜 강조하는 대신 현안들과 미래 과제들에 대한 공감의 폭을 넓히는 쪽으로 방향을 잡았다.

처음 제1부 3개의 장에서는 시장과 정책의 역할이라는 원론적 논의를 한다. 특히 부동산 정책이 투기만 억제하면 된다는 이른바 박정희 패러다임부터 버려야 한다는 점을 강조하며, 부동산 정책의 기본 인식부터 바꾸어야 할 필요성을 강조한다. 이런 인식의 전환이 없고서는 부동산 정책은 영원히 다람쥐 쳇바퀴 돌 듯 할 것이다.

제2부에서는 부동산 정책의 각론으로 주요 부동산 정책 분야의 핵심적인 내용과 현안, 그리고 정책대안을 논의한다. 각각의 장에서 해당 분야 정책의 모든 것을 설명하려고 하지 않았다. 대신 현재와 미래에 주요 정책적 이슈가 될 문제들이 어떤 것들이고, 이에 대해 어떤 구체적인 대책들이 필요한지를 논의하는 데 주력했다. 그런 점에서 정책의 A부터 Z까지를 설명해야 하는 교과서로서는 이 책이 적합하지 않을 수 있다. 반면에 진영논리에 사로잡히지 않고 균형 잡힌 시각에서 정책적 이슈들을 고민하는 독자들에게는 이 책이 유용한 자료가 될 것이다.

이 책의 공저자들은 필자와 같이 건국대학교 부동산학과에서 연구생활을 하고 학계, 산업계, 연구기관에 진출해서 활약하고 있는 소장파 학자들이다. 함께 작업하면서 필자가 잘 모르거나 간과했던 점들에 대해 새로운 시각을 가지게 되어 고맙고 뿌듯한 마음이 크다. 앞으로도 공저자들과 다른 젊은 부동산 학도들이 서로 도우며 더 좋은 연구성과를 낼 것을 확신한다. 이런 확신을 하고 교수 생활을 마감하게 된 것은 필자에게 큰 행운이다.

마지막으로 어려운 가운데서도 흔쾌히 책의 출간을 맡아주신 ㈜두드림미디어의 한성주 대표님께 감사의 말씀을 드린다.

대표 저자 **손재영**

차례

제 2 부
부동산 정책, HOW?

제**1**부

부동산 정책, WHY?

제1장

부동산 가격은 왜,
어떻게 변하나?

01 부동산 가격 결정의 메커니즘

부동산, 특히 주택의 가격은 일반 시민들의 영원한 관심사다. 주택은 개인이 평생에 걸쳐 구입하는 물건 중 가장 비싼 것이며, 구입하지 않으면 빌려서라도 사용해야 한다. 그러므로 주택을 구입하려는 사람이나 임차하려는 사람, 심지어 이미 구입한 사람들에게도 주택가격은 초미의 관심사다. 시민들의 관심이 높다 보니 정부와 정치권에서도 수시로 주택가격에 대해 언급하고 새로운 정책들을 제시한다. 주택 등 부동산의 가격, 과연 어떻게 결정될까?

부동산 가격은 수요와 공급에 의해 결정된다

부동산 가격은 시장에서 수요와 공급에 의해 결정된다. 이 점은 볼펜이나 사과 등 다른 재화 또는 서비스도 마찬가지다. 그러나 토지나 주택 등 부동산은 그 고유의 성질이 일반 재화와 매우 다르다. 따라서 수요와 공급을 결정하는 요인들이 독특하고, 이해하기 힘든 현상들이 종종 나타난다. 또한 부동산이라고 쉽게 말하지만, 모든 부동산은 내구소비재이며, 동시에 자산이라는 이중적인 성격을 가졌다. 주택은 주거공간을 소비하는 대상으로 임대차될 수도 있고, 자산으로서 매매될 수도 있다. 전자의 가격이 임대료이고, 후자의 가격이 매매가격이다. 논의의 대상이 되는 부동산 가격이 임대료인지, 매매가격인지를 구분해야 한다. 임대료와 매매가격의 결정 요인들 중 서로 다른 것들도 있기 때문에 양자를 뭉뚱그려서 이야기하다 보면 혼란에 빠지기 쉽다.

부동산 임대료 결정 요인들

공간 사용의 대가인 임대료 결정 요인들을 생각해보면 공간 사용의 수요 측면에서는 다음과 같은 요인들이 임대료에 영향을 준다.

- **인구 및 가구** : 사람이 거주하는 시설물이 주택이라는 점을 감안하면, 인구의 변화가 수요에 가장 큰 영향을 미칠 것처럼 보인다. 하지만 통상 주택을 가구 단위로 사용한다는 점을 감안하면, 가구의 변화가 좀 더 직접적인 영향을 미친다. 우리나라에서는 자녀가 취학연령에 가까워지거나 중·고등학교로 진학하게 될 때 주택수요가 크게 변한다. 이는 우리나라의 높은 교육열이 반영된 것으로 보인다. 주택의 수요라는 것이 '주택을 구입 또는 임차하려는 의사'라는 점을 감안하면, 가구주가 일정 수준 이상의 자산을 모은 상태여야 한다. 이런 점 등을 종합하면 30~40대 가구주 수의 변화가 주택수요에 큰 영향을 미칠 것으로 예상할 수 있다. 하지만 우리나라의 실증 분석 결과들은 오히려 50~60대의 수요가 가장 크다는

것을 보여준다.

• **소득** : 경제가 성장하고, 소득이 증가하면 주택수요는 늘어난다. 돈
이 부족하면 좁은 집에서 불편한 생활을 해야 하지만, 경제가 성장
하고 소득이 늘면 더 넓은 집으로 이사해 삶의 질을 높일 수 있다.
경제가 성장하면서 집값이 오르는 것은 자연스러운 현상이다. 심
지어는 인구 또는 가구가 감소하거나 증가 폭이 정체되더라도 경
제가 성장한다면 집값은 오르게 된다.

• **취향** : 주거문화의 변화에 따라 소비자들이 선호하는 주택의 종류
가 달라진다. 1970년대 중반까지만 해도 단독주택 선호도가 높아
서 아파트에 사는 것을 꺼리는 사람들이 많았다. 하지만 그 이후에
는 아파트가 보편적인 주거형태로 정착되었다. 2010년 이후에는
주상복합아파트들이 제공하는 고급 커뮤니티 시설이 확산하면서
신축아파트에 대한 선호도가 높아졌고, 신축과 구축아파트의 가격
차이가 벌어졌다.

• **대체재 및 보완재** : 주택 시장은 지역, 유형, 규모, 점유 형태, 가격
대별로 하위 시장이 나뉘지만, 이들은 다양한 경로로 서로 영향을
미친다. 소비자들은 여러 하위 시장들이 제공하는 주택 중에서 자
신의 필요와 능력에 맞는 주택을 선택한다. 그 결과 대도시와 전
원, 중심지와 외곽지역, 아파트와 단독주택, 자가와 임차 등 다양한
하위 시장들은 서로 대체재 또는 보완재 역할을 하면서 영향을 주
고받는다. 특정 시장에 충격이 가해지면 다른 시장에도 그 영향이
전해지는데, 동태적인 조정 과정을 거치므로 언제, 어떠한 모습으

로 주택 시장 양상이 변화할지 예측하기는 쉽지 않다.

- **입지 등 이질성** : 모든 주택은 서로 다르다. 지표상의 위치가 다르다는 근본적인 차이점도 있고, 개별 주택, 주택단지, 그리고 주변환경을 이루는 여러 특성도 다양하다. 이런 특성들이 제각기 주택수요에 영향을 주고, 나아가 임대료를 결정하는 요인이 된다.

그렇다면 공급은 어떨까?

부동산에 대해 아무리 강조해도 지나치지 않은 특성이 있다. 바로 장기와 단기의 공급이 다르다는 점이다. 토지 확보, 인허가, 건설 등에 걸리는 기간을 생각해보면 대략 3년 이내, 단기에 주택의 공급량이 크게 변하기 어렵다. 그러나 그보다 짧은 기간 내에서도 용도변경 등을 통해 특정 용도의 공급은 일부 변할 수 있다. 예를 들어, 주택에 대한 세금부담이 너무 커지면 다가구주택을 사무실로 개조해서 임대하는 것이 가능하다.

단기에 주택의 총량이 변하기 어려우므로 주택가격은 주로 수요자측 요인들이 결정한다. 택지가격이나 건설비가 오른다고 해도 신축주택의 숫자는 전체 주택 숫자에 비해 미미하다. 우리나라의 주택 총수는 약 2,000만 호에 달하는데, 매년 짓는 집은 평균 30~35만 호 정도다. 따라서 주택건축비가 오르고 신축주택의 가격이 오른다고 전체 주택 시장이 충격을 받지는 않는다. 다만, 우리나라처럼 대단위 아파트 단지 형태로 한꺼번에 수천 호나 그 이상의 주택이 특정 지역에 공급되는 경우에는 준공 시점을 전후해서 해당 지역 시장에 상당히 큰 영향을 줄 수 있다.

장기에는 주택의 숫자가 꽤 큰 폭으로 변화할 수 있고, 주택 건설비를 구성하는 여러 요인, 즉 토지비, 자재비, 인건비 등이 모두 주택의 장기 공급에 영향을 준다. 그중에서도 집을 지을 수 있는 토지의 공급이 충분한가가 중요한 요인으로 작용한다. 따라서 토지의 공급을 결정하는 여러 공법적 제한, 인프라 접근성 등이 주택공급과 가격에 크게 영향을 준다.

부동산 매매가격 결정 요인들

부동산을 일정 기간 사용하는 대가인 임대료와 달리 부동산 매매가격은 부동산 소유권의 가격이다. 그런데 부동산을 사용하는 권리 측면으로만 보면 임차해서 쓰는 임차인이나 매입해서 직접 쓰는 소유자나 별 차이가 없다. 우리나라 주택 임대차의 보편적인 형태인 전세계약의 경우, 임차인은 소유자와 같은 정도로 배타적 사용의 권리를 가지지만, 감가상각이나 고액의 수리비, 그리고 세금은 내지 않는다. 사용 측면에서는 소유자보다 전세 세입자가 오히려 유리한 점이 있다. 통상적으로 매매가격이 전세보증금보다 더 높은 이유는 주택을 사용할 수 있는 권리 외에 소유자만이 가지는 다른 권리들이 있기 때문이다. 그런 권리 중 가장 중요한 것은 임대료를 받는 권리다.

부동산 소유자에게 일정 기간마다 임대료 수입이 들어오는 것은 채권을 가진 사람이 원리금을 받는 것이나, 주식을 가진 사람이 배당금을 받는 것과 같다. 자산으로 부동산 가치는 채권이나 주식과 같이 그 상대적 투자 가치에 따라 자산 시장에서 결정된다. 장래의 원리금 수입 흐름이 채권 가치를, 배당소득 흐름이 주식 가치를 결정하는 것과 같이, 임대료 흐름이 자산인 부동산 가치를 결정하는 것이다.

주택가격이 올라서 임대료가 오를까? 또는 그 반대일까? 현재와 장래의 임대료가 오르면 자산가치가 커지고, 임대료가 내리면 자산가치가 작아진다. 따라서 임대료가 자산가격에 영향을 미치는 것은 분명하다. 반면, 자산가치가 임대료에 영향을 미치는 인과관계가 있다고 보기는 힘들다. 자산가치가 높아져서 부동산을 비싸게 산 사람이 그만큼 임대료를 높여달라고 임차인에게 요구하는 것이 어렵기 때문이다. 주식이나 채권이라면 주식가격이 올랐다고 배당금을 많이 요구하거나, 채권가격이 올랐다고 원리금을 많이 달라고 하는 요구가 받아들여질 리없다. 적어도 논리적으로는 매매가격이 임대료를 올리거나 내리는 원인이 될 것으로 보기는 어렵다.

주식이나 채권의 가치와 마찬가지로 부동산의 가치도 현재와 미래의 임대료들을 모두 합해서 현재 시점에서 평가한 것이다. 자산으로서 부동산의 가치를 내재가치, 시장 근본가치라고도 하는데, 그 안에는 현재와 미래에 부동산 임대료에 영향을 주는 모든 요인이 녹아들어 있다. 물론 미래는 불확실하고 따라서 미래에 대한 기대치가 현재의 부동산 가치에 한꺼번에 반영된다. 이처럼 미래에 일어날 일이 한꺼번에 자산가치에 반영되는 현상을 자본화(Capitalization) 현상이라고 한다. 세금이 올라서 부동산 가치가 떨어지는 것은 장래의 세금이 자본화되기 때문이다. 물론 자산가치를 올리는 자본화 현상들도 있다. 예컨대, 어떤 부동산 인근에 지하철역이 건설된다는 발표가 있으면, 장래에 오를 임대료가 미리 반영되어 큰 폭으로 자산가치가 오른다.

현재와 미래의 임대료에 영향을 주는 요인들은 모두 자산가치에도 영향을 준다. 추가로 미래 임대료들을 현재 시점에 평가하는 데 사용되는 할인율과 세제, 금융 등의 제도적 요인들이 부동산 가치에 영향을 미친다.

- **할인율** : 미래의 100만 원은 현재의 100만 원과 다르다. 대부분 1년 후의 100만 원보다는 현재의 확실한 100만 원을 선택할 것이다. 이는 미래의 돈 가치가 현재 시점에서는 할인된다는 것을 의미한다. 이 할인 비율이 미래 임대료를 현재 시점에서 평가하는 할인율이다. 할인율 수준은 시장 이자율이 기본이 되어 정해지지만, 부동산의 투자 위험도 반영된다. 거래가 쉽게 되어 유동성이 높은 부동산은 그렇지 못한 부동산보다 투자 위험이 낮고 할인율도 낮다. 또 미래 가격상승이 높을 것으로 기대되는 부동산은 할인율이 그만큼 낮아진다.

- **법·제도적 요인들** : 세금이 늘어나면 주택 보유기간 동안 집주인이 부담해야 하는 전체 비용이 늘어나므로 주택수요는 줄어들게 된다. 정부가 주택가격 상승에 대한 대책으로 세 부담 증가라는 카드를 꺼내 드는 데에는 수요 감소를 통해 주택 시장의 안정을 꾀하려는 목적이 있다. 세금 외에도 주택금융제도의 발전도 주택수요에 영향을 미친다. LTV(Loan To Value ratio, 주택담보대출비율), DTI(Debt To Income, 총부채상환비율)와 같은 금융규제의 변화, 과거에는 없던 새로운 주택금융제도의 도입 또는 비대면 주택담보대출과 같은 금융 시장의 효율성 강화 등도 주택수요에 영향을 미치게 된다.

임대료를 결정하는 요인들과 매매가격을 결정하는 추가적인 요인들을 합하면 수십 가지가 된다. 이들이 모두 주택임대 시장과 매매 시장에 영향을 주고 있다. 때로는 각각의 요인들이 같은 방향으로 움직이지만, 때로는 서로 다른 방향으로 가격을 움직이려 한다. 일부 요인들은 즉각적으로 시장에 영향을 미치지만, 다른 요인들은 시차를 두고 서서히 시장에 영향을 준다. 주택 시장은 그 모든 결과의 총합이다. 어느 한두 요인으로 주택 시장을 설명하려는 시도는 성공하기 어렵다. 이자율이 오르거나 세 부담이 늘어날 때 주택가격이 오르는 등 쉽게 이해하기 힘든 현상들이 종종 관찰되는 것도 주택가격이 그같이 복잡한 과정을 통해 결정되기 때문이다.

　주택가격 결정 메커니즘이 복잡하다는 것은 정부가 중단기적으로 주택가격에 영향을 주기도 어렵다는 것을 의미한다. 문재인 정부가 어떻게든 주택가격 상승을 막으려고 온갖 수단을 동원했지만, 끝내 성공하지 못했던 경험이 이 점을 잘 말해준다. 세제든 금융이든 규제든 또는 공급정책이든 어떤 정책수단을 동원하더라도 1~2년 이내의 단기에 주택가격을 좌지우지하는 것은 불가능에 가깝다. 따라서 부동산 정책은 장기적인 시각에서 국민 주거복지 향상이라는 큰 목표를 세우고 일관되게 추진되어야지, 단기적으로 부동산 경기변동을 조절하려는 시도는 대부분 실패한다.

부동산의 단기 공급과 장기 공급은 크게 다르다

부동산의 독특한 특징 중 하나는 생산 시간이 오래 걸린다는 점이다. 아무리 정부가 온 힘을 다해도 '주택을 빵처럼 밤새 구워낼 수' 없다. 그러나 충분한 시간이 주어지면 부동산도 그 양이 변한다. 토지의 경우 한 나라의 부존량이 고정되어 있더라도, 개별 용도 토지의 양은 변할 수 있다. 예컨대 농지, 산지를 개발해 택지나 공장용지의 양을 늘리는 것은 얼마든지 가능하다. 주택 등 건물도 신규 건설을 통해 총량을 증가시킬 수 있고, 노후화, 멸실 등을 통해 총량이 감소하기도 한다. 이런 성질 때문에 부동산의 단기 공급과 장기 공급은 완전히 다른 양상을 보일 수 있다. 경제학적으로 말하면, 단기와 장기의 공급탄력성이 크게 다르다. 세금을 올린다거나 하는 정책에 의해 주택 수가 변한다는 것은 얼핏 비현실적으로 들릴 수 있지만, 충분히 긴 기간을 상정하면 다음과 같은 요인들에 의해 공급이 크게 변화할 수 있다. 주택의 공급을 늘리는 요인들은 다음과 같다.

- **건설** : 높은 임대료와 주택가격은 주택건설업자의 이윤을 늘린다. 따라서 이들은 더 많은 주택을 건설해 시장에 공급한다. 주택에 대한 수요가 증가하는 것을 뒷받침하기 위해 토지의 개발도 활발해진다.

- **용도전환, 증·개축** : 주택이 다른 용도의 건물에 비해 상대적으로 높은 가격이라면 다른 용도의 건물이 주거용으로 전용된다. 또 기존 주택들에 대해서도 주거면적을 확장하고 주택 호수를 늘리거나, 주택의 질을 제고하기 위한 투자가 늘어난다.

- **재건축·재개발** : 기존 노후주택과 신축되는 주택의 가격 차이가 크다면, 개별 건물의 차원을 넘어서 도시 내 넓은 구역의 낙후된 건물들을 집단으로 헐고 새로 짓는 사업도 추진될 수 있다. 반대로 정책이나 기타의 요인들로 인해 주택의 가격이 낮은 수준에 머물러 있다면 철거 또는 용도전환으로 점점 더 주택의 양은 줄어들 것이다.

- **노후화** : 주택 등 모든 건물은 정상적인 사용환경 아래에 서서히 노후화하며, 일정 기간 사용 후에는 물리적 수명이 다한다. 주택의 노후화(질적 저하), 이에 따른 가치의 하락을 감가상각이라고 한다. 우리나라의 전체 주택 수가 약 2,000만 호인데, 주택의 수명이 40년이라면 매년 약 50만 호에 해당하는 만큼의 주택이 노후화해 소멸한다고 볼 수 있다. 주택의 노후화는 적극적인 유지·보수로써 지연시키거나 역전시킬 수 있다. 만약 주택의 가격이 높다면 주택소유자는 유지·보수에 투자해서 노후화를 저지한다. 반면 주택의 가격이 낮다면 유지·보수에 필요한 투자를 회피해 주택이 노후화가 가속된다.

- **유기**(Abandonment)·**철거**(Demolition) : 주택의 노후화가 어느 정도 이상 진전되어 더 이상 정상적인 사용이 어려워지면 주택소유자는 주택을 포기하든지, 허물어 버린다. 이런 결정에는 재산세 등의 세금이나 기타 정책이 영향을 줄 수 있다. 예컨대, 임대료 수입이 매우 낮거나 없는 상태에서 세금을 내야 한다면, 아예 주택을 포기하는 것이 이득일 수 있다.

- **용도전환** : 주택의 가격이 다른 용도 건물에 비해 낮다면, 주택은 다른 용도로 전용될 가능성이 크다.

이상과 같은 요인들을 고려한다면 주택의 장기 공급은 상당히 변화할 수 있다. 주택의 숫자가 줄거나 늘지 않는다는 전제하에 시행하는 정책들은 몇 년 내에 큰 난관에 봉착하게 된다.

임대료상한제의 모순

우리나라도 점점 월세 사회로 전환되는 과정에 있지만, 서구의 나라 대부분은 모든 임대계약이 월세를 기본으로 한다. 때때로 월세가 폭등해서 임차인들이 곤경에 빠지면, 정부가 나서서 임대료 인상을 제한하는 예도 있다. 그 효과는 단기와 장기에 아주 다르다. 임대료상한제가 시행되면 단기적으로는 임대인들이 별달리 대응하기 힘들다. 임대차계약이 통상적으로 긴 기간에 걸쳐 있으며, 임대료가 낮다고 다른 용도로 건물 용도를 바꾸기도 여의치 않기 때문이다. 따라서 단기적으로는 임대주택의 총공급이 줄지 않으며, 정부의 규제는 임대료를 낮출 뿐 별다른 부작용을 초래하지 않는다. 규제는 임대인의 수입을 줄이고 대략 그만큼 임차인에게 이득을 준다.

그러나 임대인들은 규제 이전의 공급물량을 오래 유지하지 못한다. 임대인들은 여러 가지 방법으로 임대주택의 공급을 줄여간다. 임대계약기간이 만료되면 계약갱신을 거부하며, 임대주택을 자가주택으로 개조해서 매각하고, 유지보수를 등한시해 주택의 질을 낮춘다. 결국, 규제가 없을 때에 비해 임대주택 물량이 감소한다. 공급물량이 줄어들기 때문에 모든 임차인이 집을 구하지 못하므로, 잠재적 수요자들 간에 어떻게 주택을 배분하는가 하는 문제가 제기된다. 가장 손쉬운 방법은 선착순이다. 임대주택(또는 단지)마다 대기자 명부를 작성해서 집이 빌 때마다 명부의 제일 위에 있는 대기자에게 기회를 주는 방법이다. 그러나 명부의 관리를 임대인에게만 맡긴다면 금품이나 기타 요인에 의해 명부가 조작되고 암시장을 통한 주택임차권 거래가 성행할 우려가 크다.

임대주택의 총량을 유지하는 것은 더 어려운 문제다. 주택임대인은 공실이 발생할 때 더 이상 임대를 하지 않으려 할 것이다. 장기적으로 임대주택의 스톡은 점점 줄어든다. 임대주택을 개조해 매매 시장에 내놓거나 아예 다른 용도로 전환하는 편이 더욱 높은 수익을 올릴 수 있기 때문이다. 임대인들은 새로운 임차인에게 시장 임대료를 다 받고 임대하는 것이 허용된다면 그렇게 할 것이다. 허용되지 않는다면 주택을 매각하거나 자신이 거주하기 위해 임대 시장에서 주택을 회수할 수 있다. 따라서 최소한 기존 임차인의 임차권을 보호하는 장치가 필요하다. 우리나라의 계약갱신청구권이 한 예라고 할 수 있다. 임차인 보호조치가 장기적으로 가능하기 위해서는 임대주택의 재고를 유지하기 위한 또 다른 규제장치가 필요하다. 대표적인 것이 임대주택을 개조해 매각하는 행위(Condo Conversion)를 막는 규제다.

이처럼 임대료규제는 단지 가격규제일 뿐이 아니라, 임차인 보호, 임대주택 재고 유지, 주택의 유지와 보수 등에 관련된 광범위한 규제체계일 수밖에 없다. 각각의 규제는 임대인, 임차인, 또는 양자의 재산권과 자유를 제약하게 된다. 또 현실에서 일어나는 온갖 복잡한 사정을 모두 포괄하는 객관적 규정을 만드는 것이 불가능하므로 공무원이나 이해집단 대표자들의 개입이 제도운영의 중요한 요소가 되는데, 여기에서 각종 부조리가 발생할 소지가 크다.

임대료규제가 아무리 정교한 보완 조처를 하더라도 임대사업의 수익성 저하는 장기적으로 임대주택의 양과 질을 낮추며 이에 따른 사회적 비용은 매우 크다. 거의 모든 경제학 입문 교과서에서 임대료규제가 초래하는 부작용을 통해 수요-공급이론을 설명하고 있다. 그런데도 서구의 많은 도시에서 임대료규제가 존속하는 것은 그 부정적인 효과가 단기간에 나타나지 않으며, 정부의 재원에 의존하지 않고 부유한 임대인으로부터 가난한 임차인으로 재분배가 이루어진다는 명분이 있기 때문이다. 그러나 임대료규제의 최종 효과는 임대인과 임차인, 그리고 도시 전체가 황폐해지는 결과를 낳을 뿐이다.

02 부동산 가격 거품

부동산 가격 거품의 의미

부동산 가격과 관련된 논의에서 거품에 대한 언급이 빠지는 경우는 거의 없다. 대개는 '내가 보기에 부동산 가격이 너무 높다' 또는 '내 생각으로는 부동산 가격이 하락할 것이다'라는 주관적 평가 또는 전망을 '가격에 거품이 있다'라는 표현으로 바꾸어 말한다. 그러나 경제학 이론에서 거품은 하나의 독특하고도 객관적 현상을 가리킨다. 즉 현재와 미래의 임대료들로부터 계산되는 자산의 내재가치에 비해 시장에서 결정되는 시장 가격이 더 높고, 그 차이가 지속되거나 점점 더 커질 때, 그 차이를 가격 거품이라고 부른다.

가격이 가치와 괴리되어 있다고 해서 그 차이가 반드시 거품은 아니다. 모든 재화와 자산의 시장에서 시장 가격은 일시적으로 균형가격과 괴리될 수 있다. 부동산 시장은 다른 시장에 비해 비효율적인 요소가 더 많으므로 양자 간의 괴리가 있을 수 있다. 시장 가격이 방향성을 가지고 내재가치에 접근한다면, 비록 양자 간에 괴리가 있어도 가격 거품이 있다고 하지 않는다.

과도한 자산가격 상승을 거품이라고 부르는 이유는 터지기 때문이다. '터진다'라는 표현이 합당할 정도로 갑자기 가격이 폭락한다. 역사상 최초의 자산 가격 거품이었던 튤립 버블에서 미시시피 버블과 남해(South Sea) 버블, 그리고 일본의 부동산 버블에 이르기까지 거품의 소멸은 가격이 갑자기 폭락하는 양상을 보였다. 바로 이런 가격 폭락이 거품의 존재를 사후적으로 확인하게 해준다.

부동산 가격 거품은 왜, 어떻게 생기나?

가격 거품은 왜, 어떻게 생기고 성장할까? 주식이나 부동산의 경우 만기가 정해져 있지 않으며 미래의 현금흐름이 불확실하다. 어떤 계기로 자산의 가격이 급등하고, 앞으로도 지속해서 상승할 것이라는 낙관론이 광범위하게 확산할 수 있다. 이런 낙관론에 기대어 투자자들이 투자를 확대함에 따라 자산의 가격은 더욱 오르고 미래 가격상승에 대한 기대는 높아간다. 투자 실적과 낙관적 기대가 서로를 보강하는 선순환 사이클이 지속함에 따라 점점 더 많은 사람이 해당 자산에 투자하게 되고 거품이 성장하게 된다. 투자자들이 앞으로 자산의 가격이 상승할 것이라고 예상한다는 이유만으로 그 자산의 가격이 높게 형성될 경우 가격 거품이 존재한다고 할 수 있다.

그러나 과거에 해당 자산가격이 올랐으니 앞으로도 오를 것이라는 기대만으로는 거품을 크게 키우기에 부족하다. 이전 시대에 경험하지도 상상하지도 못했던 새로운 미래가 열린다는 보다 근본적이고 거시적인 장밋빛 환상이 필요하다. 1980년대 말의 일본 부동산 시장에서는 일본이 세계 경제의 새로운 중심축이 되면 경제 전체의 질적 향상이 이루어질 것이고, 부동산 가격도 그에 걸맞게 오를 수밖에 없다는 진단이 부동산 가격상승을 정당화했다. 1990년대 말의 미국 닷컴 주식거품에는 신경제(New Economy)가 도래했으니, 전통적인 자산가격 평가 방법들은 닷컴 주식에 적용되지 않는다는 논리가 주식가격의 과다한 상승을 합리화했다.

다른 한편, 거품이 생성되고 성장하기 위해서는 거시경제적인 유동성이 풍부해야 한다. 경제 내에 유동성(통화량)이 넘쳐서 금융기관으로부터 쉽게 돈을 빌릴 수 있고, 이자율도 낮으며, 소득도 많이 늘어나는 상황에서 사람들은 낮은 이자율로 예금을 하는 것보다 부동산이나 주식에 직접 투자하는 것을 선호한다. 유동성의 증가는 금융시스템의 발달이나 규제 완화 등에 의해 효과가 더 커진다. 투자 수익에 대한 낙관론이 팽배하다면 많은 사람이 자기자본에 덧붙여 금융기관에서 돈을 빌려서 투자하는 것을 서슴지 않기 때문이다.

자산가격이 예상했던 것처럼 같이 오르면 투자자들은 큰 수익을 거두고 금융기관들도 자금을 회수하는 데 문제가 없다. 금융기관들이 앞장서서 투자하거나 고객들의 투자를 부추길 것이며, 이 과정에서 정상적인 절차 및 기준을 무시한 대출이나 자본참여를 하기도 한다. 예를 들어, 1980년대 말 일본의 부동산 거품이 자랄 때, 담보가치의 100%를 초과하는 대출 사례들이 있었다. 금융기관들이 적극적으로 거품의 성장에 관여하기 때문에 거품이 꺼져서 담보가치가 하락하면 투자자뿐만 아니라 대출을 해준 금융기관까지 연쇄적으로 도산하는 도미노 현상이 발생하게 된다.

이와 같은 배경하에 거품이 만들어지고 성장한다. 왜 투자자들이 터무니없는 가격에 자산을 사고팔면서 거품을 키워 갈까? 이 사람들이 비합리적이기 때문인가? 거품의 성장에 대한 유력한 설명 중의 하나는 이른바 '더 큰 바보 이론(The Greater Fool's Theory)'이다. 거품이 자라서 자산가격이 이전보다 수 배에서 수십 배 상승하면, 이 가격이 정상인지에 대해 논란이 없을 수 없다. 그럼에도 투자하는 투자자들도 반드시 그 가격의 적정성을 확신하는 것은 아니다. 본인은 자산가격이 과도하게 높다고 생각할지라도 누군가 나중에 더 높은 가격으로 사줄 것이라는 확신만 있으면 꺼리지 않고 투자한다. 비록 내가 바보 같은 행동을 할지라도, 더 큰 바보가 있을 것이라는 기대로 투자를 하는 것이다. 바보가 더 큰 바보를 찾을 수 있는 한 거품은 계속 자란다.

가격 거품의 존재를 알 수 있나?

거품은 시장 가격과 내재가치 간의 괴리다. 그러므로 내재가치를 알아야 거품이 존재하는지 알 수 있다. 그런데 부동산의 내재가치는 현재뿐 아니라 미래의 부동산 소득과 할인율에 의해서 결정되기 때문에 미래가 불확실한 한 내재가치를 정확히 알 수 없다. 따라서 거품의 존재를 판단하는 데 근원적인 한계가 있다. 여러 지표나 통계적 기법을 활용해서 거품의 존재를 추론하고자 시도해볼 뿐이다. 그러나 그 어느 것도 거품의 존재를 알기 어려운 한계를 완전히 극복하지 못한다. 거품의 존재 여부를 판단하기 위해서 활용되는 지표들은 거품이 자랄 때 나타나는 다음과 같은 현상들에 주목한다.

- 부동산 가격이 계속 오른다. 과거에는 예상하기 어려웠던 수준까지 가격이 오르며, 특히 임대료와 자산가격의 괴리가 커져서 가격

이 적정한지에 대한 논란이 무성해질 것이다.

- 주택의 경우 소득보다 가격이 상대적으로 너무 많이 올라서 주택 가격에 대비한 수요자들의 주택구입 능력이 떨어질 것이다.

- 가격상승에 편승해 투자 수익을 겨냥한 투자 활동이 활발해진다. 점점 많은 사람이 투자 목적으로 주택을 거래함에 따라 주택거래 량이 크게 늘어나며, 거래 건수 중 투자 목적의 비중이 커진다.

- 금융기관들이 부동산 구입자금 대출이나 지분참여 등을 늘리는 가운데, 일부 방만한 대출을 꺼리지 않는다. 그 과정에서 부정과 비리가 나타나기도 한다. 가격상승을 바라고 무리하게 대출을 받은 사람들은 소득보다 과도한 원리금 상환 부담을 진다.

많은 지표가 앞서 나열한 현상들을 포착하는 데 활용될 수 있다. 예 컨대, 소득 대비 주택가격의 비율(Price Income Ratio, PIR)이 높으니 가격 거품이 있다는 주장을 흔히 접한다. 그러나 PIR를 비롯한 여러 지표는 어디까지나 정황증거일 뿐이다.

우리나라 주택 시장에 가격 거품이 있나?

부동산 가격 거품의 존재 여부는 개인들의 의사결정과 정부의 정책 에도 중요한 변수다. 그러나 미래의 불확실성이라는 원초적인 한계를 넘을 수 없으므로 거품의 존재를 확실히 알 수 없다. 꺼지기 전까지, 거품은 흥미로운 논쟁의 대상일 수 있지만, 그 존재를 단언하고 나서는 것은 무모하다. 가격 거품이 있다는 주장은 주택가격이 별 뚜렷한 이유 없이 곧 폭락할 것(평범한 하락이 아니다!)이며, 그 결과 금융시스템에 심대한 타격이 가해지고, 궁극적으로 국민경제 전체가 침체에 빠진다는 예측까지 내포한다. 함부로 성급한 결론을 내기보다 거품이 성장할 때 나타나는 여러 현상과 비교해가면서 시장 상황을 조심스럽게 진단하는 것이 바람직하다.

우리나라 주택 시장에 때때로 가격이 급등하는 현상을 보이고, 그때마다 가격 거품이 꺼져야 한다는 주장이 나오지만, 적어도 외환위기 이후 2020년 이전의 시기에 주택 시장에 거품이 있었다고 보기는 어렵다.

첫째, 주택은 고가의 자산이다. 거품이 자란다면 거래단위가 더 커지는데, 이를 자기 돈만으로 사는 것은 불가능하다. 투자금 대출이 원활히 이루어지지 않으면 거품이 자라지 못한다. 1980년대 일본의 거품에는 담보가치의 120%에 달하는 대출이 있었고, 글로벌 금융위기 이전 미국에서는 NINJA(No Income, No Job or No Asset) 대출이 성행했다. 금융기관들이 다른 돈을 빌려줄 데가 없어서든, 리스크 관리가 미비하든, 정치권이 압력을 가했든 이런 무분별한 대출에 의존해서 가격 거품이 자란다. 그에 비해 우리나라에서는 DTI, LTV, 기타의 금융규제들로 인해 거품성장에 필요한 자금지원이 없었다.

둘째, 거품은 가격상승에 대한 광범위한 공감대 속에서 자란다. 거품이 자라면서 점점 더 높은 가격에 주택을 사는 사람들은 불안하다. 가격이 더 오른다고 부추기는 사람들이 있어서 투자하긴 하지만, 불안이 완전히 가시지 않는다. 사고파는 사람들이 불안하기 때문에 거품은 외부 충격에 취약하다. 약간만 찔러도 허망하게 일시에 꺼지는 비눗방울 같기 때문에 '거품'인 것이다. 우리나라의 경우 참여정부에서 수십 차례의 강력한 규제가 가해졌고 곧이어 세계적인 금융위기가 닥쳤다. 문재인 정부에서도 조세, 금융, 거래규제 등 모든 측면에서 시장과 전쟁을 벌였다. 그런데도 부동산 가격이 폭락하지 않았다는 사실 자체가 거품을 부정하는 반증일 수 있다.

셋째, 거품이 있다면 당연히 주택가격이 높겠지만, 우리나라 주택가격이 높다고 단정하기 어렵다. 1986~2021년의 긴 기간을 두고 보면 국민은행 전국 주택가격 지수는 연평균 3.4% 올라서 물가상승률(3.5%)보다 낮았다. 주택 실질 가격이 장기간 하락해온 것이다. 반면에 서울의 아파트만 골라서 보면 연평균 5.7% 올라서 물가상승률을 크게 초과했다. 그러나 서울 아파트 가격상승도 근로자 가계소득 증가율에 미치지 못했다. 또 이 수치들은 우리나라 주택들이 질적으로 크게 개선된 것을 반영하지 않는다.

넷째, 주택가격에 거품이 있으면 무엇이 문제인가? 거품이 꺼질 때 거품성장기에 흥청대면서 방만한 투자를 했던 투자자들이 곤란해지겠지만, 이는 시장 경제가 가하는 규율이기 때문에 정부가 개입할 당위성이 작다. 그러나 개별 투자자의 흥망을 넘어서 대규모로 주택담보대출이 부실화되고, 부실채권 때문에 금융기관들이 휘청대며, 실물경제에 자금공급이 끊기면서 경제 전체가 침체에 빠지는 악순환 고리가 만들어진다면 그대로 둘 수 없다. 이른바 시스템적 위험(Systemic Risk)이 현실화하는 상황이다. 일본은 거품붕괴를 적절히 다루지 못해서 30여 년이 지난 아직도 경제가 침체하고 있다. 미국은 유례없이 적극적인 개입을 통해 경제시스템을 살리는 데 성공한 것으로 보인다.

우리나라의 경우 주택담보대출의 LTV가 평균 50% 이하이므로 집값이 폭락해도 대출금을 회수하는 데 문제가 없다. 개인은 망해도 은행은 망하지 않는다. 일본이나 미국의 예를 들어가며 거품붕괴와 금융위기,

경제침체의 악순환 구조도를 그리기는 쉽지만, 우리나라에 그 그림이 적용될 가능성은 작다.

　시장 경제에서 수요와 공급의 상호작용에 따라 가격은 오르기도 하고 내리기도 한다. 일반적인 수요-공급으로 설명되지 못하는 현상, 예컨대 부동산 가격 거품이 우리 주택 시장에 있다는 주장에는 신중해야 한다. 2008년의 금융위기 때 주택가격이 하락한 것은 국제경제 악화, 금융시스템의 불안, 그리고 실물 부문의 침체 여파로 주택의 내재가치가 떨어졌기 때문이지, 주택 시장이 스스로 붕괴할 가격 거품을 키웠던 때문이 아니다. 또, 현재의 시장 침체가 거품붕괴라면 가격은 훨씬 더 많이, 더 빠르게 떨어지는 동시에 금융시스템이 휘청거려야 한다. 1980년대 말의 일본과 2000년대 중반의 미국에서는 부동산 시장이 위기의 진원지였지만, 우리나라 부동산 시장은 경제의 다른 부문에서 촉발된 위기의 파편을 맞았을 뿐이다.

03 시장에서 나타나는 이상한 현상들

부동산 가격이 수요와 공급 때문에 결정된다고는 하나, 이는 이론적인 측면의 이야기다. 이론은 경제현상을 최대한 단순화해 원인과 결과를 직관적으로 살필 수 있게 도와준다. 그러나 현실은 이론보다 복잡하다. 때로는 이론과 맞지 않아 보이거나 상식적으로 이해하기 힘든 현상이 발생한다. 이해하기 어려운 상황 앞에서 사람들은 흔히 오랫동안 입증되어온 이론을 부정하거나 특정 세력의 음모를 의심하기도 한다. 예컨대 다음과 같은 현상들이 관찰되기도 한다.

가격이 상승했는데 오히려 수요가 늘어난다

일반적으로 재화의 가격이 오르면 수요량은 줄어든다. 그러나 주택은 가격이 오르면 수요도 덩달아 오르는 경우가 있다. 2020~2021년 주택 시장에는 이런 현상이 잘 나타났다. 집값이 오르자 20~30대 젊은 층까지 이른바 '영혼까지 끌어모아서' 대출을 받아 주택 구매에 나서면서 집값 상승을 더욱 부추겼다. 주택의 가치에 영향을 미치는 가구의 수가 1~2년 안에 급격히 늘어나지 않는다는 것을 고려하면, 주택의 가치와 가격 간에 괴리가 생긴 것처럼 보인다.

그러나 이는 주택의 가치에 대한 평면적인 이해에서 비롯된 것이다. 어떤 사람이 집이라는 공간을 소비할 때는 다른 모든 재화와 마찬가지로 비용이 든다. 남의 집을 빌려 거주한다면 임대료가 들 것이다. 설사 자기 집에 거주한다고 해도 이 비용은 소요된다. 이를 '사용자 비용'이라고 부른다. 여하튼, 일반적으로 같은 공간을 사용하는 데 드는 비용은 적으면 적을수록 수요자에게 유리하다. 소비자들은 주택을 사용하면서 얻게 되는 효용과 비용을 계속해서 비교하면서 비용 대비 효용을 극대화하려 한다. 그런데 집값이 오르면 비용을 집값 상승분으로 메울 수 있게 되므로 집을 소유하는 것이 더 유리하게 된다. 결국, 집값이 오르면 주택수요는 증가하게 된다. 이는 가격이 오르면 수요량이 줄어드는 일반적인 경제 원칙에 위배되는 것처럼 보이지만, 소비자들이 효용과 비용을 끊임없이 비교하면서 소비 수준을 결정하는 기본 원리에 위배되지 않는다.

저금리가 장기화하면 발생하는 일들

저금리가 장기화하면 주택가격은 지속적인 상승세를 보일 것이다. 최근 10년간 글로벌 부동산 시장에는 이 같은 일이 실제로 일어났다. 2008년 미국에서 시작된 글로벌 금융위기는 남유럽 재정위기 등으로 번지면서 글로벌경제에 걸림돌이 되었다. 각국 정부와 중앙은행은 인위적으로 대량의 현금(유동성)을 공급하고 저금리 기조를 유지했다. 일반적으로 시장에 유동성을 지속해서 대량 공급하게 되면 물가가 오르게 된다. 그러면 같은 돈으로 구입할 수 있는 물건의 양이 줄게 되고, 경제적으로 어려운 사람들에게 피해가 가중된다. 인플레이션을 막기 위해 정부는 돈 풀기를 멈추고 중앙은행은 금리를 다시 올리게 된다. 그런데 중국 등 신흥국에서 낮은 인건비를 바탕으로 저렴한 물건을 계속 공급하다 보니 공급된 유동성에 비해 물가가 덜 오르면서 저금리가 장기화될 수 있었다. 결과적으로 지난 10년간 글로벌 집값은 과거에는 경험할 수 없는 수준으로 올랐다.

하지만 이런 호시절이 영원히 지속할 수는 없다. 결국, 물가는 급등했고, 급등하는 물가에 대응해 각국 은행은 금리를 올리고 있다. 늘어나는 이자비용 부담으로 주택수요는 빠르게 감소하고 있다. 집을 살 사람이 줄어들자 거래도 거의 일어나지 않게 되었고, 가격도 하락하고 있다. 집값 하락세가 이어지면 주택 보유자는 자가거주 비용에 집값 하락분까지 얹어 부담해야 하므로 주택수요는 더욱 위축된다.

이자율과 주택은 역의 관계가 아니었나?

이자율이 올라도 집값이 오르기도 한다. 우리나라의 경우 1987~1990년까지 이런 현상이 강하게 나타났다. 당시 연 20% 이상의 금리에도 불구하고, 전국의 집값은 연평균 14%가량 올랐다. 이자율과 부동산 가격과의 관계를 생각한다면 이상한 현상이 나타난 것이다. 그러나 이 시기는 이른바 3저 현상으로 우리나라 경제가 단군 이래 최대 호황을 누리던 시기였다. 글로벌 차원의 저금리·저유가·저원화가 장기화하면서 수출 중심의 우리 경제는 연평균 10.4%의 초고도성장을 이어

갔다. 여기에 젊은 층들이 새로운 기회를 찾아 도시에 몰려들면서 도시의 주택수요가 급격히 증가했다. 경제가 성장하고 소득이 늘면 자연스럽게 주택수요가 증가하는데, 여기에 도시의 인구증가까지 겹치게 되었으니 금리상승에도 불구하고 주택가격이 오른 것이다. 끝없이 오를 것만 같았던 집값은 3저 호황이 끝난 1990년 0.3% 하락, 약보합세로 전환되면서 안정을 찾게 되었다.

미국에서도 유사한 현상이 있었다. 미국의 주택가격 추이를 나타내는 케이스-실러 지수(Case-Shiller Index)를 살펴보면, 2012년 1월 134.2를 최저점으로 지속적인 상승을 보였으며, 2019년 말에는 212.8에 도달했다. 연평균으로 따지면 6%씩 오른 셈이다. 한편, 같은 기간 미국의 30년 만기 주택담보대출(모기지) 이자율은 3.36%(2012년 10월)에서 4.94%(2018년 11월)까지 상승했다. 이자율이 상승한 기간만 따져본다면 주택가격 지수는 144.0에서 205.1로 상승세였다. 금리가 올랐지만, 집값 상승세는 꺾이지 않았다. 가장 큰 원인으로는 미국 경제의 안정적인 성장이 꼽힌다. 2012년부터 2019년까지 미국의 GDP 성장률은 2% 중후반대로 안정적으로 유지되었다. 경제가 탄탄한 성장세를 지속하고 있어 소득의 꾸준한 상승이 예상되니 금리상승으로 인한 비용을 충분히 감당할 수 있었고, 주택가격은 상승세를 지속했다.

경제가 위축되어도 집값이 오르기도 한다

그렇다면 경제가 위축되고 소득이 줄어든다면 집값은 어떻게 될까? 이른바 잃어버린 30년이라는 초장기 경기침체를 겪고 있는 일본을 보자. OECD가 발표한 일본의 주택가격 지수는 1990년에는 166.8이었으나 2000년에는 136.5, 2010년에는 95.3까지 하락했다. 장기적인 경기침체로 주택수요가 줄어 집값이 떨어진 것이다. 그런데 경제가 위축되더라도 집값이 오르는 현상이 나타나기도 한다. 멀리 볼 것도 없이 코로나19 팬데믹이 한창이던 2020년과 2021년에 이러한 현상이 있었다. 그것도 전 세계적인 수준에서 말이다.

우리나라에서도 2020년과 2021년은 집값이 폭등한 시기였다. 인구와 경제력이 집중된 수도권뿐만 아니라 인구가 줄어들고 있는 지방 중소도시까지 집값이 급등했다. 이 기간 전국의 집값은 연평균 12%가량 올랐는데 수도권은 15%, 지방 광역시는 10%, 기타 중소도시는 6%가량 올랐다. 그런데 OECD 회원국 전체를 보면 주택가격이 연평균 9%가량 상승했다. 우리나라의 상승 폭이 약간 더 높았을 뿐 대부분의 선진국에서 공통으로 집값이 급등한 것이다. 코로나19 팬데믹으로 인한 사회적 거리두기 강화, 도시 폐쇄 등으로 전 세계 경제가 큰 충격에 빠졌음에도 어떻게 이런 일이 생길 수 있는 것일까?

원인은 바로 저금리와 넘치는 유동성에 있었다. 전대미문의 전염병으로 경제가 빠르고 큰 폭으로 위축되자 각국 정부와 중앙은행은 금리를 낮추고 재정정책을 동원해 시장에 대량의 현금을 공급했다. 경제가 멈추지 않도록 비상상황에 대응하려는 조치였다. 그러나 팬데믹은 일시적인 현상이며 언제인가 해소되어 경제가 다시 원상회복할 것이라는 믿음이 소비자들에게 있었고, 이들은 낮은 이자 부담을 바탕으로 너도나도 주택을 구입해 집값은 치솟고 말았다. 앞서 말한 장기 경기침체에 놓여 있었던 일본마저도 2020년에는 집값이 오르지 않았으나 2021년에는 6%의 집값 상승을 보였다. 이전에 일본의 집값이 1년에 5% 이상 오른 경우는 1990년 이후 단 한 번도 없었다.

세금을 올렸는데 왜 주택가격에 영향이 없지?

세금의 문제도 비슷한 경우가 있다. 최근 몇 년간 우리나라에서 집값 상승은 주요한 사회적 이슈였다. 당시 정부는 이를 해소하기 위한 해법 중 하나로 세금 인상을 꺼냈다. 조세 부담을 높여 부동산 보유로부터 얻은 이익을 줄여 집값 상승을 막고, 특히 다주택자들의 이익을 회수해서 투기를 막아보자는 취지에서 적극적으로 추진되었다. 하지만 이 정책은 큰 효과를 거두지 못했다. 왜냐하면 세금 인상으로 인한 집값 조정 효과는 일회성이기 때문이다.

다른 조건이 같은 상태에서 세금이 오르면 부동산으로부터 얻어지는 수익이 감소해 집값이 하락한다. 그러나 이는 세금이 오를 때 한 번만 발생하는 현상이다. 따라서 오른 세금을 감내하고서라도 주택을 사들이려는 사람들에게는 효과가 없다. 더군다나 집값 상승으로 늘어난 세금을 충분히 보상받을 수 있는 상황에서는 세금이 무서워서 집을 안 사지 않는다. 지난 정부에서 집값 안정을 위해 세금을 올리자, 부자들은 집을 팔지 않고 여분의 집을 자녀에게 증여하는 방법으로 대응했다.

이론적으로 세금을 올려 집값 상승을 막으려면 세율이 지속해서 상승해야 한다. 그러나 국민의 선택을 바탕으로 정부가 선출되는 국가에서 세금 상승과 같은 인기 없는 정책이 지속될 가능성은 작다. 결국, 주택 시장 참여자들은 정부의 세금 인상에 대해 일시적인 이벤트로 받아들이게 된다. 이는 다시 세금 인상정책의 신뢰도를 낮추어 주택가격에 미치는 영향을 더욱 줄어들게 만든다. 더군다나 경제가 성장해서 주택 수요가 늘고 이에 반해 충분한 공급이 이루어지지 않는 상황이라면 문제는 더욱 심각해진다. 오른 세금이 임대료에 쉽게 전가되기 때문이다. 그리고 세 부담이 임대료에 전가되면 소득이 낮은 사회적 약자에게 더 큰 충격으로 다가온다. 결국, 세금을 올려 집값을 잡는 것은 현실적으로 매우 어려운 일이고, 지속할 수 없을 뿐만 아니라 오히려 저소득층에게 피해가 전가되는 결과를 낳을 뿐이다.

공급이 늘어나면 집값이 안정되는 게 아니었나?

주택의 공급과 관련해서도 쉽게 이해하기 어려운 문제가 발생한다. 통상의 재화는 공급 부족으로 가격이 상승할 때 공급을 늘리면 가격상승이 멈춘다. 그러나 재건축·재개발을 통해 주택을 공급할 때는 공급 증가가 오히려 가격상승으로 이어지고는 한다. 재건축·재개발은 단순히 헌 집을 새 집으로 바꾸는 것이 아니다. 기존 집주인들이 조합을 꾸려 사업주가 되어 진행하는 개발사업이다. 따라서 개발이익의 발생이 전제되어야만 하며, 개발이익은 주로 기존 주택보다 더 높거나 크게 집을 지은 후 늘어난 집을 팔아 비용을 충당해 얻게 된다. 재건축·재개발은 법이 정하는 엄격한 절차를 거쳐야 하며, 안전진단과 같은 외부 기관의 평가나 주민 총회의 의결과 같은 다수결 등 결과를 쉽게 점치기 힘든 과정도 포함한다. 이러한 불확실성으로 인해 재건축·재개발을 추진하는 주택의 가격은 가치에 더해 발생 확률이 고려된 개발이익이 합쳐진 모양새를 이룬다.

만일 재건축·재개발을 통해 더 많은 주택을 공급하기 위해 용적률을 높이면 재건축·재개발로 팔 수 있는 주택의 수가 늘어 개발이익이 커지므로 집값은 오히려 오른다. 또한, 재건축·재개발 절차를 완화해 주택공급의 속도를 높이려 한다면 개발이익의 발생 확률이 높아지므로 이 경우에도 집값이 오른다. 추가로 재건축·재개발이 끝나면 기존의 낡은 건물이 깔끔한 새 건물로 바뀌게 되므로 주변 환경이 개선되는 효과가 나타난다. 인프라가 정비되므로 주변 집들은 아무것도 안 했지만, 보다 나은 환경에 거주할 수 있게 되어 긍정적인 외부효과(외부경제)로 인한 집값 상승을 기대할 수도 있다.

언뜻 보면 재건축·재개발 조합원들이 부당한 이익을 보는 것처럼 보이지만 실상 그렇지 않다. 기존 집을 부수고 새로 집을 지을 정도의 개발이익이 있다는 것은 그 지역에 수요가 몰려 높은 가격으로도 집을 사려는 사람들이 있다는 뜻이며, 저층의 낡은 주택에 거주하는 것은 해당 부동산을 최유효이용하지 못하고 있음을 의미한다. 즉, 시장의 변화가 자연스럽게 재건축·재개발의 개발이익을 형성한 것이지, 조합원들이 시세를 조작해 집값을 올려 부당한 이익을 취하는 것이 아니라는 뜻이다. 재건축·재개발을 통한 공급확대로 인한 시장 안정효과는 준공 후 나타난다. 과거 마포구나 송파구에 공급된 대규모 재개발·재건축 단지 등을 떠올려보면, 사업이 종료되고 주택이 거래되는 시점에서 임대료 하락, 주택가격 안정과 같은 일반 재화의 공급 증가와 같은 효과가 나타났다는 것을 알 수 있다.

재건축·재개발의 개발이익이 형성될 정도로 입지가 좋은 지역은 정부가 아무리 규제를 강화해도 언젠가는 집값이 오를 수밖에 없다. 예컨대, 재건축 초과이익환수제와 같이 재건축을 통해 조합이 얻는 개발이익을 부담금 등을 통해 환수한다고 가정하자. 개발이익이 줄어드니 조합은 재건축을 추진하지 않을 것이고, 재건축아파트의 가격은 상승을 멈출 것이다. 그러나 시간이 지나면 수요가 몰림에도 신규 공급이 없으니 재건축을 통해 판매되는 새 집값이 올라 개발이익이 더 늘어날 뿐이다. 개발이익이 반영되는 재건축 주택의 가격 구조를 감안하면, 정부의 강력한 개발이익환수에도 불구하고 집값은 오르게 된다. 결국, 정부의 재건축 개발이익환수는 실제 거주자에게는 낡은 집에서 불편한 생활을 강제하게 하고, 소유자에게는 재산권 행사를 제약할 뿐만 아니라 집값을 잡지도 못하는 결과를 낳게 될 뿐이다.

시장은 복잡한 것이지 문제가 있는 것이 아니다

부동산 시장에서는 이해하기 어려운 현상이 나타나고는 한다. 시장이 작동하지 않는다기보다는 시장의 조정에 긴 시간이 소요되거나 여러 상충된 요인들이 작용하기 때문이다. 예컨대 금리가 상승해서 집값이 조정 국면에 접어드는 상황을 생각해보자. 이론적으로는 금리가 상승할 때 시장 참여자들 모두가 집값 조정을 예견해 수요가 감소하고 집값이 하락해야 한다. 그러나 현실적으로는 금리가 상승할 때 이것이 지속적인 현상인지, 일시적인 현상인지는 알기 어렵다. 결국, 소수의 소비자만이 집값 조정을 예견하고 다수는 여전히 과거의 금리가 지속할 것으로 예상하므로, 금리가 오르더라도 집값이 상승하는 경우가 발생한다. 금리 상승이 집값 하락으로 이어지려면 금리 상승이 상당기간 지속되거나 단기간에 큰 폭으로 이루어져야 한다.

여기에 집값에 영향을 미치는 변수 간의 상호 영향력도 고려할 필요가 있다. 앞서 논의했던 부동산 시장의 특이한 현상들은 시장 변수가 실제 부동산 가격에 큰 영향을 미치지 못하는 사례들이다. 이는 상충된 효과가 있는 다른 변수들로 인해 그 효과가 가린 것뿐이고 효과가 전혀 없었다고 볼 수 없다. 예컨대 금리가 상승하더라도 경제가 충분히 성장한다면 금리상승으로 인한 집값 하락효과는 경제성장으로 인한 집값 상승효과로 가려지게 되므로 외부에서는 금리가 상승하더라도 집값이 오르는 것으로 보인다.

경제 전반으로 시야를 넓히게 되면 문제는 좀 더 복잡해진다. 집값 상승이 문제이고 원인을 알았더라도 적절한 조처를 할 수 없는 경우도 생긴다. 금리의 사례를 생각해보자. 저금리 장기화로 집값이 상승한다는 사실을 알더라도 금리를 올릴 수 없는 경우도 많다. 애초에 경제 전반의 침체를 막기 위해 저금리가 장기화하고 있기 때문이다. 이럴 때 집값을 잡겠다고 금리를 올리게 되면 경제에 심대한 타격이 발생하고 경기침체가 장기화될 수 있다.

제2장

부동산 정책은
무엇을 해야 하나?

01 정부가 시장에 개입하는 이유

토지와 주택, 기타 부동산들은 일반 재화와 다른 고유한 특성들이 있어서 시장에만 맡기면 여러 문제가 발생할 수 있다. 시장을 중시하는 경제학자들도 정부가 시장에 전혀 개입하지 말아야 한다고 주장하지는 않는다. 다만 시장에 어떤 문제가 있고, 정부가 어떤 역할을 할 수 있는지, 그리고 어떤 정책수단을 활용하는지 잘 가리는 것이 중요하다고 할 뿐이다. 일반적으로 정부의 시장 개입이 필요한 이유는 시장의 효율성 제고, 형평성 제고, 그리고 경제의 안정 등이다.

정부의 개입은 자원배분 효율성을 높일 수 있다

사회구성원들 각자가 어떤 자원을 어떻게 이용해 무엇을 얼마나 생산하고, 이렇게 생산된 재화나 서비스들이 어떻게 교환되며 소비되는가 하는 일련의 과정을 자원배분이라고 하자. 주어진 자원을 적재적소에 적당한 양만큼 배분해 낭비가 없도록 하는 일, 즉 자원배분의 효율성이 모든 사회에서 중요한 관심사다. 시장에 의한 자원배분은 어떤 공무원들이나 정부 조직 등 인격적 주체에 의존하지 않는다는 특징을 가지는데, 일찍이 애덤 스미스(Adam Smith)가 제시한 '보이지 않는 손'이 바로 시장, 또는 시장 기구다.

사회주의 국가들이 자본주의의 폐해를 극복하기 위해 노력했지만, 정치적으로는 전체주의에 빠졌고, 경제적으로는 낙후되었으며, 결국 체제경쟁에서 패배했다. 이것은 자본주의 자원배분기구, 즉 시장의 우월함에 관한 역사적, 경험적 증거다. 이러한 역사적 증거 외에도, 시장의 자원배분이 효율적이라는 것은 이론적으로 증명되어 있다. '일정한 조건이 충족된다면 시장에 의한 자원배분이 효율적'이라는 명제의 증명이 현대 경제학의 가장 중요한 성과 중 하나였다. 그 공로로 미국 버클리 대학의 제라르 드브뢰(Gerard Debreu) 교수와 스탠퍼드 대학의 케네스 애로우(Kenneth Arrow)교수가 1983년 노벨경제학상을 받았다. 시장이 자원을 효율적으로 배분할 수 있는 것은 재화의 희소성에 관한 정확한 정보를 재화 가격에 담아서 제공하기 때문이다. 그런데, 시장에 의한 자원배분이 효율적인 '일정한 조건'이 충족되지 못하면, 시장이 보내는 가격 시그널이 재화 수급에 관한 부정확한 정보일 수 있다. 여기서 '일정한 조건'의 내용은 재화에 대한 경쟁 시장이 존재하며 시장실패의 문제가 없다는 것으로 요약된다.

부동산 시장이 경우 외부경제효과 때문에 시장의 실패가 초래되기 쉽다. 예를 들어 아파트 단지 가까이에서 소음과 분진을 발생하는 공장이 있다면, 그 공장은 시장에 내다 파는 물건 말고도 소음과 분진이라는 상품을 생산한다. 이 원하지 않는 상품이 시장을 통하지 않고 0의 가격에 아파트 주민들에게 판매되었다고 생각할 수 있다. 이때 공장의 사적 비용이 사회적 비용과 괴리되고, 개별 경제주체가 이기심을 추구하는 가운데 사회적으로 효율적인 자원배분에 이르는 시장의 기능이 무력화된다. 이런 문제가 있을 때, 정부는 여러 방법으로 자원배분을 개선할 수 있다. 외부효과 문제 외에도 다양한 시장 실패가 가능하고, 이를 해결하기 위한 정부의 시장 개입이 정당화될 수 있다.

위치의 고정성을 핵심으로 해서 모든 부동산은 각기 다르다. 부동산이 각기 다르다 보니 부동산에 대한 정보력도 잠재적 거래자 간에 차이가 있다. 통상 공급자는 정보 우위를 바탕으로 낮은 품질의 부동산을 높은 가격에 팔려고 할 것이다. 조지 아켈로프(George Akelof) 교수의 '중고차 시장 이론'과 마찬가지로 시장 거래자 간의 신뢰가 낮아서 필요한 거래를 꺼리게 되면 시장의 효율성이 크게 떨어진다.

이런 문제들 때문에 정부가 부동산 시장의 효율성을 증진하기 위해 개입하게 된다. 구체적으로는 일정 수준 이상의 자격을 갖춘 사람들만이 부동산 중개를 할 수 있게 한다거나, 부동산과 관련된 각종 규제사항, 특히 토지이용에 관한 공법적 규제체계를 갖춘다거나, 법적인 권리 등을 공시해서 매도인과 매수인 간의 정보격차를 줄인다든가 하는 것을 들 수 있다. 이렇게 시장의 신뢰 수준을 일정 수준 이상으로 끌어올리고 거래 당사자가 안심하고 거래할 수 있도록 함으로써 시장의 효율성을 높이려 한다. 때에 따라서는 부동산 실거래가격을 공개하고, 가격지수 등을 개발해 운영함으로써 다양한 정보를 제공하기도 한다.

형평성 증진은 더 중요한 목표다

시장의 실패 문제가 정부개입에 정당성을 부여하는 중요한 논거지만, 아마도 정부개입을 뒷받침하는 더욱 중요한 근거는 '경제적 약자에게도 인간다운 삶을 보장한다'라거나, '사회적 위화감을 없앤다'라거나 하는 형평성 확보의 욕구가 인간본성에 내재하기 때문일 것이다. 형평은 평등, 공정, 정의 등과 일맥상통하는 개념이며, 그 자체로서 가치 있는 정책목표다. 형평에 대한 욕구가 충족되면 경제성장과 같은 다른 정책목표를 위해서도 국민적 역량을 모으기 쉽다. 우리나라에서도 1980년대 말을 전후해 형평에 대한 욕구가 봇물 터지듯 터져 나오고 이를 정책적으로 수용했던 경험이 있다.

경제학자들은 흔히 서구의 주택임대료 통제나 우리나라의 분양가규제 제도를 예로 들어서 정부의 시장 개입에 따른 부작용을 설명한다. 비록 효율성이 일부 상실되더라도 저소득층의 주거안정이라는 형평상의 효과가 더 중요하다는 국민적 합의가 있다면, 그 합의를 실현하기 위한 제도가 시행된다. 단지 효율성이 일부 상실된다고 해서 어떤 제도가 나쁘다고는 할 수 없다. 다른 중요한 목적이 달성된다면, 비용을 치르고 원하는 바를 추구할 따름이기 때문이다. 문제는 형평을 추구하는 많은 정책이 사실상 형평성을 제고시키지도 못하면서 효율성의 손실만을 초래한다는 점이다. 정책이 원래 의도와 다른 효과를 가지기 쉽기 때문이다. 주택임대료 통제정책의 경우, 단기적으로는 주택 재고가 일정하기 때문에 별다른 부작용을 보이지 않는다. 그러나 시일이 흐를수록 임대주택의 수가 줄고 질이 낮아져서 결국 임차인들은 전보다도 더 열악한 주거환경에 처하게 된다.

정부가 개입해서 형평을 제고할 것을 주장하기는 쉬우나, 원하던 결과를 낳는 효과적인 정책을 구상하기는 어렵다. 국민 주거생활 안정, 지가 안정과 토지의 적정한 배분, 국토 균형발전, 농어촌 개발 등과 관련된 대부분의 계획이나 정책들이 형평을 표방하고 있다. 하지만 그 실질적 효과가 실제로 형평을 제고하는 예는 많지 않으며, 하물며 효율성의 저하를 능가하는 형평상의 이점이 있는 경우는 드물다.

형평을 명분으로 추진되는 많은 정책이 실패하는 핵심적인 이유는 어떤 상태가 형평성이 충족된 상태인지에 대한 정의가 없기 때문이다. 사람마다 제각기 다른 의견을 가질 것이다. 다양한 의견들을 수렴하는 것이 정치권의 몫일 테지만, 정치인들이 형평의 제고라는 효과와 효율성의 저하라는 비용 간의 균형을 잘 찾아내는 경우는 거의 없다. 아니, 그 균형을 찾으려 노력할 유인(誘因)조차 별로 없다. 예를 들어, 임대료 통제 정책은 지금 당장 유권자들에게 인기 있는 정책이지만 그 부작용은 장기적으로 나타난다. 불이익을 받는 피해자들이 그 실체를 인식하지 못할 경우가 많은데, 정치인들은 지금 당장 표를 받는 데만 관심을 둔다.

이런 문제들에도 불구하고 형평을 추구하는 정책들은 여전히 중요하다. 시장은 기본적으로 더 많은 소득 또는 재산을 가진 사람들에게 재화가 우선 분배되도록 하는데, 충분한 소득과 재산이 없는 사람들도 어떤 재화가 꼭 필요할 수 있기 때문이다. 삶의 터전인 주택이 대표적인 예다. 소득 수준과 무관하게 누구나 일정 수준 이상의 생활 공간이 필요한데, 이를 시장에만 맡기면 저소득층이 공간을 구입하거나 임차해서 최소한의 인간다운 삶을 꾸리지 못하는 문제가 발생할 수 있다. 정부는 효율성 저하를 감수하고라도 시장에 개입할 필요가 있다. 최소 주거기준을 마련해 이 기준보다 열악한 주택의 공급을 금지한다든가, 신혼부부와 다자녀가구 등에 주택을 우선으로 공급한다든가, 저소득층을 위한 임대주택을 공급한다든가 하는 시책들은 시장의 한계를 보완할 수 있다.

경제안정에 부동산 시장이 중요하다

부동산은 고가의 자산이며, 생산과 소비의 전후방 연계 효과가 크다.

따라서 부동산 부문에서 일어나는 여러 가지 현상이 국민경제 전체에 지대한 영향을 준다. 그런데 부동산은 자산이기도 하므로 (다른 자산과 마찬가지로) 가격의 등락이 심한 속성이 있다. 더욱이 부동산은 만기가 정해지지 않고 미래 수입이 불확실한 자산이므로 가격 거품이 생길 수도 있다. 실제로 부동산 가격의 급등과 급락이 경제 전체에 악영향을 주는 예를 흔히 볼 수 있다.

부동산 가격급등 또는 급락을 방지하는 것은 거시적 경제안정 정책의 일환인데, 선진국에서 전통적으로 주택금융 부문이 이런 정책의 중심이 되어 왔다. 특히, 1980년대 이후 자본의 이동이 자유화되고 여러 나라가 부동산 가격의 동반상승, 동반하락의 현상을 경험하게 되면서는 부동산 시장이 금융시스템과 거시적 경제안정에 있어 중요한 관심 분야가 되었다. 일본, 유럽, 동남아 등지에서 1980년대 하반기의 부동산 가격급등과 연이은 폭락사태는 가계 및 기업의 파산, 금융시스템의 불안정, 경제의 침체를 가져왔고, 금융기관을 정상화해 국민경제의 원활한 순환이라는 핵심역할을 회복하는 것이 중요한 과제였다.

우리나라가 간헐적으로 경험했던 부동산 가격급등 현상들은 거시경제 여건으로부터 파생된 경우가 많았으며, 부동산 가격급등은 다시 국민경제에 큰 주름살을 안겨주었다. 특히 외환위기 시기에 선진국들과 유사한 문제를 경험했으므로, 금융기관의 부실채권을 해소하기 위해 담보 부동산의 처분을 원활히 하는 것이 필요했다. 금융기관이 보유하고 있는 많은 토지, 건물 등의 부동산을 처분하기 위해 부동산 시장의 대외적 개방, 규제 완화, 자산의 유동화 등의 정책이 도입되었다. 앞으로도 부동산 시장에서 시작된 경제불안이 발생하기 않기 위한 정책개입의 중요성이 커질 전망이다.

02 부동산 정책의 목표와 전략

　부동산 정책이란 부동산 시장에 대한 정부의 개입이라고 정의할 수 있겠으나, '개입'에 어떤 조치를 포함하는가에 따라 부동산 정책이라는 용어의 범위가 다양할 수 있다. 예컨대 부동산 소유권의 기본원칙과 같이 시장 참여자들이 순응해야 하는 게임의 룰을 부동산 정책에 포함할 수 있고, 실제로 부동산 실명제의 경우와 같은 기본적인 제도들이 정책의 주요 현안이 되기도 한다. 그러나 보다 일상적으로는 기본적 제도 자체는 주어진 것으로 보고, 부동산 시장에서 발생하는 현안 '문제'들을 해결하기 위해 시행되는 조치들을 부동산 정책으로 볼 수도 있다. 정부의 개입이 필요한 주요 정책 분야들은 다음과 같다.

- **부동산 시장의 토대** : 시장이 성립되고 작동하기 위해서는 부동산 소유권 제도의 확립이 중요하다. 부동산이 기업생산과 국민생활의 필수적 요소이며, 중요한 자산의 형태이기 때문에 부동산 소유권의 안정이 국가체제 안정의 전제조건이다. 소유권의 범위와 요건, 소유권 침해에 대한 보호, 분쟁해결 절차, 공공과 개인의 권리

와 의무 등이 소유권 제도의 주요 항목일 것이다. 이러한 근본적인 문제들과 관련된 사회적 기본 틀을 뒷받침하는 여러 제도적 장치가 필요하다. 예컨대 등기제도, 중개제도, 기타 부동산 거래 및 소유를 보호하기 위한 보험, 공증, 감정평가제도, 공공에 의한 부동산의 매수 및 수용, 보상제도 등이 그것이다. 이런 제도들은 부동산 거래 및 보유 시 위험과 거래 비용을 줄여주고 소유권 안정에 기여함으로써 부동산 시장이 성립하는 기반을 조성함으로써 시장을 통한 부동산 자원의 적절한 배분에 기여한다.

• **토지이용규제** : 부동산의 위치가 고정되어 있다는 특성으로부터는 외부효과의 문제가 파생된다. 이 문제를 예방하기 위해 부동산 이용을 규제할 필요가 있다. 가장 흔히 활용되는 방법은 도시를 여러 구역으로 나누어 구역마다 허용 또는 불허 용도를 지정하는 지역지구제. 부동산 이용규제는 공공재의 문제나 정보의 불균형문제를 해결하는 수단으로도 유용해 부동산 시장의 효율적 작동을 보완한다.

• **토지 개발 및 주택공급** : 토지이용규제는 토지 개발에 대한 규제로 연결된다. 우리나라 국민의 주거 여건은 지난 40여 년에 걸쳐 획기적으로 개선되었는데, 공공부문에 의한 대규모 토지 개발이 그 토대가 되었다. 토지 개발은 때로 새로운 도시를 건설하는 규모로 진행되며, 각종 인프라를 완비하고 도시의 기능이 최적화되도록 계획된다. 개발지구에서 건설되는 주택의 유형, 크기, 형태 등과 더불어 주택이 누구에게 어떻게 배분되는가 하는 문제들도 그와 같은 계획에 포함된다.

• **저소득층 주거안정** : 과거 농경사회에서는 경작할 수 있는 토지가 있는지가 백성들의 생사를 좌우했다. 오늘날 생산요소로서 토지의

중요성은 낮아졌고, 국민 누구나 인간다운 존엄을 지키며 건강하고 안전한 주거를 누릴 수 있도록 하는 문제가 중요해졌다. 주택이 국민생활에 필수적이라는 점과 주택이 본래 비싸다는 특성은 상충된다. 결국, 정부가 나서서 저소득층의 주거복지를 확보하는 문제가 주택정책의 핵심 과제다.

- **도시재정비** : 주택은 수명이 길지만 언젠가는 노후화된다. 물리적인 측면뿐 아니라 기능적, 경제적 의미에서 노후화되면, 크게 고치거나 철거 후 새로 짓는 것이 토지의 효용을 높이는 길이다. 많은 수의 주택이 관련된 문제라면 도시 인프라까지도 새로 정비할 필요가 제기되며, 다양한 이해를 조화시키며 사업을 진행하기 위한 정책적 개입이 필요하다.

- **부동산 세제** : 부동산이 소득과 부의 척도가 되므로 세원 중에서도 중요한 위치를 갖는 것은 당연하다. 부동산 시장의 기능이나 성과에 만족스럽지 못한 측면이 있다면, 세제가 시장의 효율성을 높이는 정책수단으로 활용될 수 있다. 현실적으로 부동산 세제에 기대되는 보다 중요한 역할은 소득과 부의 재분배 기능이다. 부동산 임대료 및 자산가치는 불로소득의 성격을 가지고 있어서 이에 대한 다른 사람들의 반감이 크다는 배경과 부동산에 부과되는 세금이 임차인에게 전가되지 않으며 사회적 효율성의 상실도 없다는 이론적 결론이 결부되어 부동산에서 발생하는 이득을 환수하자는 주장은 매우 강력하다.

- **부동산 금융** : 부동산은 본래 비싸다. 소비자가 주택을 구입할 때나 사업자가 부동산을 개발할 때 거의 언제나 외부 자금을 활용한다. 부동산의 개발, 매입, 운영, 처분 등을 위한 자금을 공급하는 시스템이 부동산 금융이다. 부동산 금융은 필요한 자금을 공급해서 소

비자의 내 집 마련과 사업자의 부동산 관련 생산활동을 지원한다. 그러나 자금공급이 신중하게 이루어지지 않으면 경기의 부침에 따라 대출이나 투자가 부실화될 가능성이 크고, 이는 국민경제의 혼란으로 이어질 수 있다. 금융 접근성 제고와 금융시스템의 안정이라는 상충된 목표를 어떻게 조화시키는가가 정책적으로 중요하다.

- **통일 준비** : 우리나라의 특수한 상황에서 언젠가 올 통일에 항상 대비하고 있어야 한다. 특히 부동산의 소유권 귀속 문제에 대해 미리부터 확고한 원칙을 가지고 있어야 통일 후 북한지역의 민생안정이 빠르게 시작될 수 있을 것이다.

이처럼 여러 문제가 부동산 정책의 대강을 이루는 주제들이다. 첫 번째 항목을 제외하고 이 책이 다루고 있는 제2부 각 장의 내용들이기도 하다. 통일 준비를 제외한 모든 문제와 관련해서 다른 나라들도 부동산 시장에 개입하고 있다. 그 개입의 정도와 형태는 다양하다. 예를 들어 우리나라에서는 남의 땅이라도 20년간 평온하게 점유하면 그 소유권을 취득하는 데, 영국의 경우 그 기간은 12년이다. 우리나라의 경우 토지를 수용할 때 재결 시점의 가격을 기준으로 평가해 보상함으로써 부동산 소유자가 보상기준일 이전까지의 지가상승분을 차지하는 것이 합당하다고 인정하지만, 프랑스에서는 장기정비기구(ZAD) 내의 토지를 수용할 때 지역지정 1년 전의 가격으로 소급평가해 보상하며(국토개발연구원, 1981), 스웨덴의 경우 수용 시점 10년 전의 가격을 한도로 보상함으로써 개발에 따른 지가 차익을 부동산 소유자가 향유하지 못하도록 한다(한국토지개발공사, 1990). 조세도 부동산의 취득, 보유, 처분에 대해 '선진형 조세'라고 부를 수 있는 틀은 찾기 어려우며, 나라마다 발전되어 온 독특한 세제를 가지고 있다.

주요 정책 사안에 대해 나라마다 채택하고 있는 정책수단과 그 강도의 다양함은 그 나름의 장단점을 가지고 있다. 정부가 시장에 개입할 때 현실적으로 실효성 있고 부작용이 작은 정책수단은 때에 따라 다르다. 좋은 정책수단이란 그에 대한 이해 당사자들과 집행 기관의 이해와 정서에 부합해서 순응과 집행의 비용이 낮은 것이어야 한다. 그 성과를 쉽게 측정할 수 있어야 하고, 의도했던 결과를 최소의 부작용을 치르고 달성할 수 있어야 한다.

우리나라 부동산 정책의 성과

지난 반세기 동안 우리 국민의 주거수준은 획기적으로 개선되었다. 1970년에 436만 호에 불과하던 주택 수가 현재는 2,000만 호를 상회하며, 1인당 및 1가구당 주거면적도 2~3배 확대되었다. 질적인 측면에서도 온수시설과 수세식 화장실을 갖춘 가구가 1980년까지도 각각 9.9%, 18.3%에 불과했으나, 지금은 거의 모든 주택이 현대식 주거설비를 갖추고 있다. 국민주거여건이 개선되는 과정에 정부가 큰 역할을 했으며, 그런 의미에서 주택정책은 성공적이었다.

우리 주택정책의 성공은 정부의 재정 및 금융 지원에 기대지 않았다는 점에서 더욱 두드러진다. 주택정책의 성공공식은 내 집을 마련하려는 국민의 욕구가 주거수준 향상의 원동력이 되도록 적절히 물꼬를 트는 것이었다. 경제성장과 소득증가를 바탕으로 내 집 마련을 위한 국민의 의지와 능력이 향상되었고, 정부는 이 거대한 에너지가 대규모 택지개발과 주택건설에 흘러가도록 채널을 만들고 잘 관리했다. 시장을 통해 분출되는 국민 개개인의 욕망과 능력을 인정하고 수용하면서 적절

구분	단위	1970년	1980년	1990년	2000년	2010년	2020년
전국 주택 재고량	천호	4,359	5,318	7,160	10,959	14,677 (17,739)	18,526 (21,674)
1인당 주거면적	㎡	6.8	10.1	13.8	20.2	25.0	30.3
1세대당 주거면적	㎡	35.9	45.8	51.0	63.1	67.4	69.9
주택설비 보유 가구 비율							
온수시설 보유	%		9.9	34.1	87.4	97.6	99.5
수세식화장실 보유	%		18.3	51.3	87.0	97.0	98.9

주 : 1. 주택 재고량의 ( )는 다가구주택 등 구분거처를 반영한 것임.
    2. 1인당 주거면적과 1세대당 주거면적은 2021년 기준임.   출처 : 통계청

히 조정, 통제해서 정책목표를 달성한 좋은 예다.

과거의 성공을 뒤로하고 이제는 국민의 상당수가 주택 시장의 상황에 대해 불만을 가지고 있다. 문재인 정부에서도 이 상황을 타개하려고 연일 대책을 쏟아냈지만, 주택가격은 더 오르고 국민의 고통은 커졌다. 과격한 처방들을 20여 차례나 동원했음에도 문제가 풀리지 않는 이유는 문제의 진단부터 잘못되었기 때문일 것이다. 현재의 주택정책 패러다임이 어떤 문제를 가졌는지, 향후 어떻게 개편되어야 하는지에 대한 진지한 논의가 필요하다.

부동산 정책의 박정희 – 전두환 패러다임

1960년대의 절대빈곤 상황에서 국민주거여건이 좋았을 리 만무하지만, 정부가 실효성 있는 대책을 내놓을 여력은 거의 없었다. 1970년대에 비로소 도시-토지-주택 부문의 제도적 틀을 구축하는 노력이 본

격화되었다. 그러나 빠른 경제성장에 따른 토지·주택가격 급등이 간헐적으로 반복되면서 그에 따른 경제사회적 혼란을 진정시키기 위한 각종 긴급대책도 빈번하게 나왔다. 현재의 부동산 정책은 장기적인 제도를 만들어가는 노력과 함께 단기적 문제의식에 바탕을 둔 긴급대책들이 혼재되면서 형성되었다. 이렇게 만들어진 현행 부동산 정책의 기조는 수요 측면에서 '투기억제를 통해 부동산 가격을 안정시킨다'와 공급 측면에서 '대단위 택지개발을 통해 주택을 대량생산한다'라는 두 축인데 전자를 박정희 패러다임, 후자를 전두환 패러다임으로 부를 수 있다.

박정희 패러다임은 1960년대 중반부터 형성되었는데 투기적 가수요를 차단해 부동산 가격상승을 억제하려는 시도다. 초기에는 주로 토지를 대상으로 해 투기억제를 위한 제도 도입 및 강화와 함께 가격급등지역에 국세청-검찰-건설부 합동단속반을 파견해 시장을 냉각시키는 조치도 빠지지 않았다. 투기의 조작적 정의는 시기별로 달랐다. 초기에는 공한지(空閑地, 집을 건축하지 않고 장기간 방치하고 있는 빈 땅의 택지)나 유휴지 등의 보유를 투기로 판정하고, 조세, 금융, 행정적 제재를 중복적으로 부과했다. 이러한 접근법은 박정희 정부에서 시작되어 역대 정부가 계승했고, 노무현-문재인 정부에서 대폭 강화되었다.

전두환 패러다임은 공공부문의 대규모 택지개발을 바탕으로 주택을 대량 생산, 공급하는 제도적 틀이다. 1980년에 국가보위비상대책위원회에서 '택지개발촉진법'이 제정되면서 시작되었다고 할 수 있다. 이 법에 따른 전면 매수 방식의 공영개발사업에서는 LH 등이 일정한 개발계획하에 인프라를 구축하고 주택을 지을 수 있는 토지를 개발하며, 개발이 완료된 부지는 용도에 따라 건설업체(주택사업 시행자)에 분양된다. 이후 건설업체는 주택을 지어 소비자에게 분양하는데, 그 가격은 분양가규제하에서는 물론이고 규제가 없어도 인근 유사주택 가격보다 저렴하다. 그렇지 않다면 소비자들이 선분양을 통해 미리 대금을 치르면서 몇 년씩 기다리지 않을 것이다.

1960년대부터 현재까지 수많은 투기억제 대책들이 시행되고도 여전히 같은 문제가 반복되는 것을 보면 수요 측면의 박정희 패러다임은 실패했다. 토지·주택가격 상승은 누군가의 거래를 통해 나타나지만, 그들을 투기행위자로 지목하고 제재를 가한다고 해서 가격상승을 막을 수 없었다. 빠른 경제성장이든, 풍부한 유동성이든, 또는 수급 불균형이든 가격을 올리는 배후의 동력이 건재하면 올라야 할 가격은 오른다. 투기억제 대책들은 국민 불만을 누그러뜨리려 정치적으로 필요할 수 있지만, 가격상승의 속도를 통상 몇 개월 늦추는 이상의 효과를 가지지 못했다.

이에 비해 공급 측면의 전두환 패러다임은 엄청난 성공을 거두었다. 공영개발 방식에 의한 택지개발 및 주택 대량공급 사업들은 1980년대부터 지금까지 지속하고 있고, 그 덕분에 수백만 가구가 내 집 마련의 꿈을 이루었다. 한 가지 요인은 공공에 의한 대규모 택지개발 및 주택분양 구조는 참여한 모든 주체가 이익을 얻는 윈-윈 게임이라는 점이다. 미개발 토지를 갖고 있던 사람은 (충분히 만족스럽지 못할 수 있지만) 농지, 임야 상태보다 더 높은 가격에 토지를 매도하고, LH 등 공공개발 사업자나 건설업체도 이익을 본다. 주택을 분양받는 사람은 인근 주택보다 저렴한 가격에 새 집을 얻는다. 국가나 지자체는 LH 등이 택지가격에 얹어 인프라를 건설하므로 무료로 비싼 인프라를 구축한다. 개발사업의 규모가 분당, 일산, 세종시 같은 신도시급이라면 완전히 새로운 도시가 공짜로 생겨난다.

대단위 택지개발사업은 관련 법령들의 규율과 정부, 지자체, 공기업, 민간기업들의 체계적이고 유기적인 협조체제 속에서만 진행될 수 있다. 공영개발에 관련된 여러 법령 중에서도 핵심은 강력한 공공사업용지 매수 및 수용 제도다. 토지 소유자의 재산권보다 공익을 우선하는 확고한 원칙이 없었다면, 토지 개발에서 발생하는 이익이 토지 소유자에게 독점될 뿐 여러 이해당사자에게 골고루 배분되지 못했을 것이다. 참고로, 주택부족을 호소하는 개발도상국들이 우리나라와 같은 공영개발의 선례를 따르기 힘든 주된 이유는 토지의 매수 또는 수용이 쉽지 않다는 데 있다. 우리나라에서도 대장동 사태를 거치면서 공권력을 동원해 토지 소유자의 재산권을 박탈한 결과가 몇몇 사람의 배를 불리는 것이라면, 이런 개발 체제가 정당한 것인지에 대해 조금씩 의문이 커지고 있다.

문재인 정부의 부동산 정책실패

한국부동산원의 공동주택 실거래가격 지수를 보면 2022년 1월 기준으로 직전 2년간 전국의 매매가는 31.7%, 수도권 지역 매매가는 38.2%나 상승했다. 과거의 주택가격 급등은 주로 경제위기로 인한 하락분을 만회하는 기저효과에 기인했으나, 이 시기에는 가격급락이 선행되지 않았다는 점이 특이하다. 주택가격 급등은 정치, 경제, 사회 모든 측면에서 큰 충격이었다.

가격급등에는 여러 원인이 복합적으로 작용했을 것이다. 풍부한 유동성과 저금리 등의 거시경제적 배경하에 소비자들이 원하는 주택이 부족하다는 수급 요인이 덧붙여졌다. 모든 지역의 주택가격이 올랐지만, 특히 서울지역에서의 아파트 가격급등이 두드러졌다. 대략 2015년 전후부터 신축아파트가 제공하는 새로운 주거문화에 대한 소비자 선호가 높아졌고, 신축과 구축아파트 가격 차이가 벌어진 것을 주목할 수 있다. 정부와 서울시는 시장의 요구를 수용하기보다는 신축아파트 공급의 주요 경로인 재건축·재개발을 억제하는 데 주력했다. 이 때문에 기존 신축아파트들의 가격이 치솟았고, 그 가격 상승세가 다른 주택들로 확산되었다. 재건축·재개발을 억제한 여파 외에도 수십 차례에 걸친 대책들 다수가 여러 부작용을 남겼다. 특히, 2011년 이래 전세가격이 하락추세였으나, 임대차 3법 통과 이후 급격한 상승세로 전환되었고 전세의 월세화가 가속화되면서 무주택자들의 주거비 부담이 가중되었다.

문재인 정부 말기에는 주택 시장에서 정책발 교란과 혼란이 일상화되어 만인이 만인과 투쟁하는 것과 같은 양상이 빚어졌다. 정부는 어디서부터 어떻게 손대야 할지 막막해하는 형국이었다. 주택정책의 전통적 모범 국가에서 왜 이런 일이 벌어졌을까? 부동산 정책실패의 배후에는 주택 시장과 정책에 대한 근본적인 오해와 편견이 자리하고 있다. 정부는 '강한 의지로 일관되게 공격하면 주택문제를 (또는, 문제를 일으키는 투기자들을) 하나하나 깨부술 수 있다'라고 판단한 것으로 보인다. 가수요 억제로 부동산 가격안정을 도모한다는 박정희 패러다임을 극한까지 밀어붙였다. 그러나 주택 시장은 '두더지 잡기' 게임이 아니다.

주택 시장은 지역, 유형, 규모, 가격대별로 세부 시장이 나뉘지만, 이들 각각은 분리된 시장이 아니라 다양한 경로로 서로 연결되어 있다. 특정 시장에 충격이 가해지면 다른 시장에도 그 영향이 전해지는데, 동태적인 조정 과정을 거쳐 언제, 어떠한 모습으로 주택 시장이 변화할지 예측하기 쉽지 않다. 따라서 주택 시장에 개입할 때는 신중하고 보수적으로 접근해야 한다. 특정 지역이나 대상의 문제만을 해결할 수 있는 이른바 '핀셋규제'는 애초 가능하지 않다. 정부가 특정 지역에 규제를 들이대니 인근지역에 풍선효과가 나타났고, 분양가상한제를 시행하니 수천 대 일의 로또판이 벌어졌다. 재건축을 억제하니 희소성이 있는 신축아파트 가격이 급등했고, 대출을 제한하니 현금 부자들만 이득을 봤다. 주택대책들이 시장에 충격을 줄 때마다 매매가격과 전세가격이 올랐고 더 많은 임대차계약이 월세로 전환되었다. 그런 가운데 얼마나 많은 국민이 고통을 받았을지 상상하기는 어렵지 않다.

문재인 정부의 부동산 정책의 실패는 누가 봐도 명확한 것이었고, 20대 대선 과정에서 여야 후보 모두 완전한 정책 전환을 공약했다. 박정희-전두환 패러다임을 넘는 새로운 정책 패러다임의 모색이 진지하게 시작되어야 하는 시점이다.

부동산 정책의 새로운 패러다임 모색

지금도 부동산 정책이 투기억제와 동일시되는 것을 보면 박정희 패러다임은 국민 뇌리에 뿌리내렸지만, 부동산 가격안정 같은 실효성 측면에서는 실패했다. 전두환 패러다임도 절대적 주택부족이 어느 정도 해소되면서 새로이 대두되는 문제들에 대처하기 미흡한 측면이 있다. 이에 덧붙여 문재인 정부가 남긴 총체적인 난국에서 어떻게 해야 주택시장의 어려움이 개선될 수 있을까? 당연한 이야기지만, 먼저 정책목표를 명확히 설정하고 이를 달성하기 위한 구체적인 전략을 수립해 정책역량을 집중해야 한다. 문재인 정부의 정책실패는 명확한 정책목표와 전략을 가지지 못하고, 그때그때의 지지층 여론을 무마하기 위해 좌충우돌했던 데 기인한다.

다른 나라들의 예를 보거나 우리나라의 과거 경험을 돌이켜 볼 때 주택정책의 목표로는 '국민의 전반적인 주거수준 향상과 사회적 약자에 대한 주거복지 확충'으로 정하는 것이 바람직하다(경제사회연구원, 2021). 전체적인 주거수준을 높여가는 한편 사회적 약자들도 인간다운 존엄을 지키며 건강하고 안전한 주거생활을 할 수 있도록 정부가 보호막을 제공하는 것이다. 이러한 목표는 '계층별 맞춤형 지원'이라는 전략으로 뒷받침한다. 즉, 저소득층에게는 정부 지원으로 최소한의 주거를 보장하고, 중산층에게는 스스로 주택을 마련할 수 있도록 금융과 세제 측면에서 간접 지원하되, 고소득층에게는 정부의 지원과 간섭을 모두 배제한다([자료 2-2] 참조). 안정적인 주거는 누구에게나 필요하지만, 주택은 언제나 고가의 재화이므로 정부가 국민 다수의 주거를 책임지기 힘들다. 꼭 도움이 필요한 곳에만 정부의 예산과 정책역량을 집중하는 것이 한정적인 자원의 효율을 극대화하는 길이다.

이 같은 목표와 전략이 정립된다면, 주택정책에서 비생산적이고 불필요한 잡음들을 제거할 수 있을 것이다. 예컨대, 다주택자 때리기나 재건축·재개발 억제, 조세와 금융의 왜곡과 같이 비정상이 정상으로

[자료 2-2] 주택정책의 목표와 전략

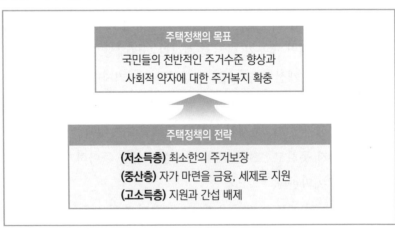

출처 : 저자 작성

둔갑하는 사태 등을 바로잡을 수 있다.

다음으로는 범정부 및 학계 전문가의 역량을 모아 중장기계획을 수립하고 추진하는 종합시스템, 예컨대 지금보다 책임과 권한이 대폭 강화된 주택정책심의위원회를 운영할 필요가 있다. 청와대든 정치권이든 주택정책의 근간을 너무 쉽게 흔들고, 그 때문에 수백만의 국민이 혼란을 겪는 일이 없도록 주택정책심의위원회가 금융통화위원회에 준하는 위상을 갖도록 하는 것이 바람직하다.

그간의 주택대책들은 주로 단기 경기변동에 집중되어 중장기에 일어날 일에 대한 모니터링이라든가 대책 마련에 대한 고민이 부족했다. 2015~2017년에는 일본과의 비교를 통해 주택가격 급락을 우려했고, 신도시 개발보다는 도시재생에 정책 초점이 맞추어졌다. 하지만 예상과 달리 수도권을 중심으로 주택가격이 급등했고, 뒤늦게 시장이 원하는 주택의 공급 부족을 인지했다. 주택은 공급에 시간이 오래 걸리기 때문에(빵처럼 밤새 구워낼 수 있는 것이 아니므로) 미리 주택수요의 내용과 물량을 예측하고 공급에 나서지 않으면 가격의 급변동을 피하기 힘들다.

국가재정운용계획에서 주요 재정지표를 매년 전망하는 것처럼, 강화된 주택정책심의위원회가 필요한 주택 재고량과 공급계획 등에 관해 중기적인 시각에서 사전에 목표를 설정하고 안정적으로 관리하게 해야 한다. 지금도 국토교통부에서 10년 단위로 장기 주택종합계획을 수립해 발표하고 있지만, 주기가 너무 길어 변화하는 상황을 전망치에 반영하기가 어렵다. 전망의 정확도 또한 낮다. 주택가격 급락 등의 마이너스 쇼크도 발생할 수 있는데, 다양한 상황에 대한 예측 시스템 등을 사전에 갖추어 놓는다면 효과적인 대비에 도움이 될 것이다.

문재인 정부에서 부동산 가격은 수단과 방법을 가리지 않고 통제해야 할 정책변수란 인식이 굳어졌지만, 가격은 시장 참여자들의 활동으로 나타난 결과일 뿐 오를 때도 있고 내릴 때도 있다. 이런 경기변동에 정부가 큰 영향력을 미치기는 어렵다. 단기적으로 가격추세를 역전시키려고 억지를 부리다 보니 부동산 시장의 피로도가 커지고 정책에 대한 신뢰가 땅에 떨어졌다. 부동산 정책실패의 근본 원인은 '할 수 없는 일(투기억제, 가격조절 등)을 하겠다고 하고, 해야 할 일(공급확대, 재건축·재개발 활성화 등)을 하지 않은' 것으로 요약된다. 정책의 한계를 분명히 인식하고, 시장의 힘을 적절히 활용하는 지혜가 필요하다. 예를 들어 정부가 장기계획하에 신도시, 도시개발, 도시정비 등을 통해 택지공급을 충분히 하고, 민간사업자들이 시장 상황을 면밀히 살피면서 적시적소에 소비자들이 원하는 주택을 공급하는 역할 분담이 잘 돌아가면, 적어도 수급불균형에 의한 가격변동을 줄일 수 있을 것이다. 예를 들어, 재건축·재개발 등을 위시해 주택공급 측면에서 시장이 스스로 작동하도록 했다면 많은 문제가 발생조차 하지 않았을 것이다.

마지막으로, 장기적으로 발생할 문제들에도 관심을 가져야 한다. 고령화와 인구 감소는 가장 중요한 메가트렌드다. 사람들은 서울 등 중심도시로 더 몰리며, 농촌과 지방 중소도시에서는 빈집과 구도심의 공동화문제가 심화하고 있다. 이런 문제에 대처하기 위해 도시재생사업들이 추진되고 있지만, 아직도 효과적인 사업방식은 정립되지 않았다. 윤석열 정부는 보다 실효성 있는 대안을 찾아야 할 것이다. 또한 고령자들의 생계안정을 위해 주택연금이 권장되고 있으나, 그 수수료 및 이자부담을 낮출 방안도 모색되어야 한다.

주택 시장은 국민 각자가 행복을 위해 오랜 기간 준비하고 계획해 어렵사리 실행에 옮기는 무대다. 이렇게 소중한 무대를 마구 휘젓는 부동산 정책은 국민의 행복 플랜을 무너뜨린다. 결국, 머릿속 고정관념이나 이념보다 '사람이 먼저'다.

03 정부는 만능이 아니다

   정부는 시시때때로 부동산 시장에 개입하고자 하는 유혹에 빠지기 쉽다. 투표를 통해 집권하는 정치제도에서 민생을 챙긴다는 이미지를 얻고자 하기 때문이다. 그러나 시간이 지나면 자연스럽게 해소될 문제에 정부가 나서면 문제를 더욱 악화시킬 수 있다. 예컨대, 지난 정부에서 실행된 분양가상한제라던가 임대차보호법 개정이 그러하다. 정부가 시장 가격보다 낮은 수준으로 판매가격을 강제하는 분양가상한제는 주택을 구입하지 못하는 계층이 주택을 구입할 수 있는 기회를 제공하고자 도입되었다. 그러나 주택의 공급자로서는 수익률이 낮아지므로 수요자들이 요구하는 수준만큼 공급할 수 없다. 결과적으로 시장의 공급 부족 현상이 나타나서 운 좋은 일부 분양 당첨자만이 주택을 보유할 수 있었고, 그 혜택을 못 보는 다수의 수요자는 더 높은 집값을 감내해야 했다.

   주택임대차보호법의 개정도 마찬가지다. 2020년 개정된 주택임대차보호법은 전월세신고제, 전월세상한제, 계약갱신청구권제 등을 담고 있다. 이 중에 전월세상한제와 계약갱신청구권은 상호보완적인 관계에 있다. 애초 법 개정의 취지는 임차인들의 주거안정을 위함이었다. 정부가 조사하는 주거실태조사 결과를 보면 자가 거주자는 통상 7년 정도의 거주기간을 보이지만, 임차인들은 3년 내외가 지나면 이사를 하는 것으로 조사되었다. 그러나 임차거주자가 자가거주자에 비해 거주기간이 짧은 것은 사회적 약자이기 때문만은 아니다. 다수의 임차인이 신혼부부이거나 사회초년생으로 구성되며, 이들은 생활패턴상 이사를 자주 다니는 경향이 강하다. 그러나 이 조사를 피상적으로 받아들이면 임차인들의 주거안정성 강화를 위해서는 임차인에게 계약연장의 권한을 부여하는 것이 정당하다는 결론에 이르게 된다.

법을 개정하자 시장에서는 곧바로 임대료가 크게 상승했다. 임대인들 처지에서는 임대기간이 늘어난 만큼 주택임차의 위험이 늘었고, 이를 임대료에 반영하게 되기 때문이다. 결국, 임대차보호법의 개정이 임차인을 보호했다고 평가하기는 어렵다. 임차인들은 4년간 같은 집에서 살 수 있게 되었지만, 그 이후에는 과거보다 훨씬 높은 임대료를 지불해야 할 것이기 때문이다. 더군다나 일부 임차인이 장기 거주하게 되면서 새로 결혼해 가정을 꾸리는 신혼부부나 타지에서 이사를 와야 하는 가정의 경우, 적절한 임차주택을 마련하지 못해 어려움을 겪기도 했다. 결국, 법 개정 시점에 우연히 임차주택에 거주한 가정만이 혜택을 봤을 뿐이며, 다수의 임차인은 늘어난 임대기간만큼 더 많은 임대료를 부담해야 했고, 일부는 임대주택도 얻지 못하는 지경에 놓였다.

시장과 협력하는 부동산 정책을 지향해야

대부분의 나라에서 부동산 정책의 주된 영역은 토지이용 및 개발과 관련된 규제, 부동산 조세, 그리고 저소득층 주거안정 지원 시책 등이다. 우리나라처럼 부동산의 개발, 이용, 거래, 보유 등 모든 영역에서 투기억제를 명분으로 정부가 강도 높게 규제하는 사례를 세계 어디에서도 찾기 힘들다. 부동산은 자산이 아닐 수 없고 자산의 가격은 변하게 마련이다. 가격이 움직일 때 차액을 노리는 투자가 있는 것이 당연하며, 일부 사람들이 위험부담을 하면서 고액의 투자를 하는 것도 자연스럽다. 주식에 투자해 돈을 많이 벌려고 노력하는 것이 비난받을 이유가 없는 것과 마찬가지로, 법을 지키고 세금을 제대로 내는 한 부동산에 투자해서 수익을 얻는 것을 비난할 근거가 없다.

시장은 얼마든지 정책과 보완적 관계를 맺을 수 있다. 예를 들어, 돈 있는 사람들이 자유롭게 주택에 투자해 그 과실을 따가도록 하고, 보유기간 동안 무주택자들에게 임대주택을 공급하도록 하도록 하면, 정부가 세금을 들이지 않고 수많은 사람에게 임대주택이 공급된다. 또한, 주택경기 변동과정에서 발생하는 미분양을 해소하는 데 도움을 받고, 주택가격 상승기에는 차익실현 매물이 많아지므로 장기적인 주택경기 안정을 도모할 수도 있다.

시장을 적대시하는 정책, 예컨대 부동산을 통한 자산증식을 투기라고 이름 붙이고 억제하려는 정책은 이제까지 성공하지 못했고, 앞으로도 성공하지 못할 것이다. 정부와 국민이 부동산 투기를 억제해야 한다는 편집증에서 풀려나야 한다.

돌이켜 보면 우리나라 부동산 정책 중 가장 성공한 것은 주택공급정책이었다. 주택의 양적, 질적 개선의 정도와 속도는 세계적으로 유례가 없을 정도다. 그 비결은 공공의 대규모 택지개발을 배경으로 모든 이해당사자 간에 윈-윈이 가능한 구조를 가졌기 때문이다. 이처럼 시장의 기본 원리에 바탕을 두고 현실적인 걸림돌을 제거해가는 정책의 성공

가능성이 크다. 주택가격 상승을 억제하는 정책을 성공시키려면 가격상승의 근본 원인을 파악하고 이를 정책목표로 선정, 시장의 기본 원리에 기반한 수단을 도입할 필요가 있는 것이다. 시장의 원리에 반하는 정책들은 실효를 거두기 어려울 뿐만 아니라 장기적인 부작용을 남긴다.

제3장

부동산 정책은
무엇을 하지 말아야 하나?

01 투기와의 전쟁은 왜 실패할까?

부동산 정책의 투기억제 기조

우리나라의 부동산 가격은 때때로 급등했다. 원래부터 비싼 부동산인데 주택가격이 급등하면 무주택자들은 내 집 마련의 꿈에서 멀어져 절망하게 되지만, 기존 소유자들은 자산증식의 호기를 맞는다. 이런 격차가 사회 갈등과 분열의 원인이 되므로 부동산 시장의 적절한 관리가 중요한 과제일 수밖에 없다.

1960년대 후반 이후 역대 정부들은 부동산 가격이 급등할 때마다 투기를 억제해서 시장을 안정시키려 했다. 우리는 제2장에서 이런 정책기조를 박정희 패러다임이라고 이름을 붙였다. 투기억제정책의 시작은 1967년의 부동산 투기억제세였는데, 이 세금은 서울, 부산 등의 대도시 지역에서 일정 기준 이상의 토지를 소유한 자가 토지를 양도한 경우 양도차익의 50%를 납부하게 했다. 특이한 것은 공지(空地)에 대해서는 2년마다 평가해 미실현상태의 자본이득에 대해서도 과세했다. 부동산 투기억제세는 단기간밖에 운용되지 않았으나 이후 양도소득세로 발전되었고, 그 정책목표, 부과방식 등은 부동산 조세발전에 큰 영향을 주었다. 즉, 일정한 기준으로 실수요와 투기를 구분해서 전자는 보호하고 후자에 대해서는 제재를 가하는 기조가 이후의 부동산 조세제도에서 그대로 채택되었다. 투기억제 기조를 가장 잘 나타내는 것이 1980년대 말의 토지공개념 제도들이었다. 다른 모든 투기억제 제도들과 마찬가지로 공개념 제도들도 투기로 의심되는 수요를 줄여서 가격을 안정시키려는 시도였다.

부동산 가격급등으로 여론이 들끓을 때마다 역대 정부는 지금 당장 무슨 조치든지 취하지 않을 수 없었고, 세금으로 투기를 억제하는 것(또는 그런 듯이 보이는 것)이 손쉬운 방법이었다. 특히, 참여정부는 주택가격이 급등하자 세 부담을 크게 올려서 대응했다. 종합부동산세를 도입하는 등 부동산 보유세를 대폭 강화해 고가 주택을 보유한 사람들이 궁극적으로 1% 정도의 실효세 부담을 하도록 목표를 세웠고, 다주택 보유를 전형적 투기행위로 보고 특별히 중과세하도록 양도소득세를 강화했다. 이런 제도 개편에 과세표준의 현실화가 병행되어 세 부담은 더욱 커졌다.

투기억제를 통한 부동산 시장 안정이란 정책기조는 조세에 국한되지 않는다. 토지이용 및 개발에 관련된 규제를 경직적으로 운용해 민간에 의한 대규모 개발이 실질적으로 불가능하게 하고, 공공부문 개발사업자에게만 여러 예외 조치들을 인정해주는 것도 같은 취지다. 토지 및 주택 거래에 관련된 규제들, 부동산 평가 및 정보시스템들도 역시 직간접적으로 투기를 막는 목적을 가진다. 최근에 나오는 정책들도 한결같이 '투기를 억제해 시장을 안정시킨다'라거나 '투기를 막아서 무주택자의 내 집 마련을 돕는다'라는 목표를 내세운다. 또, 고위공직자 인사청문회에서도 후보자가 투기행위를 했느냐가 중요한 검증기준이다. 부동산 투기는 만악의 근원인 것으로 공인되고 있다고 해도 과언이 아니다.

최초의 부동산 투기억제대책이 나온 지 50여 년이 흘렀다. 역대 정부가 "하늘이 무너지더라도…", "대통령직을 걸고…" 등의 강력한 의지로 투기억제정책에 매진했고, 때로는 "부동산은 끝났다"라는 승리선언을 했다. 국정브리핑팀(2007)은 "각종 사회적 저항에 부딪혀 번번이 도입이 좌절되었던 정책들이 40여 년의 세월을 돌아 참여정부 들어 겨우 실현된 것이다. 그런 의미에서 앞으로 부동산 정책사를 쓸 때 적어도 부동산 시장 투명화와 조세 형평성에 관한 한 참여정부 '이전'과 '이후'는 확연히 구분될 것이다"라고 했다. 그러나 그런 성과가 문재인 정부 때의 주택가격 급등을 막는 데 전혀 도움이 되지 못했다.

지난 50여 년간 우리나라는 선진국의 반열에 접어들었고, 국민의 주거수준도 예전과는 상상할 수 없었을 정도로 좋아졌다. 그 기간 중의 일관된 투기억제 정책들에도 불구하고, 왜 부동산 가격급등과 투기와의 숨바꼭질이 반복되는 것일까? 투기를 근절할 방법이 있기는 하나? 아니면, 애초에 투기를 잡아서 시장을 안정시킨다는 발상 자체가 잘못된 것인가?

투기억제정책의 오류

투기억제정책의 출발점은 '소수의 투기자가 시장을 교란하고 가격을 올리고 있으니 이들을 잡으면 문제가 해결될 것'이라는 전제다. 투기를 막으면 부동산 가격도 오르지 않고, 서민의 내 집 마련도 쉬워지며, 국민의 근로의욕도 높아지고, 분배구조도 개선된다는 것이다. 그러나 50여 년에 걸쳐 온갖 시도를 다 해본 경험에 비추어 볼 때 투기억제정책들은 앞으로도 실패할 것으로 보는 데 무리가 없다. 진단과 처방이 틀렸기 때문이다.

1. 누가 투기자인가?

부동산 투기를 비난하는 여러 주장을 보면 누가 투기의 주체인가 혼란스럽다. 한편으로는 "투기꾼들은 아무리 강한 규제가 와도 조금만 기다리면 경기 부양이라는 명분으로 다시 규제가 풀린다는 사실을 오랜 경험을 통해 체득했고 정부정책에 대한 신뢰는 땅에 떨어졌던 것이다(국정브리핑팀, 2007, 345쪽)"와 같은 서술에서 보듯이 일부 전문 투기행위자들이 존재하는 듯이 이야기한다. 그러나 온갖 정책들은 이 전문 투기꾼들을 가려내지 못했다. 이는 부동산 시장에 영향을 미칠 정도의 세력을 가진 전문 투기꾼들이 현실 세계에서 존재하는지 의문을 제기한다. 내부자 거래, 탈세, 사기, 기타 법규 위반과 같이 객관적으로 가려낼수 있는 범법하는 사람들을 벌주는 것은 당연하지만, 그런 범법 행위자들이 전체 시장에 영향을 줄 정도의 세력을 가지고 있다고 보기는 어렵다.

다른 한편, "국민은 수십 년간의 미비한 정책과 부실한 법 적용의 틈을 뚫은 부동산 투기의 높은 수익성을 지켜보면서 '부동산 투기는 비용 대비 효율이 높은 투자'라는 경험칙을 얻게 되었다(국정브리핑팀, 2007, 71쪽)" 등의 서술에서는 부동산을 사고팔고 보유하는 전 국민이 잠재적 투기자라고 암시한다. 부동산에 관한 전 국민의 거래나 보유를 모두 투기라고 지칭한다면, 투기억제정책은 국민의 모든 부동산 활동을 억제하는 내용을 가지게 된다. 부동산이 경제활동에서 빠질 수 없는 요소이므로, 이런 정책이 강화될수록 경제활동을 위축시키고 국민을 불편하게 할 것이다.

시장을 좌지우지할 만한 전문 투기꾼들도 없고 그렇다고 전체 국민의 모든 부동산 활동을 규제할 수도 없으니, 투기억제정책은 자연스럽게 특정 행위를 투기라고 가려내어 제재를 가하는 형태가 된다. 평소에 선량하던 국민도 탐욕에서건 조바심에서건 투기할 수 있으니 이를 막자는 것이다. 그렇다면 어떤 행위가 투기인지 가려낼 수 있을까?

2. 무엇이 투기인가?

1960년대부터 부동산 투기라는 용어를 사용해왔지만, 아직도 엄밀한 정의는 없다. 흔히 '자본이득을 목적으로 한 부동산의 매매 및 보유'를 투기라고 생각하지만, 이 정의를 바탕으로 정책을 수립하기는 어렵다. 우선, 자본이득을 목적으로 하는지 않는지는 거래자 당사자의 마음에 달려 있을 뿐 객관적으로 관찰되지 않는다. 또한, 부동산이 자산이기 때문에 자본이득을 감안하지 않는 부동산 매매 및 보유가 있을 수 없다. 아무리 실수요자라고 해도 가격이 내려갈 부동산은 사지 않는다. 부동산을 구매할 때는 누구나 활용 가치와 동시에 미래 가치를 염두에 둔다. 투기를 앞서와 같이 정의한다면, 모든 사람의 모든 부동산 활용을 지칭하게 된다.

객관적인 판정을 위해 '단기간 보유', '잦은 거래', '직접 사용하지 않는' 등의 수식어를 붙인다면, 각각의 행위를 왜 막아야 하는지 분명하지 않다. 예컨대, 직접 사용 여부가 판단 기준 중 하나지만, 부동산을 임대해서 필요한 사람들이 사용하게 하고 임대료를 받아서 생활하는 것이 나쁘다고 비난할 이유는 찾기 힘들다. 부동산을 가장 잘 활용할 사람이 그 부동산을 소유할 만큼의 경제력이 없거나 소유할 필요가 없다고 판단할 수 있기 때문이다. 소유자와 사용자가 분리되어 더 좋은 성과를 가져올 수 있다면, 부동산을 소유하고 임대하는 사람이 생산적인 역할을 한다고 봐야 한다.

역대 정부는 구체적인 정책을 만들고 시행하기 위해서 그 시기의 문제들을 반영한 투기의 조작적 정의를 내렸다. 예를 들어 1970년대까지는 기업의 비업무용 토지 보유가 주된 억제대상이었으며, 1980년대 말의 토지공개념 시기에는 유휴 토지의 보유가 주된 문제였다. 참여정부와 문재인 정부는 1가구 다주택 보유를 주로 문제 삼았다. 이처럼 시시때때로 정의가 달라지는 투기를 억제하려는 정책들이 장기에 걸쳐 성공하기를 기대하기는 어렵다.

정책뿐 아니라 학술적 논의나 일상 언어에서도 투기라는 단어에 대해 사람마다 서로 다른 의미를 부여하므로 그 단어가 의사소통을 돕기보다는 오히려 혼란을 준다. 더욱 많은 사람을 만족시키는 투기억제정책은 결국 너무 넓은 외연의 행위들을 모두 억제하는 쪽으로 귀결되기마련이고, 그 결과 정책의 초점이 흐려짐과 동시에 넓은 범위의 경제활동에 큰 제약이 될 수밖에 없다.

3. 투기가 부동산 가격을 올리나?

투기억제정책이 여론의 지지를 받는 이유는 투기가 부동산 가격을 상승시킨다는 피상적인 관찰 때문이다. 지난 60여 년에 걸친 부동산 가격 추이 속에서 투기행위가 독립적인, 그리고 일반적인 부동산 가격 상승 요인이었다는 증거는 찾기 어렵다. 압구정동 현대아파트가 1억원을 넘겼을 때, 삼풍아파트가 평당 1,000만 원을 넘겼을 때, 테헤란로 땅값이 평당 3,000만 원을 넘겼을 때 이 미친 가격이 투기 때문이라면서 시끄러웠지만, 돌이켜 보면 이런 시점들은 경제가 발전하고 도시가 커가는 장기 추세 속에 지나야 할 단계였을 뿐이다. 1980년대 말 또는 2000년대 초의 주택가격 급등도 모두 주택공급 부족과 거시적 유동성 과잉 등의 독립적 가격상승 원인이 존재했다.

일시적, 국지적 예외가 있을 수 있지만, 투기는 가격상승의 과정 또는 결과이지 원인이 아니었다. 예를 들어, 국정브리핑팀(2007)은 참여정부 시기의 부동산 가격급등에 대해 시중에 돈이 너무 많이 풀리고, 규제가 지나치게 완화되었으며, 주택이 부족했기 때문이라고 진단하면서도 투기세력이 부동산 가격을 올렸다고 주장한다. 원인이 따로 있는 것을 뻔히 알면서도 일부 사람들을 가려내서 제재하는 것이 적절한 처방일 수 없다.

국민은 부동산을 사고팔면서 때로는 큰 이익을 본다. 이런 거래를 투기라고 부르고 억지로 못하게 해도 가격이 오르지 않을 리 없다. 이득을 보려는 거래가 가격을 올리는 것이 아니라, 가격이 오르니까 이득을 보는 거래가 일어나는 것이기 때문이다. 일례로, 세종시 개발 초기에 공주-연기지역에는 철저한 토지 거래 감시체계가 작동해 사실상 거래가 끊겼으나, 사업이 진행되면서 가격이 상승하는 것을 막을 수 없었다. 아무리 실수요자들끼리만 거래한다고 해도 오를 가격은 오른다. 투기억제대책들은 단지 언제 누가 가격차익을 가져가는가에 영향을 줄 뿐이다.

부동산 가격의 변동은 시중에 풀린 유동성, 금리, 소득, 인구구조, 기타 지역별 수급과 같은 수많은 변수의 상호작용 속에서 결정된다. 일부 사람들이 작당해 부동산 가격 추이에 영향을 줄 가능성은 거의 없다. 주택 시장만 해도 약 2,000만의 가구가 그만한 숫자의 주택을 찾아가는 거대한 시장이다. 게다가 하나하나의 주택이 매우 비싸므로 누구도

시장 지배력을 가질 만큼의 자금을 동원할 수 없다. 가끔 일부 지역에서 아파트 주민들이 가격을 올리려고 중개업자들에게 압력을 넣지만, 그 효과가 몇 달 이상 가는 예는 찾기 힘들다.

부동산 투자를 죄악시하는 근거 중의 하나는 부동산이 자산일 뿐 아니라 생산요소라는 데 있다. 토지나 주택의 가격이 오르면 기업의 원가 부담이 커져서 경쟁력이 저하되고 가계의 주거비 부담이 높아진다는 것이다. 그러나 자산가치 이론에 따르면 부동산의 가치는 임대료 흐름에 의해 결정되고, 그 역의 관계는 성립하지 않는다. 주택가격이 오르면서도 임대료가 오르지 않는 경우가 많다. 일례로 재건축아파트의 매매가격은 미래 임대료 상승을 기대하고 급등한 데 비해 현재의 임대료는 주거여건을 반영해서 낮은 수준이다.

부동산 시장의 문제를 투기자들 탓으로 돌리는 것은 어찌 보면 게으르고 무책임한 진단이다. 가격변동의 세부적인 원인을 가려내지 못하고 뭉뚱그려서 투기가 원인이고 투기자들이 책임을 져야 한다는 주장은 어렵고 복잡한 분석 없이 현상을 설명하고 처방까지 내리는 쉬운 길이다. 아마도 정책담당자들도 금리나 유동성, 수급 등의 근본 원인이 따로 있다는 사실을 잘 알고 있을 것이다. 단기적으로 이런 문제들을 교정할 수 없으니, 효과가 있든 없든 투기억제정책으로 시장을 얼어붙게 해서 가격이 움직이지 못하도록 하는 것이다. 또, 일단의 '사람들'에게 책임을 돌리는 것은 희생양을 찾고 싶은 대중의 입맛에도 맞는다. 대중에게 만족을 줄지는 몰라도 진단도, 처방도 틀린 정책들이 소기의 성과를 거둘 수 없다.

4. 부동산 투기는 시장 실패를 초래하나?

투기억제정책이 시장 실패를 교정하는 데 필요하다는 주장도 있다. 다른 원인도 없는데 투기 때문에 부동산 가격이 오른다면, 그래서 장기적으로도 가격이 가치를 올바르게 반영하지 못한다면, 정부의 시장 개입이 일차적으로 정당화된다. 이때의 시장 실패는 통상적인 원인, 즉 독과점, 외부효과, 공공재, 정보의 편재 등의 문제로 보기는 어렵다. 이 같은 시장 실패요인들을 제외하고 남는 가능성은 자산가격 거품의 존재다. 즉, 부동산 투기가 시장 실패를 초래한다는 주장은 곧 부동산 시장에 가격 거품이 있다는 의미다.

제1장에서 논의했듯이 적어도 2020년 이전의 우리나라 부동산 시장에서 가격 거품이 존재했다거나, 거품이 붕괴해 가격이 폭락했다고 보기는 어렵다. 1990년대 말의 외환위기나 2008년의 금융위기 때 주택가격이 급락한 것은 세계경제 악화, 금융시스템의 불안, 그리고 실물 부문의 침체 여파로 주택의 자산가치가 떨어졌던 때문이지, 주택 시장이 스스로 붕괴할 가격 거품을 키웠던 때문이 아니다. 때때로 나타나는 시장 침체가 거품붕괴라면 가격은 훨씬 더 많이, 더 빠르게 떨어지는 동시에 금융시스템이 휘청거려야 했다. 1980년대 말의 일본과 2000년대 중반의 미국에서는 부동산 시장이 위기의 진원지였지만, 우리나라 부동산 시장은 경제의 다른 부문에서 촉발된 위기의 영향을 받았을 뿐이다.

빠른 산업화·도시화에 따른 도시형 토지의 급격한 수요팽창, 과도한 토지이용규제 및 공공독점 공급체계의 경직성, 가구 수 증가 및 소득상승, 양질의 주거환경에 대한 수요팽창 등의 요인을 감안할 때, 우리나라의 부동산 가격이 높은 것은 당연하다. 부동산 가격이 높은 현상은 역설적으로 부동산 시장이 원활히 기능하고 있음을 말해준다. 수급 불균형을 풀어주는 정책이 시행된다면 부동산 가격도 정상적 시장 기구의 작동을 통해 안정될 것이다.

다주택 보유는 악(惡)인가?

참여정부는 종합부동산세와 양도소득세 등으로 1가구 다주택 보유에 대해 징벌적인 중과세를 도입했다. 문재인 정부는 집권 초반부터 다주택자를 투기세력으로 규정하고 이들을 상대로 전쟁을 벌였다. 김현미 당시 국토교통부 장관이 취임식에서 "부동산 시장 과열은 공급 부족 문제가 아닌 다주택자의 투기가 원인"이라고 했다.

다주택 보유를 억제하는 배경에는 '부동산 시장은 제로섬 게임'이라는 암묵적인 가정이 있다. 다주택자가 많이 가지는 만큼 무주택자가 가지지 못한다는 논리다. 단기적으로는 주택의 숫자가 고정되어 있으므로 그 가정이 성립되는 듯 보인다. 그러나 주택은 물론이고 택지, 공장용지 등 현실에서 유용한 형태의 토지도 자본과 노동이 투입되어 생산(개발)되는 재화다. 가격이 높으면 생산이 촉진되어 공급(스톡)이 늘어나고, 가격이 낮으면 노후화, 멸실, 용도변경 등을 통해 공급이 줄어든다. 다만, 볼펜이나 사과 같은 재화에 비해 생산기간이 길어서 단기적으로 주택의 공급이 급격히 늘어나기 힘들 뿐이다. 이러한 장단기 공급 행태의 차이에 따른 문제는 서구의 여러 대도시가 2차 세계대전 이래 임대료규제를 시행한 경험에서 잘 나타난다.

중장기적으로 주택의 생산에 더 많은 자본이 흘러들게 해서 공급을 늘리는 것이 주택부족과 가격상승을 막는 길이며, 그 물꼬를 잘 터준 것이 과거 주택정책의 성공 공식이었다. 주택에 투자해서 이득을 보고자 하는 사람들 덕분에 정부 돈 한 푼 들이지 않고 수백만 호의 주택이 건설되었고, 완벽한 인프라를 가진 수십 개의 신도시, 신시가지들이 들어섰으며, 수많은 무주택자에게 염가의 분양주택과 임대주택이 공급되었다.

다주택자들은 임대주택 공급자로서 무주택자 주거안정에 이바지하고 있다. 우리나라에서 전 가구의 약 1/3은 비제도권 시장에서 남의 집을 임차해서 살고 있는데, 임대주택 공급자의 다수는 다주택자들이다. 그 역할을 정부가 떠맡기 위해서는 수백조 원의 예산과 수십 년의 시간이 필요할 것이다. 주택개발 시장에서는 주택경기가 침체해 미분양이 발생할 때, 경제적 여유가 있는 사람들이 이를 소화해 주택개발의 리스크를 줄여준다. 주택개발 사업의 리스크가 낮아지면 주택공급이 더 늘어날 수 있다. 훗날 주택가격이 상승할 때 다주택자들이 보유한 주택을 매각하면 가격을 안정화하는 효과가 있다. 이렇게 시장의 자율조정 기능이 작동하지 않으면 주택경기 진폭이 더 커지고, 전반적인 공급 위축과 가격상승이 초래될 것이다.

다주택자 중에는 근로소득이 없는 고령자들도 많은데, 이들은 정부에 기대지 않고 임대료를 받아 스스로 생계를 유지한다. 이는 세금이 들지 않는 고령화 대책이다. 다주택 보유를 억제하는 것은 자산운용을 오로지 채권과 주식에 한정하라는 강요인데, 이러한 경직적 자산운용이 노후의 안정적 생활에 적합하지 않을 수 있다.

무주택자가 내 집을 마련하지 못하는 것은 다주택자의 횡포 때문이 아니다. 오히려 적시적소에 충분한 주택을 공급하지 못한 정부의 책임이다. 참여정부와 문재인 정부에서 다주택자에 대한 제재를 거세게 밀어붙였지만, 많은 부작용만 낳았다. 다주택자들이 긍정적인 역할을 하는 주택 시장의 구조를 이해하지 못한 결과였다.

부동산으로 돈을 벌면 안 되나?

　부동산 투기를 적대시하게 된 배경에는 부동산에서 발생한 자본이 득이 불로소득이고, 큰 액수의 불로소득은 비도덕적이라는 가치판단이 있다. 그러나 이런 인식은 여러 오류를 담고 있다. 특히 노동만이 가치를 창출하는가, 부동산이나 다른 자본은 가치를 창출하지 못하는가 하는 문제가 제기된다. 노동뿐 아니라 자본도 생산요소임을 부인할 수 없고, 그만큼의 성과를 배분하지 않으면 자본축적이 어려워지고 경제성장이 불가능해진다. 이에 대해서는 토지공개념의 원조로 잘못 알려진 헨리 조지(Henry George)가 가장 강한 논리로 설파했다. "열심히 일한 자가 보상을 받아야 한다"라는 노동가치설의 감성적인 호소력에도 불구하고 자본주의 경제는 "사회의 수요를 충족시키는 자가 보상받는다"라는 원리에 따라 움직이고 있으며, 여기에는 적시적소(適時適所)에 적합한 부동산을 제공하는 자도 포함된다.

　투기억제정책을 통해 표현되는 우리 국민의 의식은 좋게 말하면 이중적이고 나쁘게 말하면 위선적이다. 국가정책이 부동산에서 발생하는 이익을 억제하거나 사회적으로 환수해야 한다고 생각하면서, 자신의 자산운용에서는 그러한 이익을 추구하는 데 열심이다. 대표적으로 과거 정부의 고위공직자들 다수가 '부동산 내로남불' 논란을 일으켰다. 고강도 부동산 대책들이 연이어 발표되는 중에도 다수의 핵심 공직자들이 다주택자로 밝혀졌다.

　사적으로는 모두가 부동산의 자산가치를 인정하고, 또 적극적으로 활용하므로 고위공직자 인사청문회마다 부동산 투기 의혹을 받지 않는 사람이 드물다. 이들에 대한 공적 비난은 주식이나 채권으로 돈을 벌면 상관없지만, 부동산은 건드리지 않아야 한다는 결론으로 귀착된다. 이는 부동산, 특히 주택은 자산이 아니다, 또는 자산이어서는 안 된다는 (사적으로는 아무도 믿지 않는) 공적 신조를 반영한다. 그러나 투기자를 비난하는 신문들도 그 면만 넘기면 어디에 투자해야 시세차익을 얻을 수 있는지에 관한 기사가 가득하다. 자기가 지킬 수 없는 신조를 남에게 강요하지 말아야 할 것은 물론이고, 공공정책의 기반으로 삼지도 말아야한다.

부동산 문제를 투기와 관련된 도덕적 문제로 환원하면서 벌어지는 우려되는 현상은 국민의 재산권을 가볍게 보는 경향이다. 재건축에 대한 규제는 미래 임대료를 낮추어서 현재의 가격상승을 막으려는 대책이고, 세금을 중과세해 부동산 가격을 낮추는 것은 부동산 소유자로부터 정부로의 자산 이전 효과를 갖는다. 모두 부동산의 내재가치를 떨어뜨리는 정책이다. 또한, 국민이 가진 소유권의 가치 중 일부를 정부가 빼앗아 가는 것이기 때문에 매우 신중히 접근할 문제다.

부동산도 자산이고, 자산인 이상 자산증식의 주요 수단이 아닐 수 없다. 부동산에서 발생하는 이익이 불로소득이라는 시각도 있지만, 주식이나 채권뿐 아니라 교육과 직업선택 등 모든 영역에서 개인의 노력이나 재능과 함께 우연과 행운(또는 불운)은 언제나 작용한다. 부동산도 위치나 유형에 따라 가격상승이 물가상승만도 못한 경우가 비일비재하다. 부동산을 통해 얻은 소득에 대해 다른 자산이나 소득에 상응하는 공정한 과세가 이루어지는 한 도덕적인 관점에서 비난할 이유는 없다.

누구나 주택을 소유해야 하나?

다주택 보유자가 무주택자에게 임대주택을 제공하는 역할을 전혀 고려하지 않는 배경에는 누구나 집을 소유해야 한다. 심지어는 누구나 서울, 역세권, 신축아파트, 강남지역에 살 수 있어야 한다는 극단적인 평등주의 사고가 있다. 경제적 평등이나 사회적 안정 등 여러 측면에서 자가주택의 소유를 권장하는 것은 바람직하며, 이를 지원하는 것은 당연하다. 그러나 주택은 가계소득이나 저축보다 가격이 매우 높은 자산이다. 저소득층까지 포함해 모든 사람이 주택을 소유하는 것은 현실적으로 불가능하다. 임대주택이라도 저렴한 임대료에 안정된 주거를 확보할 수 있다면 최소한의 인간다운 생활이 보장된다.

매매가격이 높더라도 임대료가 낮다면 저소득층의 주거안정이 가능하다. 예를 들어, 외환위기 이후의 주택가격 급등기에도 임대료의 상승률은 낮았으며, 서민의 주거가 크게 불안해졌다고 보기 어려웠다. 하물며 '누구나 강남에 살아야 한다'라는 암묵적 가정은 넌센스다. 가장 집값이 비싼 지역에서, 그것도 주택을 소유하기 위한 비용이 오르는 것은 저소득층의 주거안정과 아무 관련이 없는 문제다.

투기억제 기조에서 벗어나야

우리나라처럼 부동산의 개발, 이용, 거래, 보유 등 모든 영역에서 투기억제를 명분으로 정부가 간섭하는 사례를 세계 어디에서도 찾기 힘들다. 부동산은 자산이 아닐 수 없고 자산의 가격은 변하게 마련이다. 가격이 움직일 때 차액을 노리는 투자가 있는 것이 당연하며, 일부 사람들이 위험부담을 하면서 고액의 투자를 하는 것도 자연스럽다. 주식에 투자해 돈을 많이 벌려고 노력하는 것이 비난받을 이유가 없는 것과 마찬가지로, 법을 지키고 세금을 제대로 내는 한 부동산에 투자해서 수익을 얻는 것을 비난할 근거가 없다. 돈 있는 사람들이 자유롭게 주택에 투자해 그 과실을 따가도록 하고, 보유기간 동안 무주택자들에게 임대주택을 공급하도록 하도록 하면 세금을 들이지 않고도 수많은 사람에게 임대주택이 공급되며, 주택경기 변동과정에서 발생하는 미분양을 해소하는 데 도움을 받을 뿐 아니라, 주택가격이 오를 때 매물이 늘어날 여지도 커진다.

부동산을 통한 자산증식을 투기라고 이름 붙이고 억제하는 정책은 이제까지 성공하지 못했고, 앞으로도 성공하지 못할 것이다. 투기억제 편집증에서 벗어나면 비업무용 또는 투기용 부동산을 가려내어 불이익을 주는 제도 골격에서 벗어나 단순함과 중립성을 강조하는 제도개선이 가능하다. 부동산 조세에서 그런 구분을 없애자는 주장은 모든 세 부담을 낮추자는 것이 아니라, 비업무용-업무용, 투기용-실수요용 등의 구분 없이 모든 부동산에 대해 균일하게 과세하자는 것이다. 세제의 경우 명목세율은 낮아지겠지만, 과세 베이스가 확대됨에 따라 평균적이고 실질적인 세 부담은 오히려 증가할 수 있다. 세제 및 각종 규제가 단순해져서 납세자 편익이 증진되고, 제도 시행의 공정성이 높아지며, 경제의 효율도 높아진다.

또한, 투기억제를 위해 시행하는 많은 불필요한 제도들을 폐지 또는 완화할 수 있을 것이다. 토지거래허가제, 주택거래신고제, 주택분양가 규제, 종합부동산세, 양도소득세 중과 등은 거의 부작용 없이 폐지할 수 있는 대표적인 제도들이며, 농지 및 임야의 취득 및 전용 제한, 농지 및 임야 전용 부담금제, 공영개발 제도, 그린벨트 제도 등은 일정 수준의 보완대책을 통해 규제를 완화할 수 있을 것이다.

부동산의 개발, 보유, 거래에 관련된 의사결정은 개인이나 기업의 자산과 소득에 심대한 영향을 주는 중요한 것이므로, 누구나 오랫동안 준비하고 심사숙고해 결정하고 이를 위해 고액 대출을 받는 등 큰 위험에 노출될 수도 있다. 부동산 개발, 보유, 거래의 성과를 결정하는 핵심 요소 중의 하나인 정책환경이 수시로 바뀌면 부동산 시장에 커다란 불확실성을 안겨준다. 모든 다른 자산 시장에서와 마찬가지로 이러한 불확실성은 시장의 기능을 저해한다. 일례로, 투자가 위축된다거나 거래가 성립되지 않는 등의 비효율이 초래된다. 국민 개인과 기업 자산에서 부동산이 차지하는 비중이나 국민 생활이나 기업활동에 부동산이 필수적으로 소요되는 당위성을 봤을 때, 부동산에 관련된 정책들은 오히려 보수적으로 운용되어야 할 것이다.

어떤 나라에서든 부동산 시장에 정부가 개입해야 할 당위성이 있으며, 우리도 시장 방임이 최선이라고 주장하지 않는다. 다만, 정책의 역할은 시장 참여자들의 에너지가 경제발전과 국민 주거복지 향상이라는 목표에 긍정적으로 모일 수 있도록 조장하는 것이어야 한다. 시장 에너지의 존재 자체를 부인하거나 도덕적 시비에 시간과 노력을 낭비하지 말아야 한다. 가격이 급등하는 등의 부동산 문제는 대개 오랜 기간에 걸쳐 누적된 수요와 공급의 불일치라는 근본적 원인 때문에 발생한다. 과거의 정책실패를 인정하고 고칠 생각을 하지 않고 투기타령을 하는 것은 안이하고도 무책임한 태도다. 부동산 가격이 급등할 때 투기타령을 하면서 일부 국민을 희생양으로 모는 정책은 언제나 정부의 무능과 책임회피를 반영한다.

02 헛되고 헛된 토지공개념

2018년 3월에 발표된 문재인 정부의 헌법개정안은 토지공개념을 명문화하고자 했다. 제128조 2항을 신설해 "국가는 토지의 공공성과 합리적 사용을 위해 필요한 경우에 한해 특별한 제한을 하거나 의무를 부과할 수 있다"라고 규정했다. 이 문구는 매우 추상적이어서 구체적으로 어떤 제도나 규제들을 새로 도입하려는지, 그 제도들이 왜 현행 헌법으로는 가능하지 않은지를 쉽게 짐작하기 어려웠다. 그러나 헌법개정안을 발표하면서 조국 민정수석이나 다른 당국자들은 이 조항이 토지공개념을 강화하려는 의도임을 명확히 했다. 헌법개정안이 나오기 이전부터 문재인 대통령을 포함한 당시 여당 정치인들이 토지공개념이 우리나라의 부동산 문제, 더 나아가 사회적 불평등 심화를 해소하는 열쇠라는 믿음을 내보였다. 토지공개념이 무엇이며, 이 개념이 도입 내지 강화되면 과연 여러 부동산 문제들이 쉽게 풀리게 될지, 더 나아가 양극화와 같은 우리 사회의 고질적인 문제들이 해소될지 검토해볼 필요가 있다.

토지공개념이란 토지 소유권은 절대적일 수 없고 공공의 이익이나 공공복리의 증진을 위해 의무를 부담하거나 제약을 수반하는 것으로 실정법상의 여러 의무와 제약을 감내하지 않으면 안 된다는 믿음이나 원칙이다. 바이마르 헌법 이래 대부분의 나라에서 재산권에 대해 일정한 제한을 하는 맥락 속에서 토지 재산권도 '천부적 자유권이 아닌 법률에 따라 내재적으로 규정될 수 있는 사회적 구속성을 함께 갖는 권리(토지공개념연구위원회 보고서, 1989)'라는 것이다.

토지공개념을 이렇게 정의하면 우리 헌법은 오래전부터 토지공개념을 채택하고 있었다. 즉, 제23조 1항에서 "모든 국민의 재산권은 보장된다"라고 하면서도 "그 내용과 한계는 법률로 정한다"라고 했고, 2항에서는 "재산권의 행사는 공공복리에 적합하도록 해야 한다"라고 하며, 3항에서 "공공필요에 의한 재산권의 수용·사용 또는 제한 및 그에 대한 보상은 법률로써 하되, 정당한 보상을 지급해야 한다"라고 해서 필요할 경우 사유재산권을 박탈할 수도 있게 했다.

이어, 제119조 2항은 "국가는 균형 있는 국민경제의 성장 및 안정과 적정한 소득의 분배를 유지하고, 시장의 지배와 경제력의 남용을 방지하며, 경제주체 간의 조화를 통한 경제의 민주화를 위해 경제에 관한 규제와 조정을 할 수 있다"라고 해서 문재인 헌법개정안 제128조 1항을 이미 규정하고 있다. 또, 제122조는 "국가는 국민 모두의 생산 및 생활의 기반이 되는 국토의 효율적이고 균형 있는 이용·개발과 보전을 위해 법률이 정하는 바에 의해 그에 관한 필요한 제한과 의무를 과할 수 있다"라고 규정한다. 이 조항이 국토 균형개발의 관점을 좀 더 강조하는 듯하지만 그래도 문재인 헌법개정안의 토지공개념 조항과 유사하다.

토지공개념을 왜 다시 꺼냈지?

어떤 원칙을 받아들인다고 선언해도 경제와 사회가 저절로 변하는 것은 아니다. 국민의 권리와 의무를 바꾸는 현실 제도를 통해서만 이 원칙이 힘을 발휘하게 된다. 과연 현행 헌법 제23조, 제119조, 제122조 등에도 불구하고 시행할 수 없는 어떤 제도나 규제를 도입하기 위해 헌법개정안의 제128조 2항이 필요한 것일까? 여기에 대해 명확한 설명은 없었다. 조국 전 수석은 1989년 제정된 토지공개념 3개 법 중 "택지소유상한에관한법률은 위헌 판결을, 토지초과이득세법은 헌법불합치 판결을 받았고, 개발이익환수법은 끊임없이 공격을 받고 있는 상황이다"라는 아쉬움 때문에 토지공개념을 헌법에 명시할 필요가 있다고 말했다. 그러나 단지 택지소유상한제, 토지초과이득세 등을 재도입하기 위해 개헌을 시도하지는 않았을 것이다. 당시 여당 인사들의 발언을 보면, 헨리 조지의 지대개혁으로 "땅의 사용권은 인민에게 주되 소유권은 국가가 갖는 중국식 토지 제도"를 하자거나, "모든 토지에 공개념을 도입해 보유세를 부과하고 이를 국민에게 100% 돌려주는 기본소득으로 사용"하자거나, "부동산을 투기 수단으로 삼는 사람들과 비상식적으로 폭등하는 지역에 대해서는 부동산 매매허가제까지 도입해야 한다"라는 등의 주장이 나왔다(권세진, 2020).

문재인 정부에서 강남 일부 지역에서 토지거래허가제가 실시되었고, 부동산 보유세가 다주택자에게는 감당하기 어려운 정도로 늘어난 것을 보면, 이들이 하고 싶은 제도나 규제의 대부분은 현행 헌법으로도 충분히 가능함을 알 수 있다. 조국 전 수석이 아쉬워하는 택지소유상한제나 토지초과이득세도 "국민 간의 소득 격차, 빈곤의 대물림, 중상층 붕괴 등 양극화가 경제성장과 국민통합을 가로막는 상황으로 이러한 문제를 해결"하기는커녕 부동산 가격상승이라는 상대적으로 작은 문제 하나라도 해결하기 어렵다. 택지소유상한을 200평으로 제한하는 제도가 대지 지분이 작은 아파트의 가격상승을 막을 수 있었을까? 취득세, 보유세, 양도소득세를 모두 다주택자에 대해 극단적으로 중과세를 하는 마당에 토지초과이득세가 더 필요할까? 또한, 중국에서 주택가격이 천정부지로 치솟다가 폭락하기를 거듭하는 현상을 보면, 토지 소유권을 누가 가지는가는 부동산 가격의 동향에 큰 영향을 주지 못한다는 추론도 가능하지 않을까? 간헐적으로 부동산 가격이 폭등해 국민에게 고통을 주는 것은 무슨 개념이 부족해서가 아니다.

현행 헌법에 따른 사유재산권 제한

현행 헌법은 광범위하게 사유재산권의 제한을 허용하고 있어서 부동산 문제를 풀 수 있는 좋은 아이디어가 있다면 이를 제도화하지 못할 이유가 없다. 신도시 개발 등 공영개발 사업에서 토지 소유자가 반대하더라도 토지를 강제 수용할 수 있도록 하는 법적 장치가 현행 헌법이 허용하는 사유재산권 제한의 가장 두드러진 예다. 그 외의 여러 문제에 대해서도 사유재산권 보호보다 공익적 정책목표 달성이 더 중요하다는 헌법재판소들의 판례들을 쉽게 찾을 수 있다.

헌법재판소(이하 헌제)는 "토지는 특수하다", 즉 토지의 사회적 기능에 있어서나 국민경제의 측면에서 다른 재산권과 같게 다룰 수 있는 성질의 것이 아니므로 공동체의 이익이 더 강하게 관철되어야 한다는 입장을 일관되게 보여준다. 그렇다고 해도 재산권의 본질적인 내용을 침해해서는 안 된다는 원칙이 확고하다. 사유재산 제도의 전면적 부정, 재산권의 무상 몰수, 소급입법에 따른 재산권의 박탈 등이 본질적 침해의 예라고 할 수 있다. 구체적인 사안들에 대해 어떤 범위에까지 재산권 제한이 이루어지고 있는지 헌재 판례를 중심으로 정리해보자(김용창, 2004).

1. 토지 소유와 거래의 제한

헌재는 택지소유상한제 위헌 소원에 대해 택지소유상한에 대한 입법목적 자체는 위헌이 아니고, 국민이 수인해야 할 사회적 제약의 범위를 넘는다고 볼 수 없다고 했다. 그러나 헌재는 해당 제도가 수단의 적정성과 최소침해성 원칙에 위배되어 입법목적에 비해 침해받는 사익이 과도하다고 판단하고 위헌 결정을 내렸다. 특히 과다소유부담금은 짧은 기간 내에 토지 재산권을 무상으로 몰수하는 효과를 가져올 수 있는데, 원본 침식 가능성을 고려하지 못한 법제의 기술적 사항이 문제라고 지적했다.

토지거래허가제에 대해서는 사유재산 제도의 부정이 아니라 그 제한의 한 형태로 받아들일 수 있다고 했다. 투기적 거래의 억제를 위해 그 처분을 제한함은 부득이한 것이므로 재산권의 본질적 침해가 아니라는 것이다.

2. 미실현이익 과세

헌재는 토지초과이득세에 대해 목적의 정당성은 인정하면서도 입법기술상의 문제를 들어 헌법불합치 결정을 내렸다. 자본이득의 범위에 미실현 소득을 포함할 것인가의 여부는 입법 정책상의 문제일 뿐 헌법상의 조세개념에 저촉되거나 그와 양립할 수 없는 모순이 있는 것으로 보지 않았다. 특히 미실현이득 과세는 원본과 구분되는 소득에 대한 과세이므로 원본 잠식의 문제가 생길 여지가 없음을 지적했다.

그렇지만 미실현이득 과세는 제반 문제점이 합리적으로 해결되어야 하는 제한적, 예외적인 제도라고 하면서 "토지초과이득 계측수단의 구조적인 미비점" 때문에 토지초과이득세가 헌법상의 조세법률주의를 위반했다고 보았다. 과세표준 계산의 근거가 되는 기준시가를 하위법규에 백지 위임하지 말고 그 대강이라도 법 자체에서 직접 규정해두어야 한다는 것이다. 유휴 토지 등의 소유자가 가공이득에 대한 토지초과이득세를 부담하는 경우가 생긴다면, 이는 원본인 토지 자체를 무상으로 몰수당하는 셈이 되어 수득세의 본질에 반하는 결과가 될 것을 우려했다.

3. 개발이익환수

헌재는 토지수용법상 개발이익 배제 보상에 대해 "공익사업의 시행으로 인한 개발이익은 완전보상의 범위에 포함되는 피수용 토지의 객관적인 가치 내지 피수용자의 손실이라고 볼 수 없다"라고 했다. 공익사업이 시행되기도 전에 개발이익을 기대해 증가한 지가 부분은 공익사업의 시행을 볼모로 한 주관적 가치 부여에 지나지 않으므로, 이를 보상액에 포함한다면 사업 시행 당시의 객관적 가치를 초과해 보상액을 산정하는 셈이 된다는 것이다.

개발부담금에 대해서도 "개발사업 대상 토지의 지가가 상승해 정상지가 상승분을 초과하는 불로소득적인 개발이익이 생긴 경우, 이를 사업시행자에게 독점시키지 아니하고 국가가 환수해 경제정의를 실현하고 토지 투기를 방지하며 토지의 효율적 이용의 촉진을 도모하기 위한 제도"라고 봤다. 그러나 공시지가를 상회하는 실제 매입가격에 의해 현실적인 개발이익을 계측하는 길을 봉쇄하는 것은 가공의 미실현이익에 대해 개발부담금을 부과해 원본을 잠식하는 결과를 초래할 위험성이 있으므로 헌법 불합치 결정을 내렸다.

4. 토지이용규제

헌재는 개발제한구역 지정, 장기 미집행 도시계획시설 등에 대해 "개발 가능성의 소멸과 그에 따른 지가의 하락이나 지가상승률의 상대적 감소는 토지 소유자가 감수해야 하는 사회적 제약의 범주에 속한다"라고 했다. 자신의 토지를 장래에 건축이나 개발목적으로 사용할 수 있으리라는 기대 가능성이나 신뢰 및 이에 따른 지가상승의 기회는 원칙적으로 재산권의 보호 범위에 속하지 않은 것으로 보았다. 그러나 ① 토지를 종래 합법적으로 행사된 토지이용의 목적으로 계속 사용할 수 있는가, ② 토지 소유자에게 법적으로 전혀 이용방법이 없기 때문에 실질적으로 토지에 대한 사용, 수익을 전혀 할 수 없느냐는 두 잣대에 비추어 부정적이라면, 토지의 소유권은 이름만 남았을 뿐 알맹이가 없는 것이므로 토지 소유자가 수인해야 하는 사회적 제약의 한계를 넘는 것으로 봐야 한다고 했다.

이처럼 헌재는 '토지는 특수하다'라는 전제하에 어떤 제도나 규제가 최소한의 합리성만 가지고 있다면 과하다 싶을 정도로 토지의 사유재산권에 대한 침해나 제한을 허용해왔다. 택지소유상한제나 토지초과이득세가 위헌 또는 헌법불합치 판결을 받은 것은 이들 제도가 그나마 합리성도 가지지 못한 제도들이었기 때문이다. 헌법에 공개념 조항을 추가함으로써 불합리한 제도나 규제들을 억지로 정당화하겠다는 발상은 받아들이기 어렵다.

헨리 조지의 사상

　대부분의 사람은 들어보지도 못했던 헨리 조지의 이름이 토지공개념이나 부동산 보유세 강화 등의 현안과 관련되어 언급되고 있다. 그는 어떤 인물이길래 사후 120여 년이 지난 오늘날 이역만리 한국에 소환되고 있는 것일까?

　조지는 미국 필라델피아에서 영세한 인쇄업자의 아들로 태어나, 정규교육을 거의 받지 못한 채 14세에 선원 생활을 시작으로 해 인쇄공, 광부, 관청직원, 기자 등 다양한 일자리를 전전했다. 그는 수많은 저서를 출판했는데 1879년에 출간된 대표 저서 《진보와 빈곤(Progress and Poverty)》은 성서 다음으로 많이 보급된 책으로 일컬어지며, 미국뿐 아니라 세계 여러 나라에 영향을 미쳤다. 그가 살았던 시기는 미국에서 산업혁명이 만개해 사회적 생산력이 유례없이 높아진 때다. 그러나 사회 전체적인 물질적 풍요에도 불구하고 빈곤의 문제는 해결되지 않았다. 진보 속의 빈곤이라는 역설이 조지가 가졌던 문제의식의 핵심이다. 유사한 문제의식을 느꼈던 사상가 중 토마스 맬서스(Thomas Malthus)는 생산력의 비약적인 발전을 인식하지 못했다. 칼 마르크스(Karl Marx)는 진보의 원천이 개인의 노력과 창의, 그것을 뒷받침하는 사유재산제라는 것을 부정했다. 개인의 노력과 창의가 사회적 진보의 원천이라는 사실은 재론할 필요가 없다. 오늘날에도 많은 사람이 조지의 사상에 공감하는 이유는 개인의 노력을 저해하는 사유재산의 국유화, 특히 폭력적 혁명 없이 자본주의의 폐해를 극복할 가능성을 제시했기 때문일 것이다.

　물론 조지도 그 시대의 한계, 특히 학문 발전의 수준을 뛰어넘을 수는 없었다. 조지에 따르면, 인구 증가와 기술진보로 생산이 증가하고 지대소득이 상승하지만, 다른 한편으로는 근로소득이 감소한다. 사회 전체의 생산력이 크게 상승하지만 임금이 상승하지 않는 이유, 즉 진보가 빈곤을 수반하는 이유가 여기에 있다는 것이다. 그러나 그의 이론은 그 이후의 경제이론이나 자료에 비추어볼 때 받아들일 수 없는 부분이 많다. 토지가 사유되는 한 빈곤과 불황이 지속된다는 등의 예측은 실현되지 않았고, 오히려 인류가 이룬 눈부신 진보 속에 노동자, 자본가 모두 유례없이 풍요로운 생활을 할 수 있게 되었다.

조지는 빈곤을 추방하고 노동에 대한 대가를 보장하는 방법은 토지를 공유재산(Common Property)으로 만드는 것뿐이라고 주장했다. 그러나 토지를 몰수해서 국유화하는 것은 최선책이 아니다. 조지는 "진실로 필요한 것은 토지의 몰수가 아닌 지대의 몰수"라고 주장하면서 토지 가치에 대한 조세 이외의 모든 조세를 철폐하는 토지가치세(Site Value Tax)를 주장했다. 사용권과 처분권은 토지 소유자의 자유로운 의사에 맡기고, 수익권 중 토지 개량에 따라 발생한 수익은 개량 주체가 갖도록 하며, 사회가 창출한 수익은 정부와 공동체에서 환수하자는 것이다. 토지 소유자가 얼마만큼 토지 개량에 기여했는가를 증빙하기 힘들다면 지대 전체가 곧 세금이 된다. 토지에 대한 세금이 지대의 100% 수준이라면 토지 소유권의 가치는 0이 되며, 가치가 없는 재산에 대해 권리를 주장할 사람이 없다. 결국, 자연스럽게 토지의 공유화가 달성된다.

반면에 조지는 주택과 같은 건물, 자본재, 노동 등 인간의 노력이 투입된 결과물에 대한 과세에는 적극적으로 반대했다.

조지는 정부가 토지가치세만 징수해도 그 규모가 커서 다른 모든 조세, 즉 인간의 노력 결실에 대해 부과하는 벌금형의 조세들을 철폐해도 정부의 수입을 충당할 수 있다고 생각했다. 이런 의미에서 토지가치세 도입 제안을 '토지단일세 운동(Single Tax Movement)'이라고 부른다.

세금은 과세대상의 품목을 제거할 목적으로 또는 줄이기 위할 목적으로 부과하는 것입니다. 미국 대부분 주나 군에서는 개의 숫자가 많아지면 개를 없애기 위해 개에게 세금을 부과합니다. 그렇다면 주택은 없애기를 바라지 않으면서 왜 세금을 부과합니까? (중략) 주택에 대한 세금은 틀림없이 주택의 수요를 줄어들게 할 것입니다. (중략) 영국의 경우에는, 오래된 집에는 '창문세'라는 것이 부과됩니다. 이 창문세는 오늘날 프랑스에서 시행되고 있는데 센서스 보고에 따르면 세금을 내지 않기 위해서 창문을 전혀 달지 않는 집이 20만 가구에 달한다고 합니다.

(중략)

건물에 과세하십시오. 그러면 건물의 수효도 줄어들고 모양도 누추해질 것입니다. 농장에 과세하십시오. 그러면 농장은 더욱 줄어들고 더욱 황량해질 것입니다. 선박에 과세하십시오. 그러면 선박의 수효도 줄어들고 선체도 엉성해질 것입니다. 자본에 과세하십시오. 그러면 자본은 줄어들 것입니다.

대천덕, 1989, pp.124~125

토지단일세의 평가

조지는 자본주의의 폐해들을 피비린내 나는 혁명을 통하지 않고, 단지 토지에 부과되는 세금을 강화해서 해결할 수 있다는 주장을 한다. 칼 마르크스(Karl Marx)에 비하면 엄청난 매력이 있는 사상이다. 그러나 토지 사유제가 빈곤, 불황, 기타 모든 사회적 해악의 근원이며, 토지가치세를 통한 공유제 실현이 이 모든 문제를 해결한다는 주장은 지나치게 단순하다. 특히 현대 경제에서 토지는 자본, 지식, 기술 등에 비해 중요성이 덜한 생산요소다. 국민경제에 대한 파급력이 제한적인 토지제도를 바꾸어서 경제사회의 모든 문제를 해결한다는 약속을 믿기 어렵다.

자원배분의 효율성 측면에서 효과를 검토해보자. 토지가 일반 재화들과 다른 가장 두드러진 특성은 공급량이 변하지 않는다는 점이다. 토지에 대한 세금이 많든 적든 같은 양의 토지가 공급되므로 그 세금은 경제활동의 변화를 초래하지 않는다. 만약 세금 부과 이전에 경제가 효율적으로 작동했다면, 세금 부과 이후에도 여전히 효율성이 유지된다. 토지세가 아닌 다른 세금, 예를 들어 근로소득세는 노동에 대한 세금이므로 근로 의욕을 줄이고, 자본소득에 대한 과세는 자본축적을 저해한다. 토지세는 이러한 부작용이 없으므로 그 세수를 늘리면서 비효율성을 초래하는 다른 세금들을 줄이면 경제 전체의 자원배분이 개선될 것을 기대할 수 있다.

조지가 제안하는 토지가치세는 일반적인 토지세를 극단적으로 강화한 형태다. 이 같은 토지세가 긍정적 효과만을 거두고 다른 부작용이 없을지 생각해볼 여지가 많다. 토지가치세가 도입되어 모든 토지가 정부의 관리하에 들어간다면, 이론적인 차원에서는 시장이 달성하는 수준의 효율적 이용이 가능하다. 예를 들어 모든 토지를 경매에 부쳐 가장 높은 임대료를 부담할 임차인이 이용하도록 하면 된다. 그러나 이는 가능성에 불과하다. 전국에 있는 수천만 필지 하나하나를 경매에 부쳐 최적 이용자를 가려내기도 사실상 불가능하며, 일단 정부 관리하에 들어간 토지는 정치적 입김에서 자유롭지 못하다. 모든 생산수단이 국유화된 사회주의가 이론적으로는 시장 경제보다 우수할 수 있지만, 실제로는 많은 사람에게 고통을 주었고 결국 망할 수밖에 없었던 이유가 토지 공유제에도 그대로 적용된다. 토지가 공유화되면 엄청난 관리비용을 치르면서도 토지이용의 극심한 비효율이 초래되고 부정부패가 만연할 것이다.

형평 측면에서 검토한다면, 사유 토지를 사실상 무상 몰수하는 토지가치세는 사회주의 혁명에 버금갈 정도의 충격이기 때문에 수직적, 수평적 형평성 같은 통상적인 잣대는 거의 무의미하다. 조지는 먼 옛날에 이루어진 토지의 사유화가 원초적으로 불의한 것이었고, 그 후 토지를 매입한 사람들은 장물을 취득한 것과 마찬가지이므로 보상 없이 몰수하는 것이 타당하다고 주장했다. 그러나 지난 몇백 년에 걸쳐서 정당한 대가를 치르고 소유권을 취득했던 모든 사람의 권리를 부인하는 것은 타당하지 않다. 토지 사유제가 빈곤과 불황, 그 외 모든 사회적 해악을 초래한다면 아마도 '사소한' 형평성의 문제를 고려할 필요가 없을지 모른다. 그러나 이 주장은 사실이기에는 너무 단순하다. 사회경제적 현실의 여러 문제에는 복잡한 원인이 있으며 진단과 처방도 복잡할 수밖에 없다.

조세행정 측면에서, 조지는 토지는 감추거나 어디로 가져갈 수 없으며, 가치평가가 쉽기 때문에 징수비용이 매우 저렴하다고 생각했다. 그러나 토지가치세를 시행하기 위해서는 노동과 자본 등의 투입에 의한 토지의 개량이나 변형, 건설 등을 배제한 순수한 토지의 가치를 구해야 한다. 토지의 과세표준이 되는 임대가치는 현재 시장에서 형성된 사후적 임대가치가 아니고 최선의 용도로 사용되었을 경우를 가정한 소위 '잠재적 임대가치'여야 한다. 이러한 평가가 쉽지 않을 것은 자명하다. 그런데 토지가치세가 시행된다면 부동산 시장이 제대로 작동하지 않을 것이므로 준거로 활용할 수 있는 시장 가격 정보가 사라지고, 모든 평가가 깜깜이가 될 가능성이 크다.

이 외에도 다른 모든 조세를 폐지하고 토지단일세를 실시하면 이 세수만으로 재정이 충분할 수 있는지 등 많은 의문과 비판이 토지가치세에 대해 제기된다(곽태원, 2005). 이 때문에 이 제도를 옹호하는 사람들도 건물보다 토지가 다소 중과세되는 정도만 해도 토지가치세의 정신을 구현하는 것으로 보는 것이 일반적이다. 인간 노력의 산물인 건물 등의 세금을 낮추는 대신 그 공급이 줄어들지 않는 토지를 중과세하면 대부분의 세금이 가진 부정적 효과를 다소 줄일 수 있을 것이다. 그러나 다른 모든 조세와 마찬가지로 토지에 대한 과세도 국민생활에 심대한 영향을 주므로 점진적이고도 조심스럽게 접근해야 한다.

헨리 조지와 토지공개념은 완전 무관

조지가 토지공개념 주의자라는 주장에는 아무런 근거가 없다. 조지는 토지공개념이 아니라 토지의 공유화를 주장했다. 토지의 가치가 0이 되도록 하는 세금을 도입하고 다른 모든 세금은 철폐하자고 했다. 종합부동산세 같은 것이 조지가 결단코 반대했을 대표적인 세금이다. 주장이 분명하다는 측면에서 조지는 토지공개념 옹호자들에 비해 정직하고 성실하다. 토지공개념을 내세우는 사람들은 무슨 규제나 제도를 도입하고 싶은지 제대로 설명한 적이 없다. 조지를 믿고 따른다면 근로소득세, 법인세, 건물분 재산세, 종합부동산세 등 모든 세금을 폐지하자고 나서야 한다. 그리고 모든 토지 소유자에게 "당신의 토지가격을 0으로 만들겠다"라고 정직하게 이야기해야 한다. 우리나라 부동산 문제를 해결하기 위해 조지를 들먹이는 것, 더 나아가 그의 사상에 기대어 국적도 없고 족보도 없는 토지공개념을 정당화하려는 시도는 부동산 문제에 대한 이해의 천박함을 드러낼 뿐이다.

제 **2** 부

부동산 정책,
HOW?

제4장

쓸 만한 토지를
어디에서 찾나?

01 토지이용규제 제도

산을 좋아하는 예술가 한 분이 은퇴 후 집을 짓고 살겠다고 설악산 개울가 근처에 땅을 장만했다. 그러나 실제 집을 지으려 했을 때 건축이 불가능한 것을 알게 되었다. 나무를 많이 자르는 것도 허용되지 않았고, 무엇보다도 그 땅의 위치가 국립공원 경내였다. 이처럼 의도했던 용도로 땅을 쓰지 못하게 되어 어려움을 겪는 경우가 많다. 우리나라의 모든 토지는 토지이용계획 제도에 의해 쓸 수 있는 용도와 규모 등이 정해져 있기 때문이다. 개인이 아무 땅이나 아무 목적으로 쓸 수 없는 것은 물론이고, 정부도 주택이 부족하다고 해서 아무 데나 마구 주택을 지을 수 없다. 때로는 주택을 지으려는 사업자들도 많고, 주택의 수요도 풍부하며, 심지어 정부도 적극적으로 도우려 하지만 정작 쓸 만한 땅이 없어서 주택공급이 한없이 늦어지는 예도 있다. 흔히 우리나라는 '인구는 많고 국토는 좁아서' 도시문제나 주택문제가 생기는 것이 당연하다고 체념한다. 하지만 물리적인 의미에서 토지는 절대 부족하지 않다. 2021년 지적통계에 따르면 우리나라 국토면적 약 10만 ㎢ 중 대지의 면적은 3.2%에 불과하고 전, 답, 임야의 면적이 약 81.8%다. 이 중

조금씩만 대지나 공공용지로 전용해 개발하더라도 주택이나 기타 도시 용도로 쓸 토지는 충분히 공급할 수 있다. 결국, 쓸 만한 땅이 부족한지 여부는 자연적인 제약이 아니라 토지이용규제 등 인위적인 규제가 결정한다.

토지이용을 규제하는 이유는 주로 토지이용의 외부효과 문제 때문이다. 외부효과란 시장에서의 거래를 통하지 않고(즉, 합당한 가격을 지불하거나 수취하지 않고) 한 사람의 생산이나 소비가 다른 사람의 효용이나 이윤에 영향을 주는 것을 지칭한다. 예를 들어 강 상류의 공장이 폐수를 배출해 하류에 있는 세탁소의 조업에 악영향을 주는 경우를 생각해보자. 공장은 시장에 내다 파는 물건 말고도 폐수라는 상품을 생산하고, 이 원하지 않는 상품이 시장을 통하지 않고 0의 가격으로 세탁소에 강매되었다고 볼 수 있다. 폐수를 배출하는 공장은 폐수의 '생산'에 대해 가격을 지불받지 않는다.

외부효과가 있으면 사적 비용과 사회적 비용이 달라진다. 그래서 개별 경제주체가 이기심을 추구하는 가운데 사회적으로 효율적인 자원배분에 이르는 시장의 기능을 무력화한다.[1] 이러한 상황을 우리는 시장의 실패라고 부른다. 외부효과를 비롯한 시장 실패요인들이 있으면 시장이 효율적 자원배분을 달성하지 못하므로, 정부가 시장에 개입해 이를 교정하는 것이 바람직하다는 '일차적인' 결론이 얻어진다. 정부는 여러 방법으로 최적의 자원배분을 달성할 수 있다. 예컨대, 앞서 외부효과

---

1) 공해의 문제는 해로운 물질이 배출되었다는 현상 자체가 아니며, 오염원을 완전히 없애는 것이 최선의 대책인 것도 아니다. 공해(예 폐수)는 다른 가치 있는 재화(예 종이)를 생산하는 과정에서 불가피하게 발생하므로 오염원을 완전히 없앤다는 것은 곧 재화생산의 중단 또는 감당하기 어려운 정도의 가격상승을 의미하기 때문이다. 다소의 오염을 감수하면서도 사회가 원하는 재화를 생산하는 것이 더 바람직하다. 오염으로 인한 피해와 유용한 재화가 주는 효용 간에 균형을 이루는 것이 필요한데, 시장에만 맡겨두면 이 균형이 저절로 달성되지 않는다는 것이 경제학적 관점에서 본 공해의 문제다.

문제에서 정부가 폐수의 피해에 해당하는 액수를 상품 단위당 세금으로 부과하면 개별기업의 사적 가치(즉, 가격-세금)는 이제 사회적 가치와 괴리되지 않으며, 개별기업의 이윤 극대화 행동이 곧 사회적 복지를 극대화하게 된다. 시장의 실패가 치유되는 것이다. 공해 발생을 일정 기준치 이하로 묶는 물량적 규제도 같은 효과를 거둘 수 있다.

부동산 시장으로 관심을 돌리면, 토지의 위치가 고정되어 있다는 특성으로부터 인접한 토지 사이에 외부효과가 발생하기 쉬우며, 이를 예방하기 위해 토지이용을 규제하는 것이 정당화된다. 가장 흔히 활용되는 방법은 도시를 여러 구역으로 나누어 구역마다 허용 또는 불허 용도를 지정하는 지역지구제다. 토지이용규제는 공공재의 문제나 정보의 불균형문제를 해결하는 수단으로도 유용하다. 토지 시장의 효율적 작동을 보완하는 기능을 할 수 있다. 예컨대, 새로 개발되는 도시 또는 구역에서 주요 시설이나 기능이 각각 어디에 위치할 것인가를 미리 알려준다면, 민간이 관련 시설의 입지와 규모를 결정하는 데 도움을 줄 수 있다. 또 공공 투자 재원을 조달하는 것도 용이해진다.

과도한 규제의 문제점

외부효과를 통제하기 위해 대부분의 나라에서 국토계획, 도시계획, 건축규제 등의 토지이용규제를 시행하고 있다. 그러나 규제의 정당성 자체가 현실의 규제가 최선임을 보장하지 않는다. 필요 이상의 과도한 규제는 토지 개발 및 이용을 억제해 주택공급을 심하게 제약한다.

극단적인 사례가 인도의 뭄바이시다. 뭄바이시는 아시아의 다른 대도시에 비해 건축물 높이를 최대 10분의 1 정도로 제한했다. 일반적으로 대부분 도시에서는 도심에 가까운 토지가 자연스럽게 고층, 고밀도로 이용되고 외곽으로 나가면서 밀도가 낮아지는 토지이용 패턴이 나타난다. 그런데 뭄바이시에서는 이런 패턴이 관찰되지 않는다. 층고 제한 때문에 저층, 저밀도로 도시가 수평적으로 확산될 수밖에 없었다. 이는 주택공급의 위축과 가격의 상승을 초래한다. 이에 대한 뭄바이시의 대응은 임대료규제정책으로 세입자를 보호하려는 시도였다. 임대료규제의 결과, 임대주택에 대한 투자가 중단되고 주택의 양과 질이 악화되어 갔다. 시 정부는 세입자들이 자신의 임차권을 다른 사람에게 양도하는 것도 금지했다. 이는 세입자들의 이동을 제한했다. 뭄바이시가 방적공장들의 폐쇄, 화학공장들의 이전 등으로 일자리를 잃고 산업구조의 전환이 절실히 필요하던 때에 토지이용, 투자 수익의 회수, 근로자의 이동 등을 심하게 제약하는 규제들은 시 발전에 큰 장애요인이 되었다. 정부가 보호하려던 많은 세입자는 주택을 싸게 빌리긴 하지만 소득은 없는(House-rich but Income-poor) 처지가 되었다.

뭄바이의 도시계획 실패

1964년에 뭄바이는 대부분 지역에서 최대 용적률을 133%로 고정했다. 당시 인도는 모든 종류의 규제에 열광했기 때문에 건물 높이 제한은 영국 도시계획에서 유행했던 아이디어들과 보조를 맞추어 도시 성장을 제한하는 방법으로 채택되었다.

그러나 뭄바이가 건물 높이를 제한했다는 것은, 다시 말해서 지구상에서 인구밀도가 가장 높은 곳 중 하나인 이곳에서 건물들을 평균적으로 불과 1⅓ 층 높이로 짓게 했다는 것을 의미한다. 그렇지만 여전히 사람들은 뭄바이로 몰렸다. 뭄바이의 경제 에너지는 그곳의 거주 여건이 끔찍한 수준이라도 사람들을 끌어들였다. 높이 제한이 도시의 성장을 멈추지는 못했다. 다만 이주자들을 더 좁은 공간으로 몰아넣었을 뿐이다. 뭄바이의 높이를 제한함으로써 출퇴근 시간은 더 오래 걸리게 됐고, 그로 인해서 사람들이 몰리면서 혼잡은 더욱 심각해졌다. (중략)

최근 뭄바이의 용적률 제한이 완화됐지만, 변화 속도는 더디다. 이 용적률 제한 때문에 새로 지어진 마천루 중 다수가 많은 녹지 공간들로 둘러싸여 있다. 이런 녹지 공간들 때문에 고층 건물들은 "영광스러운 고립(Splendid Isolation)" 상태에 놓이게 되고 이 건물들 주위를 돌아보려면 여전히 도보로는 안 되고 자동차가 필요하다. (중략)

높이 제한은 사람들이 합법적인 아파트 건물이 아니라 불결한 불법 빈민가로 몰려들 수밖에 없게 만들 뿐이다.

글레이저, 2011, 제6장

주택공급을 위축시키는 규제는 층고 제한과 임대료규제에 그치지 않는다. 최소 필지 규모나 최소 주택 규모 등을 현실에 맞지 않게 규정한다면, 토지와 주택의 크기가 커지고 가격이 올라가므로 저소득층의 주거가 위협받는다. 이 외에도 용도지역지구제, 건축선 후퇴(Set Back), 기반시설 설치 의무 등 다양한 도시계획 및 건축규제들이 강하면 강할수록 주택공급이 어려워진다. 가격변화에 대응해 주택공급이 탄력적으로 변하지 못하게 되는 현상을 경제학에서는 '공급 탄력성이 낮다'라고 표현한다. 소득증가나 인구증가와 같은 수요 측면의 충격이 왔을 때, 공급 탄력성이 낮다면 탄력성이 높을 때 비해 가격이 더 많이 오르게 된다. 수요 충격을 물량 확대로 흡수하지 못하고 대부분을 가격상승으로 해소해야 하기 때문이다. 우리나라에서도 2010년 이후 새로운 평면, 자재, 편의시설을 갖춘 신축아파트의 인기가 치솟았지만, 재건축을 통한 신규 공급을 극도로 제한한 결과 신축과 구축아파트 간의 가격 차이가 크게 벌어지는 경험을 했다. 재건축을 통해 신축아파트가 늘어나는 것을 허용했다면 신축아파트 가격이 그렇게 많이 오르지 않았을 것이다.

모든 규제는 각자 나름의 목적이 있다. 인간다운 삶을 보장한다거나, 토지이용의 외부효과를 줄이거나, 공공재 생산을 촉진하거나, 빈부격차를 줄이는 등의 효과를 통해 전반적인 삶의 질을 높이고자 한다. 그러나 최적의 규제수준을 찾기는 쉬운 일이 아니다. 규제가 일단 시행되면 여러 이해관계가 형성되고 규제를 합리화하기 점점 더 어려워지기도 한다. 토지이용규제의 효과와 부작용 사이에 적절한 균형을 찾는 것은 어려운 일이지만, 피할 수 없는 과제다.

1990년대의 난개발

우리나라는 주택 200만 호 건설계획의 일환으로 1990년대 초반까지 분당·일산 등 5개 신도시를 건설하고 건축규제를 완화해서 주택가격 안정과 서울 과밀 해소를 도모했다. 역대 정부마다 야심 찬 주택공급 목표를 세웠지만, 주택 200만 호 건설계획이 유일하게 목표를 달성했고, 1990년대에는 주택가격이 하향 안정되었다. 짧은 기간에 여러 신도시를 건설하면서 부작용도 있었다. 대표적으로 개발 초기에 신도시 내 충분한 일자리 및 공공시설이 부족했고, 이 때문에 서울 방향 교통이 혼잡해졌다. 건설경기 과열도 심각한 수준이었다. 신규 신도시 건설에 대한 비판여론이 거세졌고, 김영삼 정부는 신도시 건설을 중단한다고 선언했다. 하지만 경제성장에 따른 주택수요 증가는 여전했다. 정부는 주택공급을 위해 준농림지 규제를 완화하거나 소규모 '미니 신도시'들을 건설해 신도시에 버금가는 물량의 주택을 공급하려고 했다.

당시 비도시지역의 토지이용을 담당하는 국토이용관리법은 1974년 제정된 이래 주로 허용행위 열거방식(Positive List System) 제도를 통한 10개 용도지역별 토지이용규제를 고수해왔다. 즉, 용도지역별로 개발 가능한 행위를 명시하고 그 외의 행위는 불허하는 규제방식이었다. 이러한 제도하에서 토지 개발은 크게 제약을 받았다. 산업화, 도시화의 진전에 따라 산업용 및 주거용 토지 수요가 급증했으나, 국토이용관리법 체제에서는 산지와 농지의 개발이 원활하지 못했다. 개발 토지 공급이 수요에 부응하지 못했고, 이로 인한 가격상승이 국가 경쟁력을 낮춘다는 우려가 커졌다.

1993년 정부는 국토이용관리법을 전면 개정하면서 10개 용도지역을 5개(도시, 준도시, 농림, 준농림, 자연환경)로 단순화했다. 규제방법도 불허행위 열거방식(Negative List System)으로 과감한 변신을 시도했다. 5개 용도지역 내에서 개발할 수 없는 내용을 명시하고 그 외의 행위는 가능하도록 한 것이다. 변경된 용도지역 중에는 준도시지역과 준농림지역이 포함되어 있었다. 준농림지역은 농업진흥지역 외 지역에 있는 농지 및 준보전임지 등으로서 농림업의 진흥과 산림보전을 위해 이용하되, 개발용도로도 이용할 수 있는 지역을 말한다. 즉, 농업(농지)과 임업(임야)을 위해 이용하되, 그 외 개발도 할 수 있는 지역으로 명시해 놓았다. 시장에서는 준농림지역에 포함되면 무조건 개발이 가능하다는 식으로 인식되었다. 결국, 준농림지역의 무분별한 개발이 초래되었다. 준농림지역이 지정되기 전인 1993년까지만 해도 도시지역 내에서는 녹지지역, 그중에서도 자연녹지가 최고의 개발대상지였다. 하지만 1994년부터는 준농림지역 내 농지와 임야로 대상이 바뀌었다. 자연녹지의 건폐율은 20%지만, 준농림지의 건폐율은 60%나 되었기 때문이다.

준농림지역 제도는 다양한 토지이용 수요에 부응했다는 긍정적 평가와 수도권과 대도시 주변 지역의 난개발을 초래했다는 비판을 동시에 받았다. 긍정적인 면은 제도 도입 후 산업용지와 주거용지 등이 충분히 공급됨[2]에 따라 지가와 주택가격이 장기간 안정되었다는 점이다. 반면, 수도권의 남부 및 서북부 개발 축을 중심으로 기반시설을 전혀 갖추지 않은 소규모의 고층아파트 단지가 산발적으로 자리 잡아 공공시설 및 생활편익 시설의 부족, 교통 및 환경문화 시설의 부족 현상이 빚어졌다. 이 당시에 용인 등과 같이 난개발이 많이 진행된 곳에서는 초등학교 학생들이 교실 부족으로 인해 컨테이너에서 수업을 들어야 했다. 준농림지역 개발의 부작용이 언론에 집중적으로 보도되면서 국민이 난개발의 문제점을 인식했고 다방면으로 해결책을 모색하게 되었다.

준농림지역의 난개발 문제의 핵심은 '개발이 계획에 앞서 나가는' 부조화였고, 이 경험은 보완조치 없는 규제 완화가 예상하지 못했던 문제들을 가져온다는 것을 알려주었다. 개발대상지의 합리적 토지이용체계 구축, 개발지와 주변 지역 간의 기능분담체계 육성, 기반시설의 계획 및 투자 등에 대한 고려 없이 개발이 이루어지는 것은 바람직하지 않다는 공감대가 형성되었다. 난개발 문제가 민간개발의 당연한 결과라는 주장도 있었다. 우리나라의 토지 개발체계는 1980년대 중반 이후 미개발지의 대규모 개발은 공공에서 독점하고 민간은 도시지역의 자투리땅 개발이나 도시 외곽의 개별 시설물 건축만을 한다는 밑그림을 가지고 짜여 있었다. 그러므로 도시 외곽에서 민간이 각종의 기반시설을 구축하면서, 대규모 개발사업을 할 제도적 장치가 없었다. 민간에서 영리 목적

---

2) 1995년부터 1999년까지 준농림지역에서 180만 4,000평이 아파트 건설용지로 개발되었다. 특히 이 기간에 민간부문이 준농림지를 개발해 주택을 공급한 실적은 약 36만 호에 달한다.

으로 개발을 해도 쾌적한 환경을 갖출 때 토지나 주택의 시장성이 높아지므로 공공 못지않은 양질의 개발사업을 할 유인이 있다. 단지, 그렇게 하고자 해도 할 수 있는 제도적 장치가 없다는 것이 문제였다.

새로운 국토이용계획체계의 도입

1990년대 말, 난개발에 대한 비판적인 여론이 비등해 더 이상 단편적인 대책으로 대응할 수 없는 상황이 벌어지자 정부는 환경과 개발의 통합이념이 실현될 수 있도록 국토관리체계를 도시계획의 영역으로 통합함으로써 선계획-후개발 체계로 전면 전환하고자 '국토의계획및이용에관한법률(이하, 국토계획법)'을 제정 및 시행했다. 국토이용체계의 개편은 난개발을 방지하는 데 일정 부분 기여했을 것이다.[3] 그러나 규제가 강화된 만큼 택지개발이 어려워졌고, 주택경기가 회복되는 시점에서 택지부족으로 어려워질 가능성이 커졌다. 민간의 택지개발이 위축되면서 공공개발사업자들이 필요한 택지를 적시적소에 공급할 수 있는가의 문제가 중요해졌다.

그런데 1980년대를 돌이켜 보면 공영개발 사업이 수도권에 집중되었음에도 1980년대 말의 극심한 주택난이 초래되었다. 2000년대에는 새로운 수도권 신도시 개발에 소극적이었던 여파로 주택가격 급등을 완화할 타이밍을 놓쳤다. 참여정부 시기에도 정부는 주택가격이 소

---

3) 김동근(2022)은 국토계획법이 지난 20년간 지속해서 완화된 결과 난개발은 여전히 현재진행형이라고 비판하고 있다. '경제 활성화와 지역산업 발전을 이유로 계획관리지역 내 공장 허용업종이 지속해서 완화되고, 개발행위허가 내 연접개발제한규정도 폐지'되었으며, '지구단위계획은 비도시지역 내 합법적 난개발을 위한 수단으로 전략했으며, 기반시설부담구역은 헌법 위헌 판결 이후 유명무실한 제도가 되었다.'

수의 투기세력 때문에 상승한다는 편견 때문에 주택건설 호수를 긴급히 확대하려는 대책들을 내놓지 않았다. 송파신도시 등 과거 정부에서 추진하던 일부 사업을 계속할 뿐이었고, 판교신도시에서는 주택 건설호수를 오히려 줄였다. 2005년 8·31 대책은 5년간 연 300만 평, 총 1,500만 평의 택지를 개발한다는 내용을 담고 있어서 결코 작은 물량이 아니었다. 하지만 이 계획에서는 1980년대 말의 200만 호 건설계획, 특히 분당, 일산 등의 신도시 개발이 보여주었던 긴급성을 볼 수 없었다. 외환위기를 벗어나면서 주택가격이 크게 오른 원인 중 하나가 1998년 이후 약 3년에 걸친 주택건설 부진이었다. 참여정부의 수십 차례 부동산 대책들은 주택공급을 외면한 채로 투기억제만 강조했기 때문에 큰 효과가 없었다. 불행히도 10여 년 후 문재인 정부에서도 같은 일이 반복되었다.

이러한 경험에서 얻은 교훈은 공영개발처럼 비탄력적인 개발방식 하나에 의존하는 택지공급 체제는 위험하다는 사실이다. 신도시 개발 등과 같이 광역기반시설 계획 및 투자가 필요한 대규모 개발은 공영개발이 담당하고, 민간개발이 이를 유연하게 보완하는 체계가 바람직하다. 궁극적으로, 지방정부가 실질적인 계획 수립 및 집행에 주도적인 역할을 할 수 있도록 좀 더 많은 책임과 재량권을 가져야 한다. 또, 개발이익의 존재 자체가 택지 부족을 나타내는 시장의 시그널임을 인식한다면, 가격동향이 나타내는 주택의 수급 정보를 근거로 해 용도지역의 운용이 이에 부합하도록 하는 장치를 생각해볼 수 있다.

주택가격이 일정 폭 또는 비율 이상 오른다면 지방정부가 신규 택지개발 대상지를 지정하도록 의무화하는 것이다. 전국적 수준의 주택가격 상승이 주로 거시경제적인 동향에 의해 결정된다고 보면, 주택가격 상승의 절대적인 수준보다는 인근지역에 대비한 상대적인 가격 움직임이 지역의 주택 시장 상황을 잘 나타낸다. 다른 지역에 비해 특별히 주택가격이 더 많이 오른다면 이 지역이 과도한 개발규제를 가하고 있다는 판단을 내릴 수 있다. 이때 용도지역을 변경하든, 인허가 기준을 완화하든 일정 면적 이상의 택지를 개발하도록 의무화하는 장치가 있다면, 지방정부의 입장에서도 특혜 시비를 걱정하지 않고 택지개발을 쉽게 해줄 수 있을 것이다.

국토계획법을 정점으로 하는 여러 토지이용규제 법령들이 용도지역, 지구, 구역, 권역 등을 규정하고 있지만, 개발 토지에 대한 수요가 가장 많은 수도권 지역에서 개발제한구역과 수도권정비계획법에 따른 토지이용규제가 가장 강력한 제약을 가하고 있다. 이들 규제를 심층 검토해보면 많은 사람이 오랫동안 당연한 것으로 받아들여 왔던 규제가 사실은 불합리성을 내포하고 있으며, 개선의 여지가 많음을 알게 된다. 규제에 얽힌 국민의 정서나 이해관계가 복잡해서 쉽게 합리적인 방향으로 규제를 완화하기 어렵다. 합리적 근거로는 폐지 또는 완화되어야 하는 토지이용규제가 현실에서는 건드리기조차 어려운 대표적인 예로 수도권 입지규제를 심층적으로 검토하고자 한다. 유사한 논리와 증거들로 그린벨트나 농지 및 산지 전용 규제 등 다른 규제들을 비판적으로 검토하는 것이 가능하다.

02 수도권 입지규제 비판

　1960년대 초 이후 수출 지향적 경공업을 중심으로 경제성장이 본격화되자, 전국의 대도시들은 대규모 이촌향도형 인구이동으로 몸살을 앓게 되었다. 특히 서울시는 1960~1966년 사이에 연평균 7.6%, 그 이후 1970년까지는 무려 연 9.9%라는 경이적인 인구증가율을 보였다. 양 시기의 전국 인구 증가율이 각각 연 2.6%, 1.9%이었음을 감안하면, 서울시의 인구 급증이 얼마나 큰 사회적 충격이었는지를 짐작할 수 있다. 당시의 서울시가 주택, 교통, 교육, 공공서비스 등 거의 모든 영역에서 급증하는 인구를 수용할 능력이 없었으며, 과밀과 혼잡이 극심했다. 이 시기의 서울은 고지대나 제방변 불량주택가, 만원 버스, 2부제 및 3부제 수업이 일상화된 학교들로 상징된다.

　1960년대가 서울시의 인구증가로 특징지어진다면, 1970년대 이후는 광역 수도권의 인구증가를 특징으로 한다. 현재의 인천을 포함한 1960년대의 경기도 인구는 전국보다 낮거나 미미하게 높은 정도의 증가율을 보였으나, 1970년대 이후 급속히 높아져서 1975~1980년 기간에는 이미 서울시의 인구증가율을 상회했다. 서울 등 대도시의 인구 급증 문제들을 해소하기 위한 정부대책은 1964년의 '대도시인구집중 방지책'에서 시작했다. 1970년대 들어서면서 광역 수도권의 인구집중 문제가 두드러지자 정책의 대상도 서울시에서 광역 수도권으로 확대되었다. 이른바 수도권 문제들이란 시기에 따라 그 초점이 다르고, 범위도 다방면에 걸쳐 있지만, 다음 세 가지 측면의 문제들로 집약할 수 있다.

- 첫째, 인구 및 산업집중에 따른 수도권 내부의 과밀과 혼잡 문제다. 교통혼잡, 주택부족 및 불량주거지 형성, 지가와 주택가격의 급등과 부동산 투기, 공해 및 환경오염, 휴식공간의 고갈, 범죄, 도시 빈민의 문제, 그리고 안보상의 취약성이 지적될 수 있다.

- 둘째, 수도권 집중이 수도권 외부에 미치는 부정적인 영향으로, 지역 간 격차가 지방주민에게 주는 소외감과 지역 간 갈등, 인구를 빼앗기는 지역에서 성장 잠재력이 위축되는 문제 등을 꼽을 수 있다. 특히, 새로운 기회를 찾아 고향을 떠나는 사람들은 대개 젊은 이들이었으며, 이는 장기적으로는 지역발전에 걸림돌이 될 수밖에 없다.

- 셋째, 국가적 자원이용의 효율성과 관련되어 지방에 소재한 자원이 충분히 활용되지 못한다는 문제나, 지가가 높은 수도권에 기반시설을 집중적으로 건설함에 따라 지방보다 투자비가 많이 든다는 문제가 지적된다.

초기의 수도권 대책들은 지방의 육성과 수도권의 도시정비 방안들이 분산시책들과 더불어 균형을 취하려고 노력하는 것을 볼 수 있었다. 하지만 점차로 수도권 분산에 관련된 내용이 대책의 주종을 이루었다. 각종 대책의 시행 경험을 종합적으로 체계화해 1982년 수도권정비계획법이 제정되었고, 1984년 수도권정비계획이 수립되었다. 그 주된 내용은 수도권을 5개 권역으로 나누어 각종 인구집중 유발시설들에 대해 상이한 입지규제를 가함으로써 인구집중의 억제와 시설의 지방분산을 유도하고자 하는 것이다. 이 권역별 행위 제한은 도시계획법, 국토이용관리법, 농지법, 산림법, 환경 관련 법령, 공업입지 관련 법령, 군사시설보호법 등과 중복적으로 적용되므로 토지를 개발·이용하려는 민간부문에 강한 제약을 가했다.

1990년대에 전반적인 규제 완화 정책이 추진되면서 수도권 정책도 새로운 방향을 모색해 1994년에 수도권정비계획법이 개정되었다. 권역을 단순화하면서 전반적인 입지규제가 완화되었고, 공장건축 총량규제 제도로 규제 완화 및 권한분산을 도모했다. 대형건물 신증축에 대한 물리적 직접규제를 과밀부담금 제도라는 경제적 간접규제로 전환해 규제를 완화했다. 1994년의 법 개정은 수도권 규제의 존립 근거, 기본적 접근법의 타당성과 같은 근본적인 내용의 수정 없이 종전의 규제들이 보여주는 가장 명백한 문제점들을 개선하면서 규제수준을 완화했다. 그러나 인구집중 유발시설들의 입지를 막아서 수도권의 인구집중을 막고, 집중의 대내외적 문제들을 일거에 해소하겠다는 단순 논리에서 벗어나지 못했다. 새로운 규제방식의 합리성이 높은 것도 아니었다. 일례로, 과밀부담금은 분명하게 정의된 어떤 외부효과의 통제수단이라기보다는 여전히 대형건물 건축 억제수단이다. 대형건물 신증축 → 고용증가 → 인구집중이라는 인과관계를 전제로 대형건물의 신증축을 규제하던 종래의 규제가 모습을 바꾸었을 뿐이다.

행복도시 및 혁신도시 건설

참여정부는 낙후된 지방을 부흥시키기 위해 지역균형개발계획을 수립·추진했다. 2004년 신국토구상과 국가 균형발전 5개년 계획을 완성하고, 행정중심복합도시, 혁신도시, 기업도시, 지역특화 발전특구, 혁신클러스터 등의 다양한 방안들을 발표했다.

행정중심복합도시(이하, 행복도시 또는 세종시)는 지역균형발전을 목표로 충남 연기군 부지에 신행정수도를 건설하겠다는 구상을 가지고 계획된 도시다. 원래는 수도 이전을 추진했으나 헌법재판소는 서울이 수도라는 것은 관습법이라는 근거로 위헌결정을 내렸고, 정부는 수도 이전의 범위에 들어가지 않는 범위에서 신행정수도를 건설하기로 한 것이다. 정권이 바뀌자 이명박 정부는 행정수도 이전보다는 산업·문화·교육 등의 시설을 옮겨 '행복도시'를 건설하겠다는 계획으로 변경하려고 했다. 그러나 정치권의 반대로 실패하고 애초 원안을 유지하는 방향으로 결론을 내렸다. 2014년까지 수도권에 소재하는 36개 중앙행정기관과 16개 국책연구기관의 이전을 목표로 2012년 7월에는 세종시가 출범했다. 2012년 9월에 국무총리실이 세종청사에 입주를 완료했고, 2012년 12월 세종시 청사가 개청되었다.

혁신도시는 공공기관 지방 이전을 계기로 조성되는 신도시로, 2003년 6월 '국가균형발전을 위한 공공기관 지방 이전 추진 방침'을 발표하면서 계획되었다. 혁신도시는 공공기관 이전을 계기로 지방의 거점지역에 조성되는 작지만 강한 새로운 차원의 미래형 도시로 기업과 대학, 연구소 등 우수한 인력들이 한곳에 모여 서로 협력하면서 지식기반사회를 이끌어 가는 첨단도시이자 클러스터로 개발될 것을 지향했다. 10개 혁신도시에 180여 공공기관, 3만 2,000여 명의 임직원이 이전할 경우, 지방에 약 13만 3,000개의 일자리를 창출해 생산 유발효과 연간 약 9조 3,000억 원, 부가가치 유발효과 연간 약 4조 원으로 추산되었다. 혁신도시 건설의 파급효과는 지역별로 또 기능별로 차이를 보인다. 혁신도시 아파트 분양은 대체로 호조를 보이나, 공공기관 이전 효과를 극대화하는 데 필요한 혁신도시 내 혁신지구의 업무용지 분양은 부진해 지역경제 활성화라는 목표 달성에 어려움을 겪고 있다.

  세종시와 혁신도시들의 건설은 지역균형발전을 위해 지방에서 줄기차게 요구하던 궁극의 기능, 즉 공공부문의 중추관리기능 대부분을 지방에 이전하는 사업이다. 이 사업 때문에 수많은 공무원과 공공기관 종사자들이 가족과 떨어져 생활하거나 수십 년 생활 근거지로부터 뿌리 뽑히는 고통을 겪었다. 또 이전 기관으로서도 이전 비용이나 임직원 지원에 따른 부담은 말할 것도 없고, 국회와 정부 부처 등 타 기관과의 협조가 어려워졌다. 기관 내에서도 끊임없이 이동하는 처지가 된 임직원 상호 간 소통이 힘들어졌다. 이런 인간적인 고통과 조직의 비효율에도 불구하고, 세종시와 혁신도시가 건설되었으니 '이제는 지역균형발전이 되었다' 하고 만족하면서 기존의 규제를 완화하는 데 동의하는 지역은 없다. 더 많은 기능과 시설이 이전되길 요구하면서 기존의 규제들을 더 강하게 수호할 뿐이다. 세종시와 혁신도시 건설이 지역균형발전의 마지막 획이 될 것으로 기대한 사람들만이 단순하고 순진했던 것이다.

수도권 집중억제 정책의 효과

  수도권 집중억제 정책이 성공적이라고 판단하기 위해서는 3개의 연쇄적 인과관계들이 증명되어야 하고, 아울러 그 부작용이 적어야 한다. 첫 번째 인과관계는 이른바 인구집중 유발시설들의 입지제한이 대상 시설들의 지방분산을 가져왔는가에 관한 것이다. 두 번째 인과관계는 시설의 분산에 따라 수도권의 인구가 (추세에 비해) 분산되는 효과가 있었는가다. 세 번째 인과관계는 수도권 인구분산이 수도권 내외부의 여러 문제를 해소했는가에 관한 것이다. 설사 세 가지 인과관계가 모두 성립된다고 해도 그 부작용이 크다면 수도권 정책은 성공했다고 볼 수 없다.[4] 우선 처음 두 인과관계에 대한 지금까지의 연구결과들이 부정적이거나 상반된 결론을 내리고 있는 데 비해 정책의 부작용이 커서 수도권 집중억제 정책이 소기의 성과를 거두지 못했다고 할 수 있다(권영섭, 1992 ; 손재영, 1993 ; 손재영·김현주·박재룡, 1997).

과거의 자료로부터 수도권 정책의 효과가 있었는지 여부를 검증하는 것도 의미가 있지만, 아마도 더 중요한 문제는 1980년대 초반까지의 문제의식이 여전히 유효한가 하는 질문일 것이다.

수도권 집중억제 정책의 오류

1. 아직도 인구집중이 문제인가?

수도권에 관련된 문제의식과 제도의 틀이 형성된 1960~1970년대의 상황에서는 인구 급증이 여러 가지 문제를 가져왔다. 서울 또는 수도권 인구분산이 정책목표로 채택된 것이 이해된다. 그러나 인구집중

---

4) 역사적으로 구소련, 중국, 북한, 아파테이드 시절의 남아프리카공화국 등 많은 국가에서는 강제이주, 거주허가제 등을 활용해 손쉽게 인구분산을 이루었고, 이는 분명 특정지역의 인구집중에 대해 우려되던 문제를 상당히 해결했을 것이다. 그러나 우리나라와 같은 민주국가에서 국민의 기본적 권리를 심하게 제한하는 부작용을 감수하면서까지 수도권 문제를 해결해야 한다고 주장할 사람은 없을 것이다.

문제는 이제 과거의 일이 되어 버렸다. 서울의 인구는 1990년 이래 감소나 정체 상태이며, 수도권의 인구증가율도 1980년대 전반의 연평균 4.4%를 정점으로 2010~2020년간에는 연평균 0.63% 수준으로 떨어졌다. 이 수치는 전국 인구의 연평균 증가율 0.45%보다는 높지만, 인구가 집중했다고 말하기 민망할 정도로 낮다. 미래인구 추계를 보면 집중이 더 이상 문제가 아니라는 사실이 더욱 명확하다. 전국 인구가 2020~2030년 기간에 연 0.12% 감소하는 추세에 접어드는데, 서울 인구 감소율(연 -0.72%)은 이보다 빠르며, 수도권 전체 인구도 2030년 이후 감소할 전망이다.

수도권 내의 과밀·혼잡 문제, 비수도권의 상대적 낙후 등의 문제는 더 이상 수도권의 인구집중에 원인을 두지 않는다. 수도권을 포함한 우리나라 전체의 인구감소와 성장동력 약화가 문제다. 서울 또는 수도권으로 인구가 몰려서 이런저런 문제들이 발생한다는 1960년대식 사고방식은 유효하지 않다. 그런 한가한 불평보다는 국가 생존 차원의 절박한 고민이 필요한 시점이다.

2. 수도권 정책 접근법의 문제

수도권 집중억제 정책은 여러 문제를 일으킨 원인이 인구집중이니까 그 원인을 제거하면 모든 문제가 해결될 것이라는 단순 명쾌한 논리를 가지고 있다. 이 정책은 각종 시설에 대한 입지규제에 의존하므로 특별한 재원을 필요로 하지 않는다는 점에서 경제적이다. 규제 당국의 권한을 확대한다는 점에서 행정담당자들에게 인기가 있었고, 단순하다는 측면에서 국민에게 쉽게 받아들여졌다.

그러나 우리가 해결하고자 하는 문제들은 주택, 교통, 환경, 교육, 공공서비스, 지방의 고용 및 소득기회, 안보 등과 관련된 구체적인 사안들이지 인구집중 자체가 아니다. 수도권의 인구가 1,000만이든, 3,000만이든 주민들이 주택, 교통, 환경, 교육 등등의 구체적 문제에서 애로를 느끼지 않는다면 인구집중 자체는 좋지도 나쁘지도 않다. 어느 지역의 인구가 과다한가는 그 지역의 인구수용 능력과 대비되어 평가해야 한다. 최초의 대도시 인구집중 방지책이 나왔던 1964년 서울 인구는 280만 명으로 지금의 4분의 1에 불과했지만, 그때의 서울이 지금보다 더 과밀, 혼잡했을 것이다. 도로연장, 대중교통체계의 수송능력, 교육시설, 상하수도, 치안 등 공공서비스 공급능력, 주택보급 등 광의의 기반시설이 양적으로나 질적으로나 훨씬 미비했기 때문이다.

주택이 부족하면 주택을 더 지어서 주택난을 해결할 수 있고, 교통이 악화되면 교통시설을 확충하고 수요관리를 강화해 교통난을 완화할 수 있다. 환경오염에 대해서도 규제와 유인체계를 강화해 대처할 수 있는 투자 재원과 기반정보가 확충되었고, 규제체계 및 행정능력이 갖추어졌다. 이 같은 대책들을 통해 서울의 과밀·혼잡 문제는 1960년대보다 감소되었다고 할 수 있다.

적절히 대처해간다면 인구가 늘어도 수도권 과밀·혼잡이 반드시 심해지지 않겠지만, 인구집중이 완화된다고 해서 모든 문제가 저절로 해결되지도 않을 것이다. 예를 들어 수도권 인구가 정체된다고 해도 핵가족화, 단독가구 증가추세 등으로 가구 수가 크게 늘어난다거나 소득증가로 보다 많은 주거서비스가 요구되는 등의 수요요인들, 주택의 집단 노후화나 토지이용규제의 강화로 인한 주택공급 감소 등의 공급요인들은 주택난과 주택가격 상승을 초래할 수 있다. 교통부문에서도 인구증감 없이도 차량보유율의 상승, 통근·통학수요나 물동량의 증가, 개별 차량의 운행거리 확대 등에 따라 교통난이 심해질 수 있다. 반대로 대중교통 수단의 양적, 질적 개선, 교통시설 확충 및 관리체계의 정비, 수요관리의 확대 등에 따라 교통여건이 나아질 수도 있다. 환경 등 여타의 문제들에서도 인구와 개별 문제 간의 관계는 수도권 집중억제 정책이 전제로 하는 것처럼 분명하지 않으며, 인구분산이 문제를 해결하지 못할 것이다. 대부분의 단순 논리들이 그렇듯이 수도권 집중억제 정책은 현실의 복잡한 문제들을 지나치게 단순화한 접근법이기 때문에 문제 해결에 도움이 되지 않는다.

인구분산보다는 주택, 교통, 환경, 교육 등 사안별로 문제를 직접 해결해가는 접근법이 더욱 타당하고 현실적인 또 다른 이유는, 설사 인구 및 산업분산이 바람직한 목표라고 하더라도 그 목표를 달성할 정도의 강력한 규제는 애초에 기대하기 어렵다는 점이다. 공장규제가 강력하고 일관되게 추진되었다면 수많은 영세 무등록 공장들이 문을 닫을 수밖에 없었을 것이다. 시화, 남동공단 등이 조성되지 않았더라면 중소기업들의 입지난이 극심했을 것이다. 또 수도권에 신도시들이 건설되지 않았더라면 주택난이 더 오래 지속되었을 것이다. 수도권정책이 정말로 일관되고 강력하게 추진되었더라면 오늘날의 경제규모와 생활수준을 달성하기 어려웠을 것이다.

이 같은 사회적 비용의 크기도 문제지만 경제적 약자가 주로 부담을 지는 것이 더 큰 문제다. 입지규제는 한마디로 말해서 입지비용을 높여서, 이를 부담하지 못할 기업이나 사람을 지방으로 쫓아내려는 정책이다. 내가 아닌 남을 지방으로 가라고 하고, 나는 수도권에 남아 고용과 소득, 교육과 문화, 의료, 소비, 행정 및 여타 서비스 소비의 기회를 즐기고자 할 때 결국 누가 분산의 대상이 될지는 자명하다.

수도권 경제와 지방 경제

지역 간 균형발전이란 용어가 어떤 의미든지 간에 이를 논거로 해 수도권 집중억제 정책을 유지해야 한다고 믿는 정서는 강하다. 예를 들어, 2000년 정기국회에서 공장건축총량제를 폐지하고 공장에 대해 과밀부담금을 부과하자는 안건 상정이 시도되었으나, 5개 시·도가 연합해 강력히 반대한 탓에 유보되었다. 2013년에도 현오석 부총리가 한 간담회에서 산업단지의 입지 문제에 대해 "수도권과 비수도권을 나누지 않고 기능적으로 접근해 규제를 풀겠다"라고 해 정치적으로 민감한 문제를 피하려 했다. 하지만 부총리의 희망과 달리 지방의 시·도지사, 의회, 언론 모두가 일사불란하게 수도권 규제 완화를 반대하고 나섰다. 현재도 반도체 등 첨단산업 인력을 육성하기 위해 수도권 대학의 정원을 일부 조정하자는 말이 나오기 무섭게 전국의 지방의회들을 중심으로 반대운동이 벌어진다. 이 패턴은 이미 진부하다. 중앙정부나 수도권 시·도가 규제 완화 필요성을 입에 올리기만 해도 지방에서 총력을 다해 반대해서 규제를 지키는 모습이 되풀이되고 있다.

무려 50년 가까운 긴 세월 동안 지역 균형발전을 도모해왔지만, 아직도 지방에서는 균형이 이루어졌다고 보는 사람이 드물다. 1인당 소득을 100달러 남짓에서 3만 달러까지 올리는 엄청난 성과를 거둔 나라가 왜 지역균형에는 실패했을까? 그 이유는 어떤 상태가 균형이 이루어진 상태이고, 그 상태가 왜 바람직한가에 대한 성찰이 부족했기 때문이다. 그 결과 균형이 무엇인지 아직 정의되지 않은 모호한 개념으로 남아 있다. 오랫동안 공장, 특히 대기업 공장을 지방으로 분산시키는 것이 균형이라고 생각했었다. 1인당 소득을 기준으로 균형을 이야기하기도 했다. 그러나 현재의 수도권 제조업은 영세한 저부가가치 공장들이 주류를 이루고 있고, 1인당 지역 총생산도 전국 시·도 중 중위권에 불과하다. 최근에는 세종시와 혁신도시 건설이 완성되면서 국가중추관리기능이 분산되었다. 균형론자들은 이제 대기업 본사나 벤처기업, 서비스업체들에 눈독을 들일 게 뻔하다. 균형을 정의하지 않고 균형정책을 추진하므로 지역균형은 영원히 달성할 수 없는 정책목표다. 선 균형-후 규제 완화를 말하지만, 그때는 결코 오지 않는다.

지방의 입장에서는 지역균형을 외치고 수도권 규제 완화에 반대하는 게 당연하다. 잘되면 중앙정부로부터 큰 선물을 끌어낼 수 있고, 잘못되어도 본전이기 때문이다. 정치인들이 국가의 발전 방향을 성찰하고 국민을 이끌어야겠지만, 오히려 갈등을 증폭시키는 데 앞장서고 있다. 심지어 과학적 분석을 바탕으로 합리적 논의를 해야 할 시·도 산하 연구소들마저도 수도권·비수도권으로 편이 갈려 말싸움하는 기술만 연마하고 있다. 각자 자기 앞가림하는 데만 급급하다면, 대체 대한민국 전체의 장래는 누가 걱정하는지 염려된다.

지역발전을 위해 수도권을 규제해야 한다는 발상은 국가적으로 정해진 크기의 고용과 소득을 놓고 지역 간에 배분하는 경제구조를 염두에 둔 것이다. 그러나 전체적인 고용과 소득의 크기는 가변적이며, 특히 수도권의 발전이 지방에 유리한 요인으로 작용할 수도 있다. 수도권에서의 소득과 고용증가가 지방기업 제품에 대한 수요를 확대하거나, 수도권 기업의 성장이 지방의 분공장 설치 또는 공장 이전 등을 가능하게 해 지방의 고용과 소득증가로 이어질 수 있기 때문이다. 지역경제에 관한 실증분석은 국가경제의 발전이 지역발전의 원동력이 될 뿐이지, 지역 간에 정해진 파이를 나누는 문제가 아님을 보여준다. 만약, 수도권 집중억제를 위해 수도권에 피해를 주고 이 때문에 국가경쟁력이 저하된다면, 지방경제도 타격을 받는 것이다.

국가경쟁력과 대도시권의 역할

무한경쟁의 물결 속에서 생존과 번영을 지키려는 각국의 노력은 대내적으로는 구조조정, 대외적으로는 지역주의와 국제분업의 형태로 나타난다. 우리나라도 경제위기라는 호된 시련을 겪은 이후 대외개방의 폭이 커지고 정부주도형 경제질서에서 민간이 주도하는 경쟁질서가 자리 잡았다. 이런 추세 속에서 수도권의 역할 규정에 필요한 몇 가지 추세를 살펴보자.

첫째, 국가 간·기업 간 경쟁이 격화되면서 동시에 이들 간의 전략적 제휴가 강화되는 상반된 추세가 나타나고 있다. 국가경쟁력의 주요 결정요소가 자본에서 기술로 바뀌면서, 기술개발에 수반되는 비용과 위험부담을 국가 간·기업 간 협력으로 분산하려는 노력이 이러한 추세의 배경이다. 국가경쟁력 제고에 도움이 되는 공간정책으로는 대학의 기능 제고, 대학-연구소-기업의 연계강화, 국제적 접근성 제고, 지역 정보화 등 다양한 프로그램들이 제시되고 있다. 이러한 프로그램들을 구성요소로 하는 총체적 공간정책의 전략은 시기에 따라 테크노폴리스 개발, 지식기반산업 기지건설, 벤처생태계 조성 등 초점을 달리하는 개념들로 집약되었다. 이 모든 개념은 산학연 및 지원 서비스와 정부를 포괄하는 여러 기능, 여러 경제주체 간의 시너지를 극대화할 수 있는 사회적 관계, 즉 네트워크 형성을 핵심적인 요소로 한다.

이 네트워크는 정부나 소수의 대기업이 인위적으로 형성할 수 없을 만큼 복잡하고 다양한 요소들과 관계망으로 이루어지기 때문에 자생적으로 다양한 서비스 공급기반이 갖추어진 대도시권에서만 전개될 수 있다. 우리나라 국토정책도 산업 간·기업 간의 긴밀한 네트워크 형성을 조장하는 방향으로 전개되어야 하며, 특히 대도시권을 중심으로 형성되는 자생적인 네트워크를 조장, 보호, 육성하는 데 주안점을 두어야 할 것이다.

둘째, 어떤 개념으로 경쟁력 제고의 전략을 집약하든지, 그 핵심은 '사람의 문제'다. 과학과 기술, 개발과 생산, 디자인과 마케팅, 정보와 금융 등 모든 분야의 고급두뇌가 협력해 시너지 효과를 창출하는 데 성공할 수 있는지가 국가, 지역과 기업이 생존하고 번영하는가를 결정하는 핵심 문제인 것이다. 장기적인 교육 및 과학·기술 정책처럼 인재를 기르는 분야는 말할 것도 없고, 이들에게 활동공간을 제공해주는 국토정책도 '사람의 문제'를 해결하는 데 이바지해야 할 것이다.

수도권이 자연발생적으로 첨단산업 및 벤처기업의 중심지가 된 것은 연구개발의 주역인 고급두뇌들의 성향을 생각해보면 이해할 수 있다. 이들은 전문지식이나 기술을 가지고 있으며, 이 지식과 기술을 개발하기 위해 국내 대학, 연구소, 산업계는 물론 해외의 고급두뇌들과도 지속적이고 일상적인 교류 관계를 갖는다. 이들 간의 대면적 접촉을 가능하게 하는 공항과 고속도로 등 고속교통망과 고속통신망 등 정보 네트워크는 매우 중요한 기반시설이다. 또 이들은 중간·고소득층이므로 단순한 소득기회보다는 소비와 여가, 문화생활과 자녀교육의 문제를 중시한다. 이 모든 영역에서 가장 다양한 기회를 제공하는 수도권은 다른 어떤 지역보다 고급두뇌를 유치하는 데 유리하다.

기업활동 공간과 생활 공간 양 측면에서 대도시권의 역할이 중요하므로 향후의 국가경쟁력은 대도시 경쟁력에 의해 좌우된다는 예측이 설득력이 있다. 세계 대도시권들은 정보와 생산자 서비스, 고급인력과 인프라를 무기로 해, '정치경제의 국제 중추도시, 다국적기업의 국제 거점도시, 국제무역의 중추도시, 국제 정보네트워크의 핵심도시, 국제 항공네트워크의 슈퍼허브도시, 방문교류산업이 집적된 도시, 국제적인 문화학술도시 등(권영섭, 1996)'의 지위를 획득하고자 경쟁하며, 이는 곧 세계 대도시권 중 상위 계층을 차지하려는 노력이다. 상위 계층의 대도시권일수록 보다 많은 국가의 더욱 넓은 배후지를 가지게 되며, 이들 지역에 국제적 고급서비스를 제공하는 가운데 경제발전을 이룩할 수 있기 때문이다.

수도권의 경쟁력과 기능제고 전략

우리나라 수도권은 아시아의 다른 대도시권, 특히 중국의 경쟁 도시들과 비교해 민주주의의 정착과 법의 지배, 시장 경제체제의 정착, 대규모 내수 시장 및 동북아 시장 접근성, 높은 교육수준을 바탕으로 한 양질의 노동력, 국민의 강한 동기의식과 역동성 등 많은 잠재력을 가지고 있다. 물론 여러 문제도 있고, 그 대책을 수립하는 데는 외국인 투자자나 종사자들에 대한 조사가 도움을 주기도 한다. 외국인들이 지적하는 불편 사항들은 언어 및 문화장벽 문제를 제외하고는 사실상 우리 기업과 국민도 같이 불편을 겪는 문제들이다. 우리 기업들이 원활하게 활동하고 국민이 살기 좋은 나라를 이루는 것 자체가 국가경쟁력을 강화하는 방안인 것이다.

국가경쟁력을 높이기 위한 공간정책의 핵심은 수도권을 뉴욕, 런던, 파리, 동경 등에 비견할 위상으로 세계 유수의 다른 대도시권들과 보완적인 협력관계를 맺도록 하는 것이다. 그렇게 될 때 수도권은 선진 대도시권의 네트워크 속에서 배후지역에 대해 고급 도시서비스를 제공하는 역할을 할 것이다. 수도권의 배후지역으로 동북아 전체가 포함되도록 해야 한다. 중국 동북지역과 러시아 극동지역은 물론, 가능하면 중국 전역과 동남아시아에 대해 고급 도시서비스를 제공하는 기지의 기능을 담당함으로써, 이들 지역의 역동성을 우리 경제성장의 원동력으로 삼을 수 있게 된다. 동북아의 인재들이 교육·훈련을 위해 우리 수도권에 모이고, 수도권에 기반을 둔 내외국 기업에 취직해 국제적으로 활동하며, 우리 기업들이 자원개발, 중개무역, 국제 금융, 디자인, 마케팅, 연구개발 등의 전문화된 생산자 서비스를 제공해주도록 한다. 또, 수도권을 동북아의 문화 및 소비, 여가활동의 중심지로 육성해 외국인들이 와서 보고 즐기며 기꺼이 돈을 쓸 때, 우리 경제도 활력을 잃지 않을 것이다.

세계 도시 위계 속에서 수도권의 위상을 제고하기 위해서는 공항과 항만, 철도 및 고속도로 등 전통적인 수송망, 특히 고속교통망의 중심지가 되는 것은 물론, 고속통신망의 구축을 바탕으로 한 정보의 수집과 가공, 배급의 기능을 높여야 한다. 이러한 기본 인프라가 세계수준에 올라서면 자연히 국제적인 상품과 인력, 그리고 정보의 교류 중심지가 될 수 있는 바탕이 형성된다. 이때 국제적 컨벤션 시설, 고급호텔, 대형 인텔리전트 빌딩, 문화센터, 각종 쇼핑시설, 대학 및 연수시설, 관광시설 등이 대폭 확충되어 국제기능이 강화될 필요성이 크다. 국제화 시대의 인재 양성, 수도권의 국제기능 제고, 이를 위한 도시기능 제고에 힘쓰기는커녕 현재와 같이 대형건물, 연수시설, 대학, 관광시설 등을 인구집중 유발시설로 분류해 불이익을 주는 정책은 수도권을 세계 상위 위계의 대도시권으로 육성하는 데 큰 장애가 된다.

첨단산업과 벤처기업의 인큐베이터

경제성장의 핵심 부문인 첨단산업과 정보산업은 전통적인 중화학공업과 달리 물리적인 입지제약이 크지 않지만, 연구·개발 집약적이기 때문에 고급두뇌의 집적과 국제적 교류가 산업의 발전에 결정적인 요인이 된다. 고급두뇌들을 모이게 하는 공간은 대도시권일 수밖에 없으며, 특히 수도권의 역할이 중함은 이미 논의했다.

그런데, 수도권이 가진 경쟁력이 과연 인위적으로 조성될 수 있는 것인지에 대해서는 의문이 제기된다. 정책적으로 갖추어지기에는 너무나 다양한 요소들이 고급두뇌들의 유치 및 정착에 필요하기 때문이다. 세계적인 기술개발의 메카 미국 실리콘 밸리에 관한 한 특집기사(Economist, 1997)는 실리콘 밸리가 첨단기술 산업이라기보다 경제활동의 한 방식(Way Of Doing Business)이며, 단지 우연히도 그 거래품목이 첨단기술이었을 뿐이라고 하면서, "실리콘 밸리는 할리우드나 런던의 금융가처럼 기업적 군집(Cluster)으로 봐야 할 것인데, 이런 기업군집을 키워나가는 데는 기술이나 자본력보다도 정치적, 사회적 요인들(예컨대, 외국인에 대한 관용)이 훨씬 중요할 것이다"라고 지적했다. 우리 수도권이 자연발생적인 첨단산업 중심지 또는 벤처생태계의 조건을 갖추고 있다면 그것은 매우 다행한 일로 생각해야 한다. 이를 육성하고자 하는 정책들이 큰 효과가 있을까에 대해서는 좀 더 관찰해야겠으나, 적어도 그 발전을 저해하는 정책은 피해야 할 것이다.

다른 한편 첨단산업과 정보산업이 인간의 욕구를 모두 채워주는 것은 아니다. 비록 성장률이 낮을지라도 다른 많은 제조업과 서비스업이 여전히 경제의 큰 부분을 차지한다. 물론 이들 산업도 공정의 첨단화 등의 노력으로 원가절감, 제품경쟁력 강화를 이루지 않으면 생존하기 어렵다. 이는 끊임없는 자기혁신을 통해 가능한데, 국가적으로는 혁신을 이루지 못하는 기업이 도태되고 새로운 기업들이 창업해 새로운 제품, 새로운 아이디어로써 자신의 생존과 성장을 겨루어보는 동태적 구조조정이 그에 해당한다. 그런데, 신생 창업기업들은 매우 약한 존재다. 금융과 행정, 정보, 원료 및 부품의 공급과 판로, 노동력 등 기업운영에 관련된 많은 측면에서 만족할 만한 지원체계를 갖추고 있지 못하기 때문이다.

따라서 이들 기업은 자신에게 부족한 서비스를 외부에 의존하게 되며, 이미 기업서비스의 지원체계가 갖추어진 곳이라야 생존할 수 있다. 바로 이 점에서 대도시가 기업 창업에 중요한 기능을 한다. 수도권 등 대도시 지역에서만 다양한 기업지원 서비스가 존재하며, 여기서만 신생기업이 생존하고 성장할 여건이 존재한다. 국가경제 전체의 활력을 유지하기 위해서는 이들 신생기업이 성장할 수 있는 환경을 제공해야 한다. 이들 기업이 성장해 자생력을 갖추고 더 넓은 공장이 필요하게 되면 지방 이전이 가능해질 것이나, 초기 단계에서는 대도시가 제공하는 인큐베이터의 기능이 중요하다.

결국, 수도권이 첨단산업의 연구개발 중심지이자, 영세 창업기업의 생존 실험무대라는 두 가지 기능을 원활히 수행해야 수도권, 나아가서는 우리 국민경제의 동태적 경쟁력을 높여 갈 것이다. 첨단기술 개발이나 산업에 여러 가지 지원을 해주는 것도 중요하지만, 자연발생적으로 이 분야의 발전이 일어나는 경제현장에서는 정작 많은 제약을 가하는 것은 모순이다.

생활환경의 각 부문에서 수도권이 더욱 질 높은 삶을 제공하는 공간이 될 때 앞서 논의한 첨단산업의 발전, 경제의 세계화 추세와 보완되어 상승적인 효과가 있게 될 것이다. 즉, 수도권이 일하기 좋은 장소일 뿐 아니라 살기 좋고, 즐기기 좋은 도시가 될 때 국제적인 인재들이 수도권에 모여 새로운 정보와 지식을 교류하고자 할 것이며, 수도권은 이 다양한 정보와 지식을 바탕으로 첨단산업의 발전, 국제기능의 제고 등을 꾀하기 용이해질 것이다.

수도권정비계획법의 폐지

지난 40년에 걸쳐 변화된 인구추세, 산업구조, 그리고 국가발전의 대외 여건을 감안해보면 수도권 집중억제 정책은 그 논리적, 경험적 근거를 상실했으며, 국가발전의 장애요인이 되고 있다. 향후의 국가 간 경쟁은 구체적으로 대도시 간의 경쟁으로 나타날 것이다. 우리나라의 대표주자는 수도권일 수밖에 없다. 수도권의 첨단산업 연구개발 및 교육 기능이 확충되어야 함은 물론이고, 국제적 고급두뇌가 교류하며 정착할 수 있는 쾌적한 생활환경을 갖추어야 한다(서울21세기연구센터, 1995 ; 정희윤, 1998). 이를 위해서 많은 투자와 정책적 배려가 필요하지만, 투자재원은 수도권의 주민과 기업들이 충분히 조달할 수 있을 것이다. 정부는 장래에 대한 비전을 제시하고 민간경제 활동이 전체로서 조화를 이루도록 조정·통제하는 데 그 역할을 한정하면 충분하다.

수도권 지역에는 주택, 교통, 환경, 교육 등 여러 부문에서 많은 문제가 있고, 인구가 안정된다고 해서 그 문제들이 저절로 해소되지 않을 것이다. 수도권의 인구분산이 이 모든 문제를 해결할 것이라는 단순 논리는 문제 해결에 도움이 되지 않으므로, 부문별로 문제를 해소하려는 직접적 접근법이 필요하다. 따라서 인구집중을 주된 목적으로 하는 수도권정비계획법을 폐기하고, 부문별로 도시기능을 제고하는 방향으로 정책전환이 필요하다. 수도권정비계획법이 가진 문제의식 중 유일하게 광역적 토지이용 체계와 기반시설의 문제는 좀 더 심층적인 대안 모색을 거쳐 새로운 법령에 이어져야 할 것이다.

여러 외국에서도 과거에 수도권의 집중을 막으려는 시도를 했다. 그러나 관련 정책들이 국가 경쟁력을 떨어뜨리는 결과를 초래하자 한결같이 집중억제 정책을 폐기했다. 집중억제 정책의 원조 격인 영국에서는 1930년대 초 런던은 팽창하고 북부지역은 낙후되는 등 지역 격차가 심해지자 1944년 '대런던 계획'에서 수도권 규제정책을 도입했다. 이후 1960년대까지 런던에 집중된 인구 및 산업의 분산을 목표로 산업 및 업무용 개발 허가제, 공공기관 이전정책 등을 시행했다. 산업개발허가제(Industrial Development Certificate, 1947)는 지원지역(Assisted Area) 이외의 지역에서 일정 면적 이상의 공장 설립 시 통상산업부의 허가를 받도록 했고, 사무실개발 허가제(Office Development Permit, 1965)는 런던 도시권 등에서 업무용 건물의 신·증설을 물리적으로 규제했다.

그린벨트 제도(1944년)도 런던의 밀집된 인구와 산업시설을 그린벨트 외곽에 중소규모 신도시를 건설해 분산하려는 목적을 가졌으며, 1962년 이래 세 차례에 걸쳐 공공기관 지방 이전을 추진했다. 그러나 런던 도시권 인구 과밀이 완화되어 규제 필요성이 줄었다. 1970년대에 제조업이 쇠퇴하는 데 대한 우려가 커졌으며, 1976년 외환위기로 IMF의 지원을 받는 등 경제가 침체되자, 수도권 집중억제 정책을 점진적으로 폐기했다. 그 이후 세계화·개방화 추세에 따른 도시 간 경쟁 속에서 런던을 유럽에서 중추도시로 육성한다는 목표 아래 경쟁력 강화를 위한 지원정책 등을 시행하고 있다.

일본의 경우 1950년대 이래 동경 인구 급증, 시가지 확산, 생활환경 및 교통상황 악화, 지역불균형 문제 등이 대두되었다. 이에 대응해 '수도권기성시가지의공장등제한에관한법률'을 제정해 수도권 내 일정 지역에서 일정 면적 이상의 공장 및 대학 등을 신·증설하는 경우, 도·현 지사 등의 허가를 받도록 했다. 이런 제도의 도입에도 불구하고 집중 문제가 심화되자 1970년대 초까지 기준 면적 상향, 적용지역 확대 등 규제를 강화했다. 그러나 글로벌 경쟁 격화, 산업공동화 및 기업입지 여건 변화, 장기불황에 따른 위기의식 고조, 제조업에서 서비스업으로의 수도권 산업구조 개편 등에 따라 규제의 당위성이 낮아졌다. 제5차 수도권 기본계획(1999~2015)은 수도권 기능의 강화 및 재편으로 정책의 초점을 전환하고 '수도권기성시가지의공장등제한에관한법률' 폐지 (2002. 3), '공업재배치촉진법' 폐지(2006. 4) 등 전방위적 규제 완화를 통해 투자 및 경제 활성화를 추진하고 있다. 또 '도시재생특별조치법' 제정(2003) 등으로 각종 개발규제를 대폭 완화해 대도시권의 성장과 재생에 주력하고 있다.

2000년대 초반까지만 해도 우리나라의 국토정책은 수도권 집중억제 시책을 앞세워 지방에 대한 투자도, 권한 이양도 외면해왔다고 할 수 있다. 오랫동안 일관된 정책시행으로 수도권 정책은 국민으로부터 정서적 지지를 받고 있고, 지방의 자치단체들은 수도권 규제 완화에 거세게 반대한다. 그러나 지방발전의 가장 큰 요인은 국가경제의 성장이며, 수도권 정책이 국가경쟁력을 약화시킨다면 지방도 그 피해를 입게 된다. 또, 모든 경제주체들이 나날이 심해지는 국제 경쟁 속에서 생존과 발전을 모색하는 가운데 지방이 언제까지 중앙정부만 바라보고 있어야 하는지도 생각해봐야 할 것이다. 전반적으로 기업 여건이 나쁜 가운데서도 지방에 입지한 기업들은 과다한 준조세 부담에 시달린다는 불평을 종종 듣는데, 지자체들이 기업을 고객으로 모시는 자세로 적극적인 유치에 힘쓰지 않는 한 지역발전을 이루기 어렵다. 중앙정부도 지방의 주체적인 발전 노력이 성과를 거두기 위해서 지방에 각종 규제권한을 분산시키는 등의 실질적 지역발전 프로그램을 개발해야 할 것이다.

03 시장과 계획의 조화와 균형

시장 경제체제에서 정부의 정책 도입, 수정, 폐지가 초래할 결과가 불확실할 때, 이를 어떻게 바라보느냐가 시장론자와 계획가의 입장을 가르는 근본적인 차이점이다. 시장론자들은 시장에 문제가 있는 것이 확실하지 않고, 문제가 있더라도 정부개입이 분명한 개선을 가져오지 못한다면, 그리고 문제의 개선보다 더 큰 부작용이 초래될 것으로 예상된다면 정부가 개입을 자제하는 것이 좋다는 견해를 갖는다.

이 일반 원칙은 국토 이용의 문제에서도 적용된다. 국토 이용의 경우에는 외부효과의 문제나 공공재의 문제가 명확히 존재하는 경우가 많으므로, 이들 문제 해소를 위해 정부의 개입이 정당하다는 것에 대해 시장론자들도 이의를 제기하지 않는다. 그러나 이들은 정부개입의 효과가 명확히 긍정적이고 부작용이 크지 않다는 확신이 없다면, 시장 개입에 신중해야 한다는 기본입장을 가진다. 우리는 이런 입장에서 수도권 입지규제 정책을 비판했다. 수도권 입지규제는 명확한 근거를 가지지 못한 과도한 시장 개입이다. 국가발전의 여건을 고려할 때 큰 부작용이 예상되므로 폐기되어야 한다는 결론을 내리게 된다.

이에 비해 상당수의 계획가들은 정반대의 관점, 즉 시장이 어떤 문제를 일으키지 않을 것이 확실하지 않은 한 함부로 시장에 국토자원의 배분을 맡겨서는 안 된다는 관점을 가진다. 정부가 계획을 통해 토지이용 활동의 종류와 밀도, 규모, 기타 모든 사항을 가능한 한 상세히 정해놓은 이후에야 시장의 작용을 허용할 수 있다고 생각한다. 수도권 규제에 대해서도 계획을 중시하는 입장에서는 규제가 수도권 집중을 이 정도로 막을 수 있었을 것이라는 추측만으로도 정책 변화에 반대하게 된다.

또 다른 예로, 개발제한구역(그린벨트) 규제를 살펴보면, 규제 완화의 반대 입장을 주도하는 사람들은 주로 환경에 미치는 악영향을 우려하고 있다. 하지만 이들의 주장은 흔히 환경보호의 중요성 자체를 강조하는 데 그칠 뿐 그린벨트가 환경보호를 위해 효과적이고도 사회적 비용을 작게 치르는 정책임을 입증하지 못한다. 그린벨트가 '도시의 폐'라는 등의 주장은 과학적 근거가 없는 홍보 문구일 뿐이다. 깨끗한 공기를 위해서는 경유 사용을 억제하는 등 훨씬 효과적이고 저렴한 정책수단들이 얼마든지 있다.

일부 계획가들은 이보다는 논리적인 근거를 가지고 그린벨트를 옹호한다. 규제 완화 이후의 난개발, 상수원보호구역 등 다른 공법적 제한의 무력화, 수도권 집중, 도시의 연담화, 도시의 저밀도 확산 등 다양한 문제의식에서 그린벨트 규제 완화가 어렵다는 주장이 나온다. 그러나 이들이 우려하는 문제들이 정말로 정책적으로 시정해야 할 문제인지, 그린벨트 규제 완화가 그런 문제들을 다수 유발할 것인지, 문제가 생긴다고 해도 사회적 비용이 편익보다 클 것인지에 대해서는 다른 의견이 있을 수 있다. 예를 들어 시장을 중시하는 입장을 가진 사람들은 계획가들이 규제 완화의 부작용을 과대평가하는 한편, 부동산 공급확대나 가격안정 등의 편익을 도외시한다는 주장을 한다.

규제 완화 이후에 벌어질 상황이나 그에 대해 국민이 내릴 평가에 대한 불확실성이 작다면 이러한 의견 차이는 크게 줄어들 수 있을 것이다. 규제가 완화될 경우 과연 보전되어야 할 녹지가 대규모로 훼손될 것인가? 준농림지역에서 경험한 난개발이 재연될 것인가? 이를 정부가 통제하기 불가능한가? 과연 도시 간 연담화 현상이 빚어지고, 그 때문에 무슨 중요한 문제가 생기나? 규제 완화로 얼마나 토지가 개발·공급되고 가격안정 효과를 가질 것인가? 이런 문제들에 대해 차근차근 연구하고 결론을 내려가는 것이 필요하다.

농지에 관련해서도 여러 이유로 거래, 보유, 다른 용도로의 전용이 규제되고 있다. 농지제도의 변화 추이와 내용에서 엿보이는 우리나라 농업에 대한 기본적 이념은 다음과 같이 요약될 수 있다(설광언, 1998).

경자유전 원칙 고수, 전통적 의미의 가족농만을 영농주체라고 보는 생각, 기업적 경영이나 시장 원리를 소홀히 한 점, 정부의 가격보장을 당연시해온 점, 농업은 당연히 자연환경과 친화적인 산업이라는 생각, 외부로부터의 자본과 인력, 그리고 경영의 참여에 대한 배타적인 사고, 농촌을 농민들만의 공간으로 간주함으로써 농촌지역문제를 농업정책의 대상으로만 다루어온 점 등이다.

이러한 이념이나 관념들은 하루아침에 형성된 것이 아니고, 오랜 시일에 걸쳐 농업과 농민이 거쳐 온 내외적 환경의 변화, 긍정적·부정적 경험, 집단적 정서와 한(恨), 불확실한 미래에 대한 기대와 불안이 모두 녹아들어 있다. 예를 들어, 경자유전의 원칙에는 수백 년 동안 이 나라를 지배해온 소작지주제하에서 겪은 농민들의 설움이 반영되어 있으며, 가족농 체제를 고집하는 데는 생계를 건 집약적인 농업경영이 농지 생산성을 높인다는 판단이 배경이다. 농촌에 대한 도시자본의 유입을 바람직하지 않게 보는 시각에는 농촌 토지 투기에 대한 우려가 숨어 있다.

그러나, 사회의 모든 측면이 변해가는 속에서 농업의 대내외적 환경도 끊임없이 변한다. 농업부문 생산성 향상이 비농업 부문 종사자의 소득증가를 따라가지 못해 농민들의 소득이 상대적으로 저하된다거나, 다자간 국제통상 협상의 결과 더 이상 정부의 가격보장이 어려워졌다는 등이 농업 외부적인 환경변화의 예라고 할 수 있다. 농업경영자의 고령화가 급속히 진행되고 있다거나, 생산성을 높이기 위해 대단위 농업경영체의 육성이 필요한 것은 농업 내부적 환경변화의 예다. 이러한 변화를 수용해 농업정책의 방향이 수립되고, 이를 뒷받침하는 수단으로 농지제도가 변화해야 할 것이지만, 기존 제도에 익숙한 여러 이해집단 또는 개인들이 새로운 변화의 추이를 인식하고 농업, 농촌, 농민을 바라보는 시각을 바꾸는 것은 쉬운 일이 아니다. 더구나, 이러한 변화가 직접 고용과 소득, 그리고 오랫동안 유지되어 온 생활양식을 바꾸도록 강요한다면 더욱 그 변화를 받아들이기 어렵다. 이런 이유로 해서 농지나 임야를 보다 생산성 높은 용도로 전용하거나, 그렇게 할 수 있는 경제주체들이 거래 및 보유하도록 하는 규제 전환이 쉽지 않다.

눈을 돌려 보면, 시장과 계획의 갈등은 국토에 관한 문제에 국한되는 것은 아니다. 금융, 세제, 행정, 교육, 문화, 기타 미시적 문제들에 이르기까지 정책적으로 미리 계획하고, 이에 따라 경제사회발전을 유도하는 것이 바람직하다는 계획 위주의 사고방식이 뿌리 깊다. 그러나 이제는 경제와 사회의 거의 모든 분야에서 시장이 가진 정보 수집과 확산, 창의와 활력의 극대화 유도기능이 전문가 집단이나 관료들의 한정된 정보와 분석에 기대는 결정보다 바람직하다는 공감대가 커졌다.

국토문제에서도 계획가는 시장을 통제하고 조절하는 전지전능한 존재를 자임하기보다는 시장이 필요로 하는 공간적 수요가 양적으로, 질적으로 채워지도록 돕는 보조자의 역할을 수행해야 한다. 그린벨트 내외의 지가 차이가 수배나 그 이상에 달한다는 것은 현재 규제의 강도가 과다하다는 정보를 제공한다. 계획가의 임무는 이러한 정보를 있는 그대로 수용하고 부족한 토지를 어떻게 잘 개발할 것인가를 마련하는 데 있다. 이미 터질 듯이 억눌려 있는 개발압력을 도외시하고, 국토가 어떻게 이용되어야 하는지에 대한 편협한 주관을 관철하고자 노력하는 것은 이 사회가 전문가에게 부여한 역할을 벗어난 것이 아닌가 한다.

제5장

미래를 위한
부동산 공급체계의
변화 방향은?

01 부동산 개발과 개발이익의 분배

　우리나라는 '좁은 국토와 부족한 자원에도 선진국에 진입한 나라'로 긍정적인 평가를 받는 경우가 많다. 그렇다면 우리나라의 국토는 얼마나 좁을까? 우리나라 국토면적은 약 1,004만 ha로 세계 108위에 해당한다. 이에 반해 인구는 5,185만 명으로 세계 28위, GDP는 1조 8,102억 달러(2021년 기준)로 세계 10위에 해당해 인구와 경제수준에 비해 상대적으로 좁은 국토를 가지고 있다. 그나마도 좁은 국토가 6·25전쟁으로 거의 폐허가 된 가운데서 이렇게 높은 경제성장을 이루었으니 도시의 인구집중, 토지가격 급등현상이 나타나는 것은 어떻게 보면 당연한 결과다.

　이러한 상황을 고려하면 우리나라는 다른 국가보다 효율적인 토지이용의 필요성이 높다. 토지용도에 따라서 28개의 지목을 부여하고 도시계획을 위해서 용도지역 등을 지정해 관리하는 것도 이러한 이유 때문이다. 좁은 국토로 토지의 공급이 제한적인 가운데, 우리나라는 1970년대 이후 고도성장기를 거치면서 택지 수요의 급격한 증가로 토지가격이 큰 폭으로 상승했다. 그 결과 가격상승을 막기 위해서 각종 규제가 적용되었다. 개발제한구역과 수도권에 대한 개발규제, 개발부담금의 부과 등은 아직 적용되고 있다. 택지소유상한제와 토지초과이득세 등은 한때 도입이 되었으나, 위헌판결을 받아 폐지되었다.

하지만 토지의 가격상승을 강력한 규제로 억제하는 정책은 효과적이지 않았다. 수도권의 높은 주택가격으로 인한 주거 불안정과 높은 지가로 인한 산업경쟁력의 저하 등의 문제를 해결하기 위해서는 일방적인 규제보다는 개발 가능한 토지를 확대하는 것이 더 필요하다.[5] 우리나라에는 여전히 많은 개발제한구역이 있고 농지에 대한 규제도 많아 불필요한 규제를 완화한다면, 높은 토지가격으로 인해 나타나는 문제 해결을 위한 실마리를 찾을 수 있다.

보금자리주택이나 2·3기 신도시개발 등 개발제한구역을 해제해 개발을 추진한 사례가 있지만, 단기적으로 시행되거나 이미 주택가격이 큰 폭으로 오른 상태에서 뒷북치기 형식으로 발표되어 효과가 작았다. 장기적인 계획하에 규제를 완화하고 일관성을 유지하게 되면, 토지 개발 가능성에 대한 신뢰가 형성되어 지가 폭등을 막을 수 있다.

이미 우리가 경험한 바와 같이 1980년대 말에 급등하던 주택가격이 200만 호 건설계획이 발표되고 실행되면서 안정화된 사례를 보면 공급정책의 중요성이 매우 크다. 다만 공급에는 상당한 시간이 걸리므로 정부에서는 단기적인 해결책으로 세금 강화와 거래제한 등 규제를 강화하는 정책을 선호해왔다. 하지만 단기적으로 수요를 억제하는 정책은 시장의 흐름을 막을 수 없다는 것을 우리는 지난 경험을 통해서 알고 있다. 따라서 적정한 택지개발과 이를 통한 주택공급은 주거안정뿐

---

5) 김정호(2005)는 개발제한구역 등을 해제하고 농지를 주택개발이 가능한 토지로 용도 변경함으로써 당시 대두되고 있었던 높은 주택가격 문제를 해결할 수 있다고 제안했다.

만 아니라 지속적인 경제성장을 위해서도 필요하다.

우리나라의 토지 개발 – 택촉법이라는 '절대 반지'

사유재산을 인정하는 우리나라에서 대규모 토지 개발을 할 때는 많은 어려움이 있다. 그렇다고 각각의 토지 소유자에게 개발을 맡기게 되면 소규모개발과 난개발로 이어지게 되어 국토를 효율적으로 이용할 수 없다. 따라서 정부에서는 토지 개발의 효율성을 높이기 위해서 개입하게 된다. 우리나라는 대규모 산업용지와 택지개발을 위해서 지금은 토지주택공사(LH공사)로 합병된 토지공사와 주택공사를 설립하고 많은 권한을 부여했다.

1970년대까지의 토지 개발은 토지구획정리 방식(환지 방식)이 주로 적용되었다. 여기서는 미개발 토지 소유자의 소유권을 인정하고, 택지개발이익을 고려해 소유자에게 원래 면적보다 작은 개발 후 토지를 배분한다. 이후 토지 소유자에게 배분하고 남은 토지를 매각해 개발비 및 적정이윤을 회수한다. 토지구획정리 방식으로 개발된 대표적인 지역이 지금의 서울 강남지역이다. 이 방식은 사업을 위해 대규모의 보상금을 마련하지 않아도 사업이 가능하지만, 개발지의 상당 부분을 기존 소유자에게 배분해야 하므로 체계적인 도시개발과 권리관계를 해결하는 데 어려움이 있어 사업추진이 쉽지 않았다.

우리나라의 토지 개발에 획기적인 전환이 된 계기는 1980년에 택지개발촉진법(이후 택촉법)이 제정된 것이다. 택촉법을 통해 전면 매수방식의 사업 시행이 가능해지면서 대규모 토지 개발의 효율성을 높일 수 있게 되었다. 전면 매수방식의 가장 큰 문제는 사유재산권에 대한 과도한 제한이지만, 군사정권하의 국가보위비상대책위원회(이하 국보위)에서 입법권을 가지고 추진해 도입할 수 있었다. 토지를 수용할 경우 법적으로는 완전한 보상을 하게 되어 있었지만, 개발이익을 배제하고 평가해 토지 소유자들의 불만이 컸다. 상대적으로 개발업자는 낮은 가격에 토지를 확보할 수 있었다. 토지 개발의 측면에서만 본다면 전면 매수방식은 매우 효율적이어서 개포동, 목동, 1기 신도시를 거쳐서 최근 들어 혁신도시와 세종시까지도 적용되었다. 군사정부 시기에 도입되었지만, 민주화 이후에도 계속 수용방식을 유지하고 있는 것을 보면, 정부로서는 택촉법의 유혹에서 벗어날 수 없었다고 할 수 있다.

하지만 전면 매수방식을 통한 공영개발이 주도하는 택지개발에 대해서 다시 한번 생각해볼 시기가 되었다. 이미 우리나라의 도시화율이 80%에 달해 사유재산권을 침해하면서까지 대규모 택지개발을 해야 할 필요성이 낮아지고 있다. 국민의 의식 수준도 높아져 수용과정에서 발생하는 보상금의 규모도 점차 커지고 있다. 그동안 쌓인 사업경험으로 민간건설사와 개발회사의 수준도 상당히 높아져 공공부문이 더 효율적이라고 하기도 어렵다. 물론 공공임대주택의 개발 등에 대해서는 공공부문이 역할을 해야겠지만, 토지 개발에서 민간부문의 역할을 좀 더 확대해야 할 필요가 있다.

토지 개발과 개발이익의 분배

새롭게 토지를 개발해 공급하는 과정에서 항상 개발이익의 분배문제가 대두된다. 특히 공영개발을 통해 주택을 공급하는 과정에서 이러한 문제가 발생하는데, 토지 수용과 개발 후 판매과정에서 시장 기능이 작동하기보다는 정부의 정책을 따르기 때문이다. 주택을 개발하는 과정에서 발생하는 개발이익은 택지개발비와 건축비 등으로 구성되는 주택건설원가와 개발 후 경쟁 관계에 놓일 수 있는 인근 유사주택가격 간의 차액으로 정의할 수 있다. 이 개발이익을 개발 전 토지의 소유자와 토지 개발회사 및 주택 개발회사, 새로운 주택의 수분양자 등 이해관계자에게 배분하는 과정에서 정부가 정한 규칙이 적용된다.

[자료 5-1]은 미개발 토지를 개발해 주택을 분양하기까지 가격이 형성되는 구조를 보여준다. 인근 유사주택가격이 5억 원이고 주택을 개발하는 데 총 3억 원이 들었다면, 차액인 2억 원은 각 단계에서 배분될 것이다. 우리는 단계별로 개발이익이 배분되는 과정을 살펴보고자 한다.

[자료 5-1] 주택가격의 구조

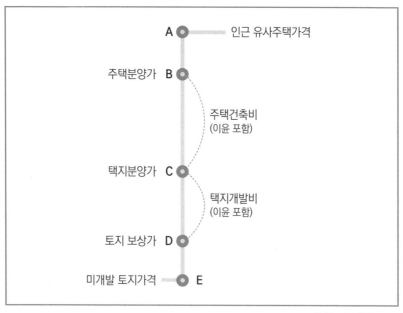

출처 : 손재영(2008)

토지 개발사업자는 농지와 임야 등 미개발 토지를 매입해 건물을 지을 수 있는 택지로 개발하는 과정을 거친다. 이 경우 사업자가 매입할 수 있는 가장 낮은 가격이 [자료 5-1]에서 E에 해당한다. 만약 토지가 농지이고 가격 E가 5,000만 원이라면 이 가격은 개발이익이 반영되지 않은 농지이용에 따른 수익가치로 볼 수 있다. 해당 농지의 소유자는 5,000만 원 이하로는 매각하지 않을 것이고, 택지를 개발하는 사업자로서는 5,000만 원에 미개발 토지를 매수하기를 원한다. 하지만 개발이익이 2억 원이나 발생하는 것을 토지 소유자가 알고 있다면, 자신도 개발이익의 분배과정에서 참여하고자 해 5,000만 원보다 높은 가격을 요구하게 된다. 따라서 일반적으로 토지의 협의 매수가격이나 보상가격은 5,000만 원보다 높아진다. 이 경우 실제 보상금과 5,000만 원의 차액이 미개발 토지의 소유자에게 돌아가는 개발이익이다.

우리는 대부분 개발이 완료된 토지 위에 지어진 집에 살고 있으므로 수도와 전기가 들어오고 인터넷망 등을 이용하는 것을 당연하게 여긴다. 사실 맨땅에 그러한 시설이 갖추어져 있지는 않다. 즉, 토지 개발사업자가 구입한 토지는 바로 주택을 건설하기 어려운 상태이므로 개발할 수 있도록 토지 형질을 변경하고, 상하수도시설과 인근 도로망 등 각종 인프라를 설치해야 한다. 따라서 사업 규모에 따라서 다르지만 큰 비용이 투입되고, 여기에 토지 개발사업자의 이윤이 포함되어 택지의 분양가가 결정된다.

토지 개발사업자가 주택을 개발하는 민간사업자라면 택지를 매수해 개발하고 바로 주택을 공급하므로 개발이익은 주택분양가에 포함되게 된다. 반면 토지주택공사 등 공공부문 개발사업자의 경우 대규모로 택지를 개발하고 여기에 직접 주택을 개발하거나 민간주택 개발회사에 매각한다. 따라서 토지주택공사 등에서 책정한 토지의 분양가와 미개발 토지의 매수가격에 택지개발비를 합한 금액의 차액이 토지 개발사업자가 가져가는 개발이익이 된다.

개발된 토지를 매입한 주택개발사업자는 택지분양가(C)를 주고, 토지를 매입해 주택을 건설하고 주택분양가(B)에 매각한다. 만약 주택분양가가 인근지역 내 유사주택의 가격수준을 넘게 되면 수요자들이 구매하지 않을 것이므로 인근 유사주택가격(A)은 개발업자가 받을 수 있는 가장 높은 가격이 된다. 당연히 주택개발사업자는 최대한 높게 분양가를 결정하고자 할 것이고, 분양가가 높으면 수분양자가 배분받는 개발이익은 감소한다. 여기서 시장 기능에 따라서 가격이 결정되지 않고 정부에 의해서 분양가규제가 적용되는 경우도 있다. 이 경우에는 당연히 개발업자의 이익이 감소하고 수분양자의 이익이 증가하게 된다. 하지만 이러한 규제로 인해서 공급자의 이익이 감소하므로, 장기적으로는 공급이 축소되는 효과가 나타나게 된다.

주택개발사업자의 분양가(B)가 결정되면 인근지역의 유사주택가격(A)과의 차이가 수분양자에게 분배되는 개발이익이 된다. 선분양제를 통한 주택공급이 일반적인 우리나라에서는 수분양자들이 공사가 완료되기 전에 계약금과 중도금을 납부하므로 개발사업에 대한 위험을 공유한다. 따라서 수분양자에게도 일정 부분 개발이익이 분배되어야 하는 것은 당연하다. 다만 정부가 개입해서 분양가규제를 하는 경우 수분양자들은 자신들이 부담하는 위험 수준보다 많은 개발이익을 분배받을 수 있으므로 분양경쟁률은 크게 높아진다. 2021년 주택가격이 크게 상승하는 가운데 투기과열지구 등 규제지역에서 분양가상한제가 적용되면서 수천 대 일의 경쟁률이 나타났다.

분양가상한제를 적용하면서 나타나는 문제

앞서 살펴본 개발이익의 분배과정에서 주택가격 상승기만 되면 당연한 것처럼 나타나는 것이 분양가규제다. 우리나라에서는 주택 시장의 상황이나 정부의 정책 기조에 따라서 분양가가 자율화되기도 하고, 분양가상한제를 통해서 규제를 적용하기도 했다. 1977년에 청약제도를 도입하면서 평당 상한가격을 정하는 방식으로 시행된 분양가상한제는 1989년에는 원가연동제로 변경이 되어 적용되었다. 하지만 외환위기 이후 주택 시장이 침체되면서 1999년, 민간주택에 대해서 분양가 자율화가 실시되었다. 이 시기의 분양가 자율화는 침체된 주택 시장을 회복시키는 효과와 함께 아파트의 품질을 높이는 데도 기여한 것으로 평가된다.

하지만 노무현 정부에 들어서 주택 시장이 과열되면서 다시 민간택지까지 분양가상한제가 적용되었다. 박근혜 정부에서는 재건축 등 도시정비사업의 활성화를 위해서 공공택지를 제외하고 분양가상한제를 폐지했다. 문재인 정부에서는 주택도시보증공사(HUG)를 통해서 고분양가를 심사하는 방식으로 분양가를 규제하다가, 2020년 7월부터 다시 분양가상한제를 적용했다. 이렇게 분양가에 대한 정책을 수시로 변경하다 보니 마치 주택에 대한 가격제한정책이 당연한 것 같지만, 가격에 대한 직접 개입은 매우 강력한 규제로 특별한 상황에서만 인정되는 것이다. 주택도 시장에서 거래되는 하나의 재화라는 측면에서 볼 때 가격상한제의 적용은 국가위기상황과 같은 긴급한 경우이거나 극빈층 등을 위한 특별한 주택 등에 한정적으로 적용되어야 한다. 경제학원론 교과서에도 가격상한제는 시장 기능을 저해해 초과수요를 가져오고, 암시장 형성 등의 부작용이 발생한다고 제시하고 있다.

그렇다면 왜 우리나라 정부에서는 주택 시장이 과열될 때마다 가격 규제정책을 실행하는 것일까? 아마도 단기간 내에 가격을 통제하기 가장 쉬운 방법이기 때문일 것이다. 하지만 이러한 사고는 시장에 미치는 장기적인 영향을 고려하면 근시안적인 판단이다. 정부에서 분양가규제를 실행하면서 제시하는 근거가 주택개발사업자가 과도한 이익을 취할 수 있고, 높은 분양가격이 전체 주택 시장의 가격을 상승시킬 수 있다는 것이다. 이 두 가지 이유가 모두 합리적이지 않다.

첫 번째로 제기한 개발이익이 과다하다는 문제는 정부에서 어느 정도가 주택개발회사의 적정한 이익인지를 정확하게 판단할 수 있다는 과신에서 나타난다. 주택개발회사는 이미 주택 시장에서 형성된 가격을 고려하고, 건축 등에 필요한 비용을 차감해 목표한 이익을 달성할 수 있는 수준의 가격으로 토지를 매입하게 된다. 하지만 토지를 매입한 후 주택 시장이 침체될 경우에 개발사업자는 손실이 발생한다. 대규모 자금이 투입되는 만큼 주택개발사업은 위험이 큰 사업이므로, 사업자는 이 부분까지 고려해 분양가를 책정하려고 한다. 기업이 계속해서 유지되어야 한다는 관점에서 본다면 시장의 상황에 따라서 이익이 크게 나타날 수 있다. 이는 불황 시 손실을 보전하는 역할을 한다. 하지만 이익이 발생하는 시기에 분양가상한제가 적용된다면 주택개발사업자의 위험은 더욱 증가하고, 시장에서 위험에 대한 충분한 대가를 받지 못하게 되므로 결과적으로 공급은 감소한다. 당연한 이야기지만 주택 시장에서 공급이 감소하면 장기적으로 주택가격은 상승한다.

두 번째로 제기한 이유도 선분양을 통한 주택공급이 대부분인 우리나라에서는 쉽게 받아들이기 어렵다. 우리나라에서 매년 신축주택의 공급은 50만 호 전후이므로 전체 주택 수(약 2,200만 호, 2021년 기준)의 약 2% 수준에 불과하다. 또한, 선분양으로 인해서 책정된 분양가는 바로 시장에 공급되는 물량도 아니고 2~3년 후에나 입주가 이루어진다. 따라서 신규주택의 높은 분양가가 시장 가격을 상승시킨다는 논리는 쉽게 받아들이기가 어렵다. 오히려 분양가격이 높다는 것은 이미 시장의 가격이 그만큼 높아진 것이 이유인 경우가 많다. 분양가규제로 신규공급이 감소하게 되면 시장에서 주택가격은 더욱 높아지고, 당연히 기존 주택가격을 기준으로 책정되는 분양가도 높아진다. 시장의 변화를 특정 시점의 스냅사진처럼 보기보다는 스토리가 있는 영화라고 생각한다면 분양가상한제를 무분별하게 적용하지는 않을 것이다.

원가를 공개하면 가격이 내려갈까?

분양가상한제와 함께 주택 시장의 호황기에 많이 논의되는 것이 분양원가의 공개다. 분양원가의 공개는 주택개발사업자들이 투입하는 비용에 비해서 너무 많은 이익을 누리고 있다는 인식에서 출발한다. 이와 함께 건설공사의 투명화와 선분양을 허용하는 대가로서 원가공개가 필요하다는 의견도 있다. 이러한 주장은 주택 시장이 과열되는 시점에 강하게 나타났고, 참여정부 시기인 2005년에 처음 도입되었다.

사실 특별한 경우가 아니면 민간기업의 원가를 공개하라는 것은 자본주의를 채택하고 있는 국가에서는 그 자체로도 문제가 있다. 주택개발회사가 경쟁자보다 터무니없이 높은 분양가를 책정하면 당연히 미분양이 발생하므로 팔릴 수 있는 수준에 가격을 책정한다. 만약 시장에서 경쟁력이 있는 가격과 품질로 분양하면서도 낮은 원가를 유지할 수 있다면 그 부분은 기업경쟁력의 원천이 된다. 신문이나 인터넷의 IT기업 관련 기사 등에서 애플의 스마트폰을 분해해서 분석해보면, 경쟁기업보다 낮은 원가에 높은 가격으로 팔리고 있다면서 한국기업들도 본받아야 한다는 내용을 종종 보게 된다. 다른 산업에서는 원가를 낮추는 능력을 경쟁우위의 원천으로 보면서 유독 주택 시장에 대해서는 기업이 차별적인 능력을 통해서 원가를 낮추어서 이익을 증가시키는 부분을 부정적으로 보는 것은 이해하기 어렵다.

또한, 원가공개는 대상이 되는 기업의 업무부담을 가중시키는 문제가 있다. 기업에서 비용을 산정하는 방식이 완전히 같지 않기 때문에 원가공개 제도에서 제시하는 방식과 명확하게 일치하지 않을 경우 다시 집계해서 자료를 제공해야 한다. 일부 항목 중에는 하자보수 등 미래의 비용을 예측해야 하는 부분도 포함되어 있어 원가를 산정해야 하는 기업에는 큰 부담이 될 수 있다. 특히 주택개발은 몇 년간에 걸쳐서 이루어지므로 물가상승률이 높은 시기에는 산정된 비용이 실제 공사과정에서 증가할 수 있어 공개된 비용이 정확하지도 않다.

원가공개는 단순히 기업의 비용구조를 감시하는 수준에서 벗어나 결과적으로 가격통제로 이어질 수 있다. 일부 사업장에서 상대적으로 분양가 대비 원가가 낮아서 높은 이익이 발생한다는 언론기사 등으로 부정적 분위기가 형성되면 정부에서도 분양가규제를 고려하게 될 것이다. 정부규제가 없더라도 개발사업자들이 심리적으로 위축되어 분양가격을 결정하는 데 영향을 받게 된다. 이 과정에서 애초 계획했던 만큼 충분한 이익이 발생하지 않으면 장기적으로 주택공급이 감소하게 될 것이다. 또한, 새로운 기술 등을 통해서 차별화된 주택을 개발해 높은 분양가를 받고자 하는 시도도 감소할 수밖에 없다.

분양가상한제와 분양원가공개를 적용하고 폐지하는 반복적인 과정을 돌아보면, 실제로 이 제도들이 주택가격을 하락시켜 시장을 안정시켰다는 명확한 근거를 확인하기는 어렵다. 분양가규제가 시작된 1970

년대에는 우리나라 주택의 재고량이 절대적으로 부족한 시기였지만, 주택보급률이 100%를 상회하기 시작한 현시점에서 공급자가 터무니없이 높은 가격을 책정하면 수요자는 받아들이지 않는다. 2000년대 초중반의 주택 시장 과열기를 거치면서 분양가가 상승하고 공급물량이 많이 증가하자 2008년에 미분양이 16.7만 호까지 증가했다. 그 여파로 건설사 구조조정까지 이어졌던 점을 돌아보면, 수요자들은 시장 상황에 대해서 각자의 판단을 통해서 의사결정을 한다고 볼 수 있다.

오히려 분양가에 대한 직간접적인 규제가 주택의 공급에 영향을 미쳐 혼란을 일으켜왔다. 가격이 상승해 기업의 이익이 증가하고 공급이 증가하면 자연히 가격은 다시 안정되는 것이 일반적이다. 하지만 강제로 가격상승을 제한하면, 장기적으로는 공급감소로 인해 가격이 다시 상승하는 효과가 나타난다. 결과적으로 장기적인 관점에서 살펴봐야 하는 주택 시장의 문제를 단기적인 정책으로 해결하려다 보니 문제해결에도 실패하고 제도는 복잡해졌다.

민관합동개발은 항상 좋은 정책인가?(대장동 사례를 보며)

택지개발은 크게 공공이 주도하는 공영개발과 민간부문이 중심이 되는 민영개발로 구분할 수 있다. 공영개발의 경우, 정부나 지자체 등에서 수용권을 행사할 수 있어 상대적으로 저렴하게 토지를 매수할 수 있다. 따라서 저소득층 등 지원이 필요한 계층에게 낮은 가격으로 주택을 공급할 수 있다. 하지만 개발 전 토지 소유자들의 반발이 있을 수 있고 초기에 많은 돈이 투자되어야 하며 시장 환경이 안 좋아져서 택지 등의 매각이 어려워질 수 있다는 위험을 감수해야 한다. 이에 반해 민영개발의 경우 개발업자가 토지 소유자에게 직접 상대적으로 높은 가격에 토지를 매입해야 하고 이는 분양가에 반영된다.

최근 들어 사회적으로 이슈가 되고 있는 민관합동개발은 택지개발 및 사업시행 과정에서 민간부문과 공공부문이 역할을 분담하는 것으로 주로 공공부문에서는 토지 수용과 인허가를 담당하고, 민간부문에서는 자금조달과 사업의 시행을 책임지는 경우가 많다. 즉, 토지 매수에는 공영개발방식이 적용되고 이후 개발과정은 민간개발방식을 적용하므로 상대적으로 분양가가 높아진다. 공공부문에서 낮은 가격으로 토지를 수용하므로 민영개발보다 개발이익이 커질 수밖에 없는데, 이 개발이익이 어떻게 배분되느냐가 관건이다. 공공의 개발이익환수가 제대로 이루어지지 않으면, 개발 전 토지 소유자들의 개발이익을 민간사업자에게 주는 결과가 나타나기 때문이다.

개발이익을 배분하는 방법으로는 첫 번째로 발생한 이익을 공공과 민간이 적정한 비율로 나누는 방법을 적용할 수 있고, 두 번째로 공공부문에서 일정 수준의 개발이익을 먼저 확보한 후 민간부문에 추가로 발생하는 이익을 배분하는 방법도 가능하다. 두 가지 방법의 절충안으로 공공에서 적정수준의 이익을 먼저 가져간 후 사업의 이익이 예상보다 높아지면 초과이익 중 일부를 환수하는 방법도 적용할 수 있다.

최근 사회적으로 이슈가 된 대장동 사업의 경우 두 번째 방법을 적용한 사례로, 성남시에서 토지의 수용 및 인허가를 담당하면서 개발이익을 먼저 확보하고 이후 발생한 이익에 대해서는 모두 민간사업자가 가져가는 구조로 되어 있다. 물론 성남시에서는 사전에 충분한 수준으로 이익을 배분받고, 이후 개발이익이 예상보다 커지면서 추가로 기부채납도 받았다고 주장하고 있기는 하다. 하지만 민간사업자에게 돌아가는 이익이 너무 크게 나타나 사업을 추진하는 과정에서 문제가 있는 것

은 아닌지 의혹이 제기되고 있다.[6]

대장동의 경우 입지가 좋아서 개발 전부터 거주자와 개발사업자들의 관심이 높았다. 성남시는 초기 공영개발을 추진하다가 자금부족으로 인해서 포기하고, 부득이하게 민관합동개발을 하면서 적정한 개발이익을 사전에 확보했다고 주장하고 있다. 하지만 여전히 왜 초과이익환수에 관한 규정을 적용하지 않았는지에 대한 문제 제기가 있다. 성남시에서는 대장동 이전에 추진한 위례신도시 사업에서 민관합동개발을 하면서 초과이익환수제를 적용한 사례가 있다. 하지만 개발회사가 비용을 부풀려서 초과이익을 축소해 개발이익환수 금액이 적어졌기 때문에 대장동에서는 미리 일정 금액을 확보하는 방식을 적용했다는 것이 성남시의 주장이다. 성남시가 초과이익환수 규정을 적용하지 않은 것이 문제가 있는지는 앞으로 법률적으로나 정치적으로 많은 검증이 있을 것으로 보인다.

다만, 대장동의 사례는 앞으로의 민관합동사업이 어떻게 변화해야 하는지를 보여준다. 민관합동사업을 하면서 공공부문에서는 사전에 일정 수준의 이익을 확보하고, 나머지는 민간에 맡겨버렸기 때문에 책임이 없다는 것은 많은 사람들의 토지를 강제로 수용한 지역에서 사업을 하면서 내세울 수 있는 주장은 아니다. 공공부문에서 아무리 예측을 잘해도 최소한 몇 년이 걸리는 사업에서 발생할 개발이익을 정확히 예측할 수는 없다. 따라서 반드시 초과이익환수 규정은 필요하다. 민간개발회사가 비용을 부풀려서 초과이익을 축소하는 것이 문제라면, 공동사업자이면서 인허가권이 있는 공공부문에서 적극적으로 견제와 감시를

---

6) 성남시는 약 5,500억 원의 개발이익을 환수했다고 주장했으며, 언론 등에서 제시한 민간부문의 개발이익은 약 8,000억 원이다(〈중앙일보〉 기사, 2021. 10. 2, https://www.joongang.co.kr/article/25011806)

하는 방안으로 해결해야 한다.

　공공부문은 부동산 개발의 이익을 챙기는 기관이 아니라, 사업이 민간합동개발의 취지에 부합할 수 있도록 공공부문을 대표해 참여하는 공동사업자라는 책임의식이 필요하다. 민관합동개발을 무분별하게 추진하는 부분도 문제가 있다. 수용을 당하는 토지는 누군가의 삶의 터전이었던 곳이고, 민영개발을 하면 합의를 통해서 충분한 가치를 보상받을 수 있다. 하지만 민영개발이 적합한 지역에서 공공이 개입해 보상권과 인허가권을 무기로 이익을 취한다면, 기존 토지 소유자만 피해자로 남을 수 있다.

02 한국의 주택공급시스템

　우리나라 사람들은 주택 시장에 대한 관심도 많고 이해도가 높아 모두 전문가라는 말이 있다. 그러다 보니 사람들과 모임을 하게 되면 주택 시장이나 정책에 관한 이야기가 많이 나온다. 이때 돌발질문으로 우리나라에 주택이 몇 채나 될 것 같냐고 물어보면 바로 대답하는 사람들이 많지 않다. 당장 자신에게 영향이 없으니 거기까지는 관심을 가지지 못한 것 같다. 통계마다 약간의 오차는 있지만 2021년 기준으로, 우리나라의 주택은 약 2,200만 호 수준이다. 돌아보면 언제 이렇게 많은 주택을 공급했나 하는 생각도 들고, 공공부문이든 민간부문이든 그동안 정말 많은 사람이 노력해왔다는 점에서 새삼 감사하다.

　우리나라는 1970년대 이후 대도시를 중심으로 한 높은 경제성장으로 농어촌 지역에서 도시로 대규모의 인력이 이동했다. 이로 인해 도시 내 주거환경의 악화와 지가상승이 나타났고, 정부에서는 대규모의 주택공급을 추진했다. 특히 1972년에 주택공급촉진법 등 법령을 제정해 주택공사와 주택은행 등 관련 기관을 설립하고, 지속해서 주택공급이 가능하도록 체계를 구축하는 데 큰 노력을 기울였다.

두 마리 토끼를 잡은 아파트 공급 :
공급 확대와 주거의 질

우리나라에서 상대적으로 짧은 기간 내에 대규모로 주택을 공급할 수 있었던 것은 아파트를 중심으로 한 공급이 중요한 요인이었다. 1970년대 이후 대규모 주택을 공급하는 과정에서 함께 해결해야 할 과제가 있었다. 먼저 경제가 성장하면서 도시의 토지가격이 크게 상승해 주택을 공급하는 데 필요한 비용이 증가했다. 이러한 이유로 지금의 서울 강남지역 등의 농지를 주택공급을 위한 신규택지로 개발했다. 개발된 토지는 최대한 효율적으로 사용할 필요가 있었다. 아파트는 높은 용적률을 기반으로 좁은 토지에서도 많은 주택을 공급할 수 있었으므로 적극적으로 개발이 추진되었다. 고층건물이 드물던 시절에는 아파트 단지가 들어서면 그 자체가 지역의 랜드마크가 되었다.

아파트 위주의 주택공급은 주거의 질을 향상하는 데도 기여했다. 우리나라에서 1980년까지 수세식 화장실을 갖춘 주택은 전체 주택의 18%, 온수시설을 갖춘 주택은 전체 주택의 10%에 불과했다. 아파트는 설계과정에서 모든 주택에 수세식 화장실과 온수공급 등 현대식 시설을 갖춘 주택을 공급할 수 있었다. 당연히 아파트에 대한 선호도가 높아졌고, 우리나라에서는 아파트를 중심으로 한 주거문화가 정착되었다. 다른 나라에서 주로 저소득층을 대상으로 한 주거유형으로 인식되고 있는 아파트가 우리나라에서는 고급주택단지로 자리 잡게 된 것도 이러한 과정을 거쳤기 때문이다. 아파트에 대한 높은 선호는 다시 공급 증가로 이어져 전체 주택 중 아파트의 비중은 1985년에 13%에 불과했으나, 2019년에 62%까지 증가했고 아직도 계속 증가하고 있다.

주택공급을 위한 기반 :
주택은행과 주택공사의 설립

주택개발에는 많은 비용이 필요하므로 공급을 원활하게 하기 위해서는 효과적으로 자금지원이 이루어져야 한다. 우리나라는 이를 위해서 1969년에 한국주택은행을 설립했다. 정부에서는 한국주택은행에 필요한 자금을 마련할 수 있도록 외화표시 주택채권발행이 가능하도록 했으며, 타 금융기관보다 유리한 조건의 저축상품(재형저축 등)을 판매할 수 있도록 허용했다. 한국주택은행은 국민주택기금이 분리되기 이전인 1980년까지는 민영주택과 공영주택자금을 모두 지원했으며, 국민주택기금이 설치된 이후에는 민영주택에 대한 자금지원을 하면서 국민주택기금을 위탁관리하는 역할을 수행했다.[7] 우리나라는 이렇게 주택공급을 위한 전담금융기관을 설치하고 민간자금을 유치할 수 있는 기능을 부여해 공적자금 투입을 최소화하면서도 주택공급을 위해서 필요한 자금을 조성하고 관리할 수 있었다.

한국주택공사는 1962년에 서민층을 위한 주택을 공급하기 위해서 설립되었다. 경제성장기에 민간개발회사들은 상대적으로 수익성이 높은 중대형아파트를 공급하는 것을 선호하므로, 시장의 기능에만 의존하면 무주택서민을 대상으로 한 중소형아파트 공급이 상대적으로 부족해질 수 있다. 한국주택공사는 공공부문의 주택공급을 담당하면서 중소형 분양주택과 공공임대주택을 공급하는 역할을 했다. 이 과정에서 필요한 경우 토지를 매수할 수 있는 강력한 수용권이 부여되기도 하고 국민주택기금을 통해 많은 자금이 지원되었다. 그 결과 한국주택공사는 한국

---

7) 한국주택은행은 2001년에 국민은행과 합병해 KB국민은행이 되었다.

토지공사와 합병해 LH공사로 재출범 한 2009년에 주택 200만 호 공급을 달성하고, 2017년에는 임대주택 100만 호 공급을 이루었다.

어떻게 주택을 배분할 것인가? : 청약제도의 도입

고도성장과정에서 주택공급을 위한 관련 기관이 설립되고 공급이 증가했지만, 주택의 수요는 더 큰 폭으로 증가해 어떻게 신규주택을 배분할 것인지도 해결해야 할 과제였다. 수요가 공급보다 많은 재화를 배분하는 방법에는 가장 높은 가격을 제시하는 수요자에게 우선권을 주거나, 선착순이나 추첨방식을 적용할 수 있다. 우리나라의 경우 1977년 이전까지 아파트 분양은 공공자금으로 짓는 경우에 한 해 '공모'한다는 구체적이지 않은 내용으로 규정되어 있었다. 따라서 아파트 분양에는 선착순이나 추첨 등의 방법이 주로 적용되었으며, 그 결과 갑자기 사람들이 몰려 북새통을 이루거나 순번을 조작하는 등 많은 문제가 나타났다.

이후 우리나라에서는 실수요자에게 우선해서 주택을 배정해야 한다는 원칙을 세우고 청약제도를 개발해 적용하고 있다. 청약제도를 통한 주택공급은 1977년에 공공주택에 대해서 먼저 도입되었으며, 1978년에는 민영주택까지 확대 적용되었다. 청약제도는 매우 복잡하게 구성되어 있으나 간단하게 정리하자면, 주택을 분양받을 수 있는 수요자의 자격조건을 설정하고 해당 조건을 갖춘 예비수요자를 대상으로 점수를 부여하거나 추첨을 하는 방식을 통해서 수분양자를 결정하는 방식이 이용되고 있다.

주택을 분양받을 수 있는 자격으로 가장 중요한 것은 청약통장에 가입하는 것이다. 2009년 이전에는 분양받고자 하는 주택의 유형에 따라서 가입해야 하는 청약통장의 종류에 차이가 있었지만, 2009년에 청약종합저축이 도입되면서 사실상 통합되었다.[8] 주택청약종합저축은 가입조건에 제한을 없애고 청약하는 시점에서 자격에 부합하는 주택을 선택할 수 있도록 했다. 특히 미성년자도 가입이 가능해져 청약통장 가입자가 급격히 증가하는 요인이 되었다. 청약통장에 가입한 후에 일정 기간이 경과하면 순위가 결정되고 같은 순위의 청약신청자가 많은 경우, 국민주택은 가입 기간이 길고 저축액이 많은 무주택세대의 가구원에게 주택을 배분하고 민영주택은 청약가점제와 추첨을 통해 주택을 배분하고 있다.

청약제도는 시장의 상황에 따라서 변화가 있었지만, 주택의 공급이 수요보다 턱없이 부족한 시기에 제도화된 기준을 통해서 주택을 배분하는 역할을 했다. 공공의 지원을 받는 국민주택은 무주택세대에게 우선으로 공급하고, 민영주택은 통장가입 후 일정 기간 자금을 예치한 수요자에게 청약자격을 부여해 무분별한 청약을 방지하는 효과가 있었다. 또한, 청약통장에 가입해 적립하는 자금은 주택도시기금을 조성하는 데 사용되어 다시 주택개발회사와 수요자에게 자금을 지원하는 역할을 했다.

---

8) 2015년 이후부터는 청약종합저축이 아닌 청약예금, 청약부금, 청약저축이 폐지되어 제도상으로도 청약종합저축으로 일원화되었다.

주택공급의 1등 공신 :
주택도시기금(구 국민주택기금)

주택공급을 위한 기관을 만들고 배분을 위해서 청약제도를 만들었지만, 무엇보다 필요한 것은 자금을 마련하는 것이다. 주택개발사업을 위해서는 토지를 확보해야 하므로 사업 초기 자금이 많이 필요하고, 공사기간도 길어 공사를 완료해 판매할 때까지 소요되는 자금도 상당하다. 수요자도 주택과 같은 고가의 재화를 매수하기 위해서는 본인 자금뿐만 아니라 금융기관 등을 통해서 자금을 조달해야 한다. 우리나라는 단기간 내에 많은 주택을 공급했기 때문에 정부에서 많은 자금을 지원한 것으로 오해하는 경우가 많다. 하지만 우리나라에서 외환위기 이전까지는 산업발전에 대한 투자가 우선시되어 주택공급을 위한 정부의 직접적인 자금지원은커녕 은행을 통한 자금조달도 어려웠다. 대신에 민간부문에서 자금을 조성할 수 있도록 주택도시기금(구 국민주택기금)을 설치했다.

주택도시기금은 독립된 회계를 하고 있어 조성된 자금을 운용해 수지를 맞추어야 한다. 조성된 자금은 대부분 일정 기간이 지나면 상환을 해야 하는 부채성 항목이므로 주택도시기금의 운용도 대부분 대출로 이루어진다. 따라서 조성자금에 대한 비용과 운용자금을 통한 수입 사이에서 균형을 맞추어야 한다. 또한, 기금의 설치 목적에 맞게 기금의 운용은 무주택서민의 주거안정에 기여할 수 있어야 한다. 2021년 기준 기금의 총자산규모는 220조 원에 달하며, 연간 조성 및 운용 규모는 약 112조 원이다.

주택도시기금은 어떻게 조성될까?

주택도시기금을 조성하는 데 가장 중요한 항목은 앞서 살펴본 청약통장에 가입자들이 적립하고 있는 자금이다. 2021년 기준으로 전체 기금 조성액 중 20%인 23조 원이 청약통장을 통해서 조성되었다. 이렇게 청약통장을 통한 조성액의 규모가 큰 것은 청약통장 가입자가 많기 때문이다. 2022년 7월 말 기준, 청약통장 가입자는 총 2,858만 명에 달한다. 우리나라의 인구가 약 5,200만 명인 점을 고려하면 전체 인구의 55%가 청약통장에 가입했다. 한국의 주택공급시스템을 벤치마킹하기 위해 방문한 개발도상국 등에서 가장 놀라는 점 중의 하나가 청약통장 가입자 수이며, 일부 국가에서 청약통장제도를 도입했지만 원하는 성과를 이루지 못하고 있다.

우리나라는 왜 이렇게 청약통장 가입자 수가 많은지에 대해서는 의견이 분분하다. 가장 주요한 요인은 청약통장 가입자 수의 증가와 함께 주택공급이 함께 이루어졌기 때문으로 판단된다. 청약통장에는 가입했는데 막상 청약의 대상이 되는 주택이 너무 부족하면 청약통장에 가입하는 의미가 없기 때문이다. 따라서 조성된 주택도시기금을 어떻게 운용할 것인지가 매우 중요하며, 그동안은 청약통장 가입자를 유치하는 데 성공한 것으로 평가된다.

주택도시기금의 조성에 있어서 또 다른 주요 항목은 국민주택채권의 발행이다. 국민주택채권은 국채의 일종으로 국민주택사업에 필요한 자금을 조달하기 위한 목적으로 매입대상에 해당하는 자가 의무적으로 매입하도록 하고 있다. 채권의 명칭이 국민주택채권이라고 되어 있어서 주택을 살 때 구입하는 채권이라고 생각하는 경우가 많다. 사실은 그보다 훨씬 더 많은 경우에 채권매수가 의무화되어 있다. 경제성장 과정에서는 사회 전반적으로 많은 기회가 발생한다. 이러한 기회는 국가의 인허가 과정 등을 통해서 배분된다. 국민주택채권은 주택공급을 위한 자금조성을 위해서 이러한 기회를 부여받는 자들이 매수하도록 했다.[9] 2021년 기준 국민주택채권 발행액은 약 19조 원으로 전체 조성액의 16%를 차지하고 있어 청약통장과 함께 주요 조성항목으로 자리 잡고 있다. 이 외에도 복권사업을 통한 전입금과 융자금 회수, 이자수입, 전기 이월자금 등으로 조성항목이 구성된다.

변화하고 있는 기금의 운용

주택도시기금의 운용항목은 주택 시장의 상황에 따라서 변화하고 있다. 1990년대 초까지는 주택 시장에서 해결해야 할 가장 중요한 문제가 공급촉진이었으므로 분양주택에 대한 지원이 가장 큰 비중을 차지했다. 임대주택은 자금회수에 장기간이 필요하고 단기간 내에 공급을 확대하기 어려웠다. 당장 주택의 재고를 확충해야 하는 상황에서 임대주택의 공급 지연은 불가피한 선택이었던 것으로 판단된다. 200만 호 건설을 통해서 주택의 재고량이 어느 정도 확보된 1990년대 중반부터는 임대주택공급을 위한 자금지원이 점차 증가했다. 이 시기까지는 주로 주택의 건설을 지원하는 공급자에 대한 융자사업을 중심으로 기금이 운용된 것을 확인할 수 있다.

하지만 1998년에 외환위기를 겪게 되면서 기금의 운용에 큰 변화가

---

9) 제1종 국민주택채권의 매입대상에는 각종 허가(건축, 음식점 및 주점영업, 게임 관련 영업 등), 면허(주류판매 및 제조, 공유수면 매립 등), 등록(건설업, 전기공사업, 측량업, 자동차정비 및 매매업), 등기(소유권, 저당권 등), 공사도급계약 등이 포함된다.

나타난다. 외환위기는 국가 전체를 어려움에 빠뜨렸지만, 특히 저소득층의 경우 실직과 파산 등으로 인한 어려움이 더 컸고 주거상황도 크게 악화되었다. 이에 따라 주택도시기금의 운용에서도 전세자금대출 등 수요자를 직접 지원하는 항목의 비중이 매우 빠르게 증가했다. 2021년에 주택도시기금 융자사업의 총규모는 약 33조 원이었으며, 이 중 임대주택건설을 위한 지원금이 56%에 해당하는 약 19조 원으로 가장 크고, 수요자를 위한 대출은 31%에 해당하는 약 10조 원이 지원되었다. 반면 분양주택을 지원하기 위한 사업의 비중은 2% 수준에 불과한 것으로 나타났다. 결과적으로 분양 시장에서는 민간부문의 역할이 증가하고 있으며, PF(프로젝트파이낸싱) 등 개발금융 시장이 확대되었다.

주택공급시스템의 구축과 성과

우리나라는 주택공급을 위해 효율적인 선순환구조를 지속적으로 개선하면서 적용해왔다. 먼저 주택도시기금을 통해서 자금을 조성하고 한국토지주택공사(LH) 등 국민주택을 건설하는 사업주체에게 자금을 지원했다. 이로 인해 주택공급이 증가하고 예비수요자들의 분양 가능성이 커졌다. 이에 따라 청약저축 가입자가 많이 증가하고 주택개발사업이 다시 활성화되면서 국민주택채권의 발행도 증가하는 효과가 나타났다. 청약저축과 국민주택채권은 주택도시기금의 주요 조성항목으로 기금이 크게 확충되면서 주택공급에 필요한 자금지원이 확대되고 다시 공급을 증가시키는 순환 효과가 나타났다.

[자료 5-2] 한국의 주택공급시스템

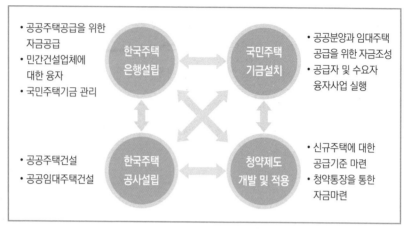

[자료 5-2] 한국의 주택공급시스템

출처 : 저자 작성

우리나라에서 채택한 주택공급시스템은 공적 부문의 주택개발을 위한 자금투입을 최소화하면서도 경제성장 과정에서 발생하는 개발이익은 국민주택채권을 매입하도록 해 일부 환수하고 각 가구의 소득증가분의 일부는 청약통장제도를 통해서 기금으로 조정했다는 점에서 매우 현명한 정책이었다고 판단된다. 하지만 이러한 제도가 도입된 이후 40년 이상 경과하고 있으므로 기존 공급시스템에 대한 개선이 필요한 것도 사실이다.

청약제도의 한계와 MZ세대의 불만

최근 가장 수면 위로 떠오르고 있는 문제는 기존의 청약제도가 합리적인가 하는 것이다. 현재 청약제도는 공공과 민간부문 모두 무주택기간이 긴 청약통장가입자에게 유리한 구조로 되어 있다. 청약통장에 가입한 후 2년이 경과하면 규제지역 여부와 관계없이 모두 1순위가 된다. 2022년 7월 기준으로 이미 청약 1순위는 1,700만 명이나 되므로 1순위 간의 경쟁은 피할 수 없다. 1순위 간의 경쟁에서 무주택가구를 대상으로 하는 국민주택은 청약저축 가입기간과 적립금액을 기준으로 한다. 따라서 오랜 기간 꾸준히 저축한 가입자가 유리할 수밖에 없다. 인기 있는 지역은 당첨 가능 청약저축액이 1,500만 원을 상회하는데, 매월 저축액 상한이 10만 원이므로 무주택자로서 150개월 이상을 청약통장에 저축해야 분양을 받을 수 있다.[10]

민영주택의 경우 인기 지역에 해당하는 투기과열지구와 조정대상지역에서는 청약가점제로 공급하는 비중이 높아 가점을 높게 받는 것이 중요하다. 청약가점제의 항목은 무주택기간(32점 만점, 최대 15년), 부양가족 수(35점 만점, 최대 6명), 청약통장 가입기간(17점 만점, 최대 15년)으로 구성된다. 가점항목을 고려하면 부양가족 수가 특별하게 많지 않은 이상 무주택기간과 통장가입기간이 길수록 높은 점수를 부여받게 된다.

기준이 이렇다 보니 새롭게 사회에 진출하는 청년층의 불만이 커질수밖에 없다. 현재의 청약제도로는 자금의 보유 여부를 떠나 청년층이 신축아파트를 분양받을 가능성이 너무 낮기 때문이다. 청약가점제의 경우 결혼하기 전에는 30살 이후부터 무주택기간을 인정하므로 만점을 받으려면 45세가 되어야 한다. 그동안은 오랜 기간 무주택자로 남아 있던 가구에 새 아파트를 받을 수 있는 우선권을 부여하는 것이 합리적이라는 사회적 합의가 있었다. 그러나 청년층이 보기에는 기성세대가 이미 많은 기회를 부여받았고, 기존의 청약제도는 너무 자신들에

---

10) 위례신도시의 20평형대의 경우 당첨 가능 통장금액이 2,000만 원을 상회해 19년 이상의 가입 기간이 필요했다(〈매일경제〉 기사, 2020. 11. 1)

게 불리하다는 불만을 제기하고 있다.

정부에서는 이 문제를 특별공급제도를 통해서 해결하고 있다. 불만이 있는 청년층을 위해서 전체 공급물량 중 일부를 생애최초구입자와 신혼부부 등에게 우선으로 공급한다. 현재 공공분양의 경우 55%, 민간분양의 경우 27~35%가 생애최초구입 및 신혼부부 특별공급으로 배정되어 있다. 결과적으로 특별공급의 비중이 과다하게 커지는 기형적인 현상이 발생하고 있다. 이것은 청약제도가 시장의 변화에 적절하게 대응하고 있지 못하다는 것을 대변한다. 현재의 청약제도는 정책당국자들이 기성세대와 청년층의 눈치를 보느라 편법을 적용한 결과다. 따라서 장기적으로 안정적인 청약제도의 정착을 위해서는 시장 및 사회적 환경변화를 반영한 새로운 방안의 도입이 필요하다.

공공주도가 항상 효율적인 것은 아니다

현 주택공급체계에서 개선이 필요한 또 다른 사안은 민간부문과 공공부문의 역할을 재조정하는 것이다. 현재 우리나라는 투기과열지구와 조정대상지역 등 규제지역을 설정하고 공공부문과 민간부문에 모두 분양가상한제, 전매제한 등 강력한 규제를 적용하고 있다. 물론 공공부문과 민간부문에 적용하는 규제의 정도에 차이는 있지만, 기본적으로 정부가 주택공급에 강력한 영향을 미친다는 점에서는 동일하다. 이제 우리나라는 경제성장의 안정기에 접어들었고 주택보급률도 100%를 넘어섰다. 따라서 과거와 같이 인허가권 등을 통해서 민간부문을 통제하려는 사고에서 벗어나 공공부문과 민간부문의 역할을 조정하고 자율권을 부여할 필요가 있다.

공공부문이 개입하면 시장의 문제를 더 효율적으로 해결할 수 있다는 사고에서도 벗어나야 한다. 우리나라는 주택 시장에서 문제가 나타나면 공공부문에서 개입해서 해결해야 한다는 강박관념이 있다. 대표적인 사례가 문재인 정부에서 도입된 공공직접시행 정비사업이다. 도입 당시 정체된 정비사업을 활성화해 도심 내 주택공급을 증가시키는 방안으로 공공이 개입하는 방식이 선택되었다. 재건축과 재개발 등 정비사업은 그동안 조합을 중심으로 한 민간부문에서 사업을 추진해왔는데 갑자기 공공부문에서 사업주체로 나선 것이다. 내용을 보면 공공에서 직접 사업을 추진하면서 용적률 등 인센티브를 확대하고 사업속도를 높이겠다는 것인데, 과거 택촉법 등을 활용한 토지 개발방식의 사고에서 벗어나지 못한 정책이다.

정비사업은 이미 거주하고 있는 소유자와 임차인 등의 권리관계와 이해관계가 복잡하다. 이러한 문제를 해결하면서 그동안 유지되어 온 합동개발방식은 이미 많은 개발사례가 있는 검증된 방식이다. 정비사업의 활성화를 원한다면 사업의 걸림돌이 되고 있는 절차를 개선하고 규제를 완화하면 되는 것인데, 공공에서 직접 사업을 한다는 사고방식은 2020년대에는 받아들이기도 어렵지만 실현가능성은 더욱 낮다. 공공부문은 시장이 원활하게 돌아가도록 심판으로서 역할을 하면 되지, 갑자기 선수가 되어 운동장에 뛰어들 필요는 없다. 시장에서 해결되어야 하는 문제는 민간부문에 맡길 수 있는 사고의 전환이 필요하다.

03 선분양제를 폐지하고 후분양제를 도입해야 하는가?

　우리나라에서 주택공급방식에 대한 논의가 있을 때마다 선분양제를 후분양제로 변경해야 한다는 주장이 주기적으로 제기된다. 특히 주택시장에서 가격이 상승하는 시기에 후분양제 도입에 관한 주장이 많고 노무현 정부 시기에는 후분양제도 정착을 위한 로드맵도 발표했다. 주택가격이 상승하게 되면 분양가격도 함께 상승하게 된다. 시민단체 등은 분양가격이 시장 가격을 높이고, 개발업자가 큰 이익을 가져가는 구조라고 선분양제를 비판한다. 또한, 제품을 만들지도 않고 물건을 미리 판매하는 것은 소비자 보호 관점에서 문제라고 주장하면서 후분양제를 도입해야 한다고 주장한다.

　이러한 주장이 많다 보니 마치 우리나라가 선분양을 강제로 적용하고 있는 것 같지만 사실은 그렇지 않다. 현재 주택공급규칙 15조에서 규정하고 있는 선분양은 개발업자가 토지의 소유권을 확보하고 분양보증을 받을 때 선택할 수 있는 제도로 되어 있다. 따라서 사업자가 후분양을 선택하는 것은 전혀 문제가 없다. 결국, 후분양을 도입해야 한다는 주장은 후분양을 의무적으로 확대 적용해야 한다는 의미가 된다.

하지만 공급자가 선택이 가능한 제도가 도입된 후부터 아직도 아파트 대부분이 선분양으로 공급되고 있는 것을 보면 후분양을 확대하려는 그간의 시도는 성공하지 못했다. 의욕적으로 후분양을 추진하다가도 주택가격이 상승해 신도시 등 대규모 공급을 발표하게 되면 공급확대 효과를 높이기 위해서 다시 선분양으로 돌아서고, 심지어 사전청약이라는 제도까지 만들어 분양시점을 더욱 앞당기는 일도 나타났다. 이렇게 선분양제가 계속해서 활용되고 있는 것은 주택공급을 확대하는 데 효과적인 방식이기 때문이다. 우리나라가 고도성장기에 많은 주택을 공급할 수 있었던 것도 선분양제의 역할이 컸다. 이러한 성과를 고려할 때 선분양제에 감정이입을 해보면 억울할 수도 있을 것 같다. 그렇다면 선분양제는 어떤 과정을 거쳐서 우리나라 주택공급의 대표적인 방식으로 정착했을까?

선분양제는 어떻게 도입되었나?

주택 선분양제는 주택사업체가 주택을 완공하기 전에 입주자를 모집해 입주자로부터 계약금, 중도금 등으로 집값의 80%까지 사전에 받을 수 있도록 허용하는 제도다. 즉 주택을 개발하는 회사는 토지를 확보하고 공사를 시작하는 시점에 앞으로 건축할 아파트에서 살고자 하는 수요자를 모집하고 개발과정에서 몇 차례에 걸쳐서 대금을 받는다. 따라서 선분양제는 표면적으로는 주택공급자에게 상당히 유리한 제도로 보일 수 있다. 하지만 공급자에게 일방적으로 유리한 제도를 정부와 수요자가 아무런 이유 없이 받아들이지는 않았을 것이다. 실질적으로는 주택 시장에 참여하는 이해관계자들이 모두 선분양제를 통해서 혜택을 받는 부분이 있어서 동의하에 정착되었다.

정부에서는 주택공급이 심각하게 부족했던 1970년대 이후 공급촉진과 가격안정이라는 두 마리 토끼를 잡아야 했다. 이를 위해 1977년 분양가를 규제하면서 주택개발회사의 수익성 악화에 대한 보상을 위해 선분양제를 도입했다. 대규모 자금이 투입되는 주택개발사업의 경우 후분양을 하려면 금융기관으로부터 차입이 필요하고 이자부담도 상당히 커진다. 하지만 선분양을 하게 되면 토지 매입 후 인허가만 받으면 착공 이후 필요한 자금은 분양을 받은 자에게 미리 받을 수 있으므로 금융비용에 대한 부담이 많이 감소한다. 또한, 매수자를 미리 확보할 수 있으므로 사업추진 과정에서 나타나는 위험도 매우 감소한다. 혹시 미분양이 발생하더라도 공사를 완료하기까지는 2~3년이 걸리므로 그 과정에서 매수자를 찾으면 되기 때문이다. 제대로 된 부동산 개발금융이 갖추어지지 않은 당시 상황에서 선분양제도가 도입되지 않았으면 주택공급은 많이 감소했을 것이다.

분양을 받는 소비자로서도 선분양제는 불리한 제도가 아니었다. 경제성장으로 주택가격이 급등하는 시기에는 선분양을 통해 주택을 분양받으면 미리 지급한 계약금과 중도금의 금융비용보다 입주시점에 주택가격의 상승 폭이 훨씬 더 크기 때문이다. 따라서 선분양제는 민간부문의 자금을 주택건설에 활용할 수 있도록 하는 역할을 하면서 무주택서민들의 자산형성에도 기여했다.

선분양제의 위험으로 탄생한 주택도시보증공사(HUG)

개발사업자, 정부, 수분양자 등 각 이해관계자 간의 암묵적인 합의로 선분양제도가 정착되었으나 선분양제는 몇 가지 위험요인을 가지고 있다. 먼저 선분양제도는 소비자 관점에서 완성된 제품을 보지 않고 구매하기 때문에 준공 후 건설사와 하자에 대한 분쟁이 나타날 수 있다. 더 큰 위험요인은 건설사가 자금난으로 완공 전에 부도가 나는 등의 사고가 발생하면 이에 대한 리스크를 소비자가 떠안게 된다는 점이다. 주택 시장이 호황이었던 시기에는 이러한 위험이 크게 문제 되지 않았으나 주택 200만 호 건설 등으로 주택의 재고량이 늘어나고 소비자들의 영향력이 강해진 1990년대 중반부터 선분양의 폐해가 나타나기 시작했다.

이러한 문제를 해결하기 위한 제도적 보완방안으로 1992년에 주택도시보증공사의 전신인 주택공제조합이 설립되었다. 주택공제조합은 분양 및 하자보수에 대한 보증을 제공해 선분양제에서 발생할 수 있는 각종 위험을 소비자로부터 보호했다. 실제로 외환위기와 금융위기 등 주택 시장이 침체해 많은 건설사가 부도가 난 시기에 분양보증이행 등을 통해서 수분양자들을 보호하는 데 큰 역할을 했다. 또한, 수요자들이 주택 시장의 상황과 관계없이 안심하고 분양을 받을 수 있도록 해 침체되었던 주택 시장을 회복하는 데도 기여했다. 선분양제를 채택하고 있는 다른 국가들의 경우 우리나라와 같은 공적보증기관이 없어 주택 시장의 위기에 매우 취약하다는 점을 고려하면, 우리나라에서 선분양제가 장기간 안정적으로 유지되는 데 분양보증은 중요한 요인이 되었다고 평가할 수 있다.

후분양제는 완벽한 제도인가?

앞서 살펴본 것처럼 우리나라에서는 상대적으로 선분양제를 안정적으로 정착시켜왔다. 하지만 여전히 비판적으로 보는 의견이 있고, 후분양이 필요하다는 주장이 있다. 후분양제는 아파트를 일정 수준 이상의 공정률로 지은 뒤에 분양하는 제도다. 수분양자의 보호 및 하자로 인한 분쟁방지 등의 효과가 있다는 것이 시민단체 등의 주장이다. 분명 후분양제는 선분양제의 문제를 해결할 방안이 될 수 있다. 하지만 후분양제라고 해서 완벽한 제도는 아니다.

후분양제도 분명히 장점이 있지만, 장기간 유지되었던 공급 관행을 단기간 내에 변화시키는 데 따르는 위험도 존재한다. 먼저 주택개발회사는 자금조달이 어려워지고, 수요확보에 대한 사업위험이 커지는 문제가 발생한다. 앞서 설명했듯이 선분양제에서는 부지확보 후 건설에 필요한 자금을 소비자인 수분양자에게 공정에 따라 받아 공사를 진행하는 방식이다. 후분양제를 도입할 때는 개발회사는 준공 시까지 막대한 자금이 필요하다. 이 경우 개발회사는 신주발행이나 채권발행 등으로 자금을 자체조달하거나 차입에 의존해야 한다. 따라서 금융비용의 증가는 피할 수 없다.

특히 신용도가 높은 대기업이 아닌 경우 자금조달 자체가 어려워져 주택을 공급할 수 있는 사업체가 감소하고, 결과적으로 주택공급이 감소하는 문제가 발생한다. 따라서 현재 시행되고 있는 주택도시보증공사의 PF 보증상품의 보증규모를 확대하고, 부동산 펀드와 리츠 등을 통한 주택개발사업의 투자를 활성화할 수 있도록 인센티브를 마련하는 등 자금지원 방안을 마련해야 한다. 어렵게 자금을 마련하더라도 2~3년 정도 소요되는 공사기간을 고려할 때 미래수요를 예측해야 하는 위험도 증가한다. 선분양제에서는 분양시점의 시장 상황에 따라서 수요자를 모집할 수 있어 어느 정도 예측이 가능하나, 후분양을 채택할 경우 몇 년 후의 시장 상황을 예측해야 하므로 사업위험이 커질 수밖에 없다. 특히 후분양의 경우 발생하는 미분양은 바로 준공 후 미분양이 되므로 개발회사에 미치는 타격은 더 크게 나타날 수밖에 없다.

또한, 소비자로서는 선분양제보다 일시적인 자금부담이 발생한다는 문제점이 있다. 선분양제하에서는 주택가격을 분양받은 후 2~3년에 걸쳐 6차례로 나누어 납입한다. 하지만 후분양을 통해 분양받으면 계약 후 단기간 내에 납입해야 하므로 청약 시에 이미 자금이 마련되어야 한다. 따라서 분양을 받고자 하는 잠재소비자의 경우, 과거에 비해서 철저하게 자금계획을 세워야 한다. 특히 이미 다른 주택에서 자가로 거주하거나 전세를 사는 경우, 기존 주택의 매각대금이나 전세보증금 등을 활용해 분양대금을 납부해야 하나 준비기간이 짧아 선분양보다 시차를 맞추기가 어렵다. 따라서 후분양제를 통한 공급확대를 위해서는 수요자가 단기적으로 구입자금을 마련할 지원방안도 필요하다.

선분양제는 지속해야 하는가?

선분양제에 대한 문제점을 제시하는 측면에서는 후분양제가 주택의 공급과 관련된 많은 문제를 해결해주는 만병통치약인 것처럼 주장하고 있지만, 앞서 살펴본 것처럼 각 제도는 모두 장단점을 가지고 있다. 다만 그동안 공급방식이 지나치게 선분양에 치중되어 있어 일정 부분 변화가 필요한 것은 사실이다. 신규주택의 공급을 선분양으로 하느냐, 후분양으로 할 것인가의 문제는 주택공급이 부족한 상황에서는 정책적으로 유도할 필요가 있었으나, 주택 재고가 상당 부분 확보된 현 상황에서는 시장의 선택에 맡기는 것이 더 합리적이다. 즉, 소비자 관점에서 입주까지의 기회비용을 포기하더라도 먼저 확보하고 싶은 주택이 있다면, 주문자 생산방식과 유사하게 선분양을 받을 수도 있고, 향후 시장 상황 및 건설의 진척도 등을 고려한 후 결정하려고 한다면 개발이 완료된 주택을 선택할 수 있다. 후분양을 선호하는 소비자가 많아서 선분양을 채택하는 사업에서 미분양이 발생하면 공급방식의 변화는 자연스럽게 나타나게 된다. 만약 선분양제가 계속 주류를 형성하게 되면 시장 참여자들에게 선분양이 선호되기 때문이다.

따라서 확실한 근거가 없이 선분양제는 옳지 않은 제도이고, 후분양제가 우월하다는 식의 사고로 유도하는 것은 옳지 않다. 소비자와 공급자 간의 매입과 공급의 시기는 시장의 필요에 따라 유동적으로 운영되는 것이 가장 합리적이다. 예를 들면, 미국의 경우 분양시기는 시장에 자율적으로 맡겨져 있으며, 개발회사에서 일부 물량에 대해서 선분양을 하는 이유는 우리나라와 같은 자금조달 목적보다는 금융기관에서 대출을 받는 과정에서 협상력을 높이기 위해서로 알려져 있다.

사업자로서는 공급시기의 결정은 목적이 아니라 사업의 성공을 위한 수단이므로, 시장의 환경변화에 따라서 가장 합리적인 시기를 선택하면 된다. 지금까지는 선분양이 시장 참여자에게 이익이 되었기 때문에 채택된 것과 같이 향후 후분양을 하는 것이 더 큰 이익이 된다고 판단한다면 자연스럽게 후분양은 증가할 것이다. 따라서 인위적으로 특정한 제도를 유도하기보다는 주택공급에 있어서 자율성을 부여하는 것이 중요하다.

04 택지 및 주택공급에 정답은 있는가?

앞에서 우리는 단기간 내에 많은 주택을 공급하기 위해서 우리나라에 맞는 공급시스템을 적절히 개발해 적용했고 상당한 성공을 거두었다고 평가했다. 실제로 베트남, 몽골, 카자흐스탄 등 많은 개발도상국이 우리나라의 주택공급체계를 벤치마킹하기 위해서 찾아오고 있다. 하지만 우리 스스로 우리나라 주택 시장에 아무런 문제가 없다고 자부할 수는 없을 것 같다. 여전히 주택가격은 높은 수준이고, 서민들의 주거 불안정 문제가 해결되지 않고 있다. 여기에 정부에서는 한 해에도 몇 번씩 주택정책을 발표해 부동산을 공부하거나 현장에서 개발 및 투자를 하는 시장 참여자조차도 시장에 미치는 영향을 파악하는 데 애를 먹고 있다.

사실 그동안 지나온 과정을 생각하면 정부의 정책이 결과적으로 시장의 흐름을 거스를 수는 없었다. 노무현 정부와 문재인 정부에서 많은 부동산 정책을 발표해 가격을 잡고자 했지만 실패했고, 규제를 완화하는 정책 방향을 내세운 다음 정부에서는 거짓말처럼 주택가격이 안정되는 것만을 봐도 알 수 있다. 따라서 정부의 지원이 필요한 저소득층이나 서민주거안정을 위해서 불가피한 상황이 아니라면, 시장의 기능에 맡기고 안정적인 부동산 정책을 펼치는 것이 더 합리적이다.

다만 앞으로의 시장 환경변화를 고려해 우리나라에 적합한 토지 개발과 주택공급시스템을 지속해서 개발하고 개선해나가야 한다. 아무리 좋은 제도라도 국가별로 가지고 있는 특성과 시장 환경의 변화를 무시할 수 없다. 개발도상국들이 우리나라에서 성공한 청약통장과 분양보증제도를 도입했지만, 쉽게 안착하지 못하는 것도 해당 국가가 가지고 있는 고유한 특징을 고려하지 못했기 때문이다. 반면 2019년 기준 자가점유율이 90%에 달해 우리나라에서 많이 부러워하는 싱가포르는 모든 토지가 국가 소유이며, 노동자들은 월 소득의 25%까지 강제저축 연금제도인 중앙적립기금에 적립해야 한다. 인구도 약 590만 명으로 상대적으로 작은 규모이므로, 아무리 좋은 제도라고 하더라도 현재 우리나라에 적용하기에는 한계가 있다.

여기에 4차 산업시대의 진입에 따른 산업구조의 변화와 저출산·고령화로 나타나고 있는 인구구조의 변화로 인해 앞으로 부동산 시장 환경에는 많은 변화가 있을 것으로 예상된다. 따라서 택지나 주택공급방안에 대해서 정해진 정답을 찾기보다는 시장 환경의 변화에 따른 새로운 해법을 찾기 위해서 지속해서 노력해야 한다.

제6장

노후화된 주택들, 어떻게 정비해야 할까?

근대도시,
01 주택공급의 시작

1990년대부터 서울 중심으로 인기가 높았던 재개발사업이나 재건축사업, 2000년대 지방선거에서 표심을 흔들었던 뉴타운사업들은 당시 서울의 주택환경을 획기적으로 바꿀 것으로 기대되었다. 하지만 30여 년이 지난 지금 서울 곳곳에는 여전히 노후화된 연립주택과 다세대주택 밀집 지역이 많고, 재건축사업 인허가를 기다리는 유명한 아파트 단지들이 한두 개가 아니다. 물론 노후화된 주택들을 부수고, 새로운 주택들로 다시 채운다는 것이 결코 쉬운 일은 아니다. 그렇지만 긴 세월이 지나도 여전히 노후화된 주택들이 많은 것은 물리적이든, 경제적이든 문제가 있는 것이 틀림없다.

두꺼비의 헌 집과 새 집 교환처럼 간단하지가 않다

어렸을 때 놀이터에서 모래집 짓기 놀이를 하면서 주술사 두꺼비에게 새 집을 달라고 노래를 불렀던 기억이 있다. 손등 위로 모래를 얹고 정성스럽게 두들길수록 모래집을 잘 지을 수 있었고, 모래의 재질이나, 수분 농도도 중요했던 것 같다. 주택정비사업도 두꺼비 노래처럼 집주인이 헌 집을 제공하고 새 집으로 돌려받는 구조다. 겉으로 보기에는 간단한 교환 구조처럼 보이나, 사업 참여자들 간의 갈등, 개발이익 분배, 주택 시장의 경기와 사업 타이밍 등 복잡한 이해관계와 제도가 얽혀 있다.

정비사업의 법률적 정의는 도시기능을 회복하기 위해 정비구역에서 정비기반시설을 정비하거나, 주택 등 건축물을 개량 또는 건설하는 '도시및주거환경정비법(이하 도정법)'에 따른 사업이다. 법률적 정의는 어렵지만, 주변에서 흔히 볼 수 있듯이 기존의 노후주택을 부수고 새로운 주택을 지으면서, 도로를 곧게 펴거나 넓히고, 공원이나 어린이집을 만드는 등 일련의 사업을 말한다.

잘 알려진 정비사업 유형은 재개발사업과 재건축사업이고, 집주인들의 대부분은 선호하는 아파트를 새 집으로 돌려받게 된다. 두 사업의 차이점은 여러 가지이지만 가장 큰 차이는 재건축사업은 도로와 상하수도 같은 기반시설을 유지하고, 재개발사업은 기반시설을 대부분 새로 공급하는 데 있다. 그 외에도 여러 가지 정비사업 유형이 있는데, 정비사업이 처음부터 다양하고 복잡한 것은 아니었다. 왜 제도가 다양하고 복잡해졌는지를 이해하려면, 근대도시로서 서울의 발전과 역사를 되짚어볼 필요가 있다.

서울, 무엇이 부족했던 것일까?

6·25전쟁을 치른 서울이나 2차 세계대전을 겪은 유럽의 주요 도시들은 전쟁으로 파괴된 도시를 재건하기 위해 제일 우선해 추진했던 정

비사업 형태는 도심재개발이었다. 그리고 전쟁을 경험하지 않고 근대도시로 발전했던 세계 주요 도시들도 1900년대 이후 급격한 산업화 과정에서 도심재개발사업이 추진되었다. 현대도시로의 발전을 위한 도시의 확장과 다양한 개발사업이 추진되는 가운데, 기존 과밀지역은 슬럼화되기도 하고, 저밀도 지역은 중심도시 재개발을 추진하면서 교외지역에는 새로운 전원도시를 건설했다. 시기나 규모가 다르지만 도심재개발에서부터 시작해서 도시 전역, 그리고 도시확장까지 전 세계 주요 도시들은 유사한 단계를 거쳐 발전했다.

해외 도시의 재개발 특징은[11] 첫째, 처음에는 불량주택의 철거와 정비를 목적으로 시행했으나, 2차 세계대전 이후 전재복구를 중심으로 시가지 전체에 대한 부흥복구에 치중하면서 도심재개발로 확대되었다. 둘째, 초기에는 전면 철거 후 건축하는 방법이 대부분이었으나 개량형 재개발, 복구보존형 재개발, 환경정비형 재개발 등 다양한 방법이 등장했다. 셋째, 단위지구 중심의 사업에서 종합적이고 광역적인 개발사업으로 전환했다.

미국이나 유럽은 산업혁명과 근대도시로의 발전과정 측면에서 상당히 유사한데, 공통으로 근대도시로의 재개발 노력은 오랜 기간에 걸쳐 이루어졌다. 대표적인 해외 사례를 보면 우선 영국의 경우, 주거지역의 재개발은 1층을 상가로 활용하는 주거복합건물이 보편화되었고, 고층보다는 저층의 공동주택(Town House)이 선호되었다. 프랑스는 2차 세계대전 이후 철거재개발 정책을 시작했으나 경관적 문제, 주민 재입주 등의 문제로 1960년대부터 보전과 복구개량형 재개발로 전환했다. 여기에는 전통건축물 보전 목적도 있으나 밀도 규제(법정상한 밀도, PLD)도

---

11) 도심재개발의 외국 사례(최찬환, 1993)의 재구성

병행되면서 일정한 스카이라인을 갖추게 되었다. 파리를 가보면 방사형으로 낮은 오래된 주거용 건물이 퍼져 있는 것이 이러한 재개발의 특징 때문이다. 또한, 우리나라 신도시와 같이 재개발지구[12]를 조성해 고밀도의 상업용 건물과 고층아파트들이 건축되었다. 독일의 경우, 1960년 연방건설법을 제정해 도시 건설에 대한 모든 지침을 정해놓고, 철저한 계획하에 재개발을 추진한 것이 주목할 만한 점이다. 특히, 해당 사업 지구 내에서 토지 소유자와 주민의 합의를 바탕으로 사전에 주택의 종류와 입주자 선정 등을 조율해야 했다.

이처럼 유럽 주요국들은 우리나라와 같이 2차 세계대전이라는 전쟁으로 인해 파괴된 도시를 재건하면서 각자의 방식으로 재개발했다. 그러나 몇 가지의 차이점 때문에 우리나라는 다른 전쟁경험 국가와 전혀 다르게 복구를 해왔고, 그 과정에서 여러 시행착오를 겪어야만 했다. 우리나라는 영국과 같이 발전된 산업과 자본이 없었고, 프랑스와 같이 보존할 역사적 건축물들이 식민지 시대나 전쟁 중에 대부분 소실되었다. 독일과 같이 철저한 계획을 세울 인력과 자본이 부족했다. 그리고 무엇보다도 자본이나 산업을 키우고, 철저한 계획을 세울 수 있는 시간이 절대적으로 부족했다. 절대적인 시간 부족에 따라 철저한 계획 없이 문화유산을 보존하지 못한 채 도시를 재건할 수밖에 없던 이유는 무엇일까?

폭발하는 인구 유입, 서울은 집을 짓고 봐야 했다

6·25전쟁 직전 서울의 인구는 140만 명 정도고, 지리적으로는 지

---

12) Beaugrenelle 지구, La Defence, Itali XⅢ지구, Les Halles Forum 지구, Marais 지구

금의 강북 일부 지역에 한정되어 있었다. 6·25전쟁 이후 서울의 인구
는 1960년대에는 400만여 명, 1970년대에는 600만여 명, 1980년대
에는 800만여 명으로 인구는 폭발적으로 증가했다. 10년에 약 200만
여 명씩 서울에 유입되거나 태어났다는 것인데, 이들은 6·25전쟁으로
수많은 주택이 소실된 서울에서 어떻게 거주했을까? 당시 가족구성원
이 5~6인이라고 가정하고 계산해도 10년에 40만 호나 되는 새 집을
40~50년 동안 꾸준히 지어야만 하는 수준이다.

　서울시 통계연보를 보면, 1960년 서울의 주택 수는 약 27만 호였는
데, 1970년에는 60만 호로 10년 만에 37만 호가 증가했다. 다만, 이 통
계에는 판잣집 및 무허가 불량주택들이 포함되어 있으며, 이들 판잣집
은 1960년 4만 호에서 1970년 18만 호로 약 14만 호가 증가했다. 즉,
민간이나 정부가 노력해서 건설한 주택은 23만 호가량이어서 10년간
서울로 유입되는 사람 중에서 수십만 명의 사람들은 무허가 판잣집이
라도 지어서 거주할 수밖에 없었다.

　그 당시 서울이라는 도시의 범위는 지금의 서울 강북 일부 지역에 한
정되었고, 서울 경계 밖의 지역은 지방의 농촌과 같았다. 늘어나는 인
구를 수용하기 위한 최선의 방법은 서울 경계 밖의 지역에 집을 짓고
이주시키는 것이었다. 그래서 먼저 집을 지을 수 있는 땅을 조성해야
하는데, 일제 강점기부터 계획되고 지속 추진해왔던 토지구획정리사업
이 서울을 확장하고 주택을 지을 수 있는 토지를 조성하는 역할을 했
다. 쉽게 설명하면 토지의 경계를 긋고, 그 안에 권리관계와 그 권리면
적을 정확히 측량하고 조사한 뒤에 주택이나 건물을 지을 수 있는 토지
와 기반시설을 조성하는 것을 의미한다. 물론 기존 토지 주인들에게는
일정 부분을 감보하고 개발 토지로 돌려주거나(이를 환지라 한다) 금전으
로 정산하게 된다.

6·25전쟁 이후 기존 서울 지역의 주택재개발과 확장되는 서울 지역에서는 속도전을 방불케 하듯 많은 주택이 지어졌다. 그러나 속도가 빠른 만큼 주택의 질은 떨어졌고, 수명도 얼마 되지 않았다. 예를 들어, 개량한옥주택은 1950~1960년대 서울 도심지역에 대량으로 지었던 주택 유형들이며, 현재에는 익선동이나 제기동 일부 지역에서 볼 수 있다. 그리고 임시로 거주 가능할 정도로 열악하게 지어진 공영주택들도 대량 공급되었다. 이들은 해외 원조를 통해 지은 주택들인데, 주로 흙벽 돌을 쌓아 지은 9평 규모의 주택들이었다. 그리고 사람이 살 만한 산비탈 길의 국공유지에는 판잣집 등 무허가 불량주택이 늘어났다.

　이러한 임시로 공급된 주택들은 아무래도 빠르게 노후화되었고, 그 수명은 10년도 채 되지 않아서 훗날 재개발 형태로 다시 지을 수밖에 없었다. 이들을 철거하고 좀 더 내구성 있는 주택이 본격적으로 지어진 것은 1960년대 이후이며, 산발적인 주택재개발사업의 형태로 추진되면서 이른바 국민주택 단지들이 생겨났다. '국민주택'이라 불리는 주택은 대지 40평에 건평 15평 규모의 단독 또는 연립주택의 형태를 가졌다. 하지만 '국민주택'들이 기존에 임시로 지어진 주택들을 모두 교체할 수 없었다. 여전히 기존에 지어진 공영주택은 단기간 내에 슬럼화되었다. 그나마 양호하게 지어진 국민주택 밀집 지역 주변이나 그렇지 않은 지역의 국공유지에는 무허가 불량주택들이 들어서고, 우리가 말하는 달동네라는 주거촌이 형성되었다.

02 본격적인 서울 노후주택 정비사업, 시즌 1

1960년대까지 지어진 공영주택이나 국민주택, 그리고 무허가주택들은 빠르게 노후화되거나 슬럼화됨에 따라 새로운 주택을 반복적으로 다시 공급해야만 했다. 전쟁 이후의 도심재개발을 제외하면, 1970년대부터 우리가 흔히 아는 재개발사업과 재건축사업 구조가 짜이면서 제대로 된 정비사업이 시작되었다. 전폭적인 제도 지원과 획기적인 사업구조 및 개발이익 공유에 따라 정비사업이 빠르게 추진되었으나, 세입자나 이주민 등 소외계층 증가, 주택가격 불안정 등 수많은 문제를 양산하게 되었다.

살(live) 만한 집, 또 다른 살(Buy) 만한 집의 등장과 발전

1970년대부터 비로소 현대식 설비를 가진 주택들이 서울에 공급되기 시작했다. 현재에도 흔히 볼 수 있는 구조나 유형의 주택들이 등장하면서, 서울에는 사람이 쾌적하게 거주하면서, 돈을 주고 사거나 투자

하고 싶은 주택들이 생겨났다. 시간순으로 나열해보면, 2층 단독주택부터 아파트 및 연립주택, 다세대주택, 20층 내외 고층아파트, 주상복합 또는 초고층아파트들이 대표적인 유형이다.

우선 1970년대 들어 서울에서 나타나는 주택 유형의 가장 큰 변화는 2층 단독주택과 아파트 및 연립주택 등 공동주택의 확산이었다. 공영주택이나 국민주택 등 질적으로 열악한 주택에 대비해 2층 단독주택과 공동주택은 화장실, 욕실, 거실 등 여러 면에서 쾌적한 주거생활을 보장했다. 그리고 1970년대 말 보일러 난방방식이 보급되면서 주택의 기능 측면에서 획기적인 변화를 가져오게 된다.

1980년대는 부족한 주택을 공급하기 위해 여러 건축 제한을 완화해서 다세대·다가구주택과 15층 이상 고층아파트를 공급하게 되었다. 이 당시 강남 및 여의도 개발, 반포 및 잠실 지구 개발 등 중산층 대상의 아파트 확대 계획으로 15층 이상의 고층아파트가 급증했다. 1990~2000년대에 이르러서는 50층 이상의 초고층 주상복합아파트가 주로 공급되면서 본격적인 고층아파트의 시대가 열리게 되었다.

특히, 강남지역에 공급된 아파트는 기존에 있던 단독주택보다 물리적으로 쾌적할 뿐만 아니라, 강북지역의 명문 고등학교가 이전되는 등 주거여건이 크게 개선되어 가격이 상승할 수밖에 없었다. 주택은 여전히 부족한 가운데, 새로 지어지는 아파트의 인기는 늘어나니, 사람들은 재개발, 재건축이 임박한 노후주택에 눈이 갈 수밖에 없다. 아마도 앞에서 언급되었던 달동네와 같은 무허가 불량주택촌들, 공영주택 및 국민주택 단지들이 최적의 투자 대상이었다.

본격적인 주택 정비사업의 시즌 1 시작

6·25전쟁 이후 급하게 지어진 열악한 주택들을 철거하고 도시환경 및 주거여건을 개선하기 위한 주택재개발사업은 소유주나 국가, 지자체 모두에게 이익이었다. 앞서 도심재개발과 공영주택 및 국민주택 공급이 주택재개발사업의 시초라고 하면, 1980년대에는 본격적인 주택재개발사업이 시작되었다. 주택재개발 초기에는 서울시를 중심으로 '자력 재개발'을 진행하려 했는데, 서울시가 기반시설을 공급하고, 주민 스스로가 집을 개량하는 방식이었다. 그러나 서울시가 직접 추진하기에는 재정이 충분하지 못했고, 주민들 자체가 불량주택촌의 주택 소유주였기 때문에 사업자금을 충분히 마련하지 못했다.

이를 극복하고자 민간의 자본과 결합하면서 주택재개발사업은 새로운 국면을 맞이했다. 기존처럼 공공이 개입하는 것이 아니라 불량주택촌 내의 집이나 토지 소유자들이 토지를 공동으로 제공하고, 건설회사는 철거부터 고층아파트의 준공까지 건설비용을 부담하는 '합동 재개발'방식이었다. 그 사업구조는 집이나 토지 소유자들이 아파트 한 채를 분양받고, 건설회사는 분양하고 남은 아파트를 매각해 공사비를 충당하고 최종적으로 조합과 정산을 거쳐 이윤을 남기는 것이었다.

말 그대로 집이나 토지 소유자들은 헌 집을 건설사에 주고 새 집을 받게 되는 이른바 '두꺼비 주술사'를 영접하는 것과 같고, 이러한 방식은 부진했던 주택재개발사업을 활성화하는 계기가 되었다. 1983년 9월 천호 1구역에 합동재개발 방식이 최초로 적용되었는데, 1985년 완공된 천호 1구역은 114동의 불량건물을 철거하고 13층짜리 아파트 6개 동에 479가구를 공급했다. 조합원은 377가구였고, 나머지 102가구는 건설사가 매각하면서 사업비와 이윤으로 가져갔다(김광중 외 2인,

1996).

한편, 1970년대부터 등장한 공동주택들은 유지보수 관리를 염두에 두지 않았고, 공법이 발달하지 못해 건물의 수명이 길지 못했다. 이러한 공동주택들은 1990년대 들어와서 주택재건축 형태로 다시 지을 수밖에 없었다. 그 시작은 1987년에 도입된 주택건설촉진법 개정과 주택 200만 호 공급계획에 따라 건축법상 주거지역 용적률이 400%로 완화되는 등 용도지역지구제가 대폭 완화되면서 재건축사업은 황금알을 낳는 거위와 같이 막대한 이익이 발생하는 사업으로 인식되었다.

재건축사업 조합원이 되기 위한 투자 수요가 몰리면서 노후화된 아파트들의 가격이 상승했다. 또한, 1990년대 들어 20년이 지나지 않아도 재건축이 가능해지고 소형주택 건설 의무비율이 완화되어 중대형아파트 공급이 가능하게 되었다. 그래서 재건축 조합원들은 기존의 주택크기보다 더 큰 주택을 새 집으로 받게 되었고, 무분별한 사업추진과 투기적 수요가 몰릴 수밖에 없었다.

피할 수 없는 정비사업의 문제

재개발사업이나 재건축사업을 추진하면 편익을 보는 참여자는 지주, 건설사, 수분양자 등이다. 특히 입주자에게는 기존보다 극적으로 개선된 주거환경을 제공하게 된다. 최근 재개발사업과 재건축사업이 추진된 지역을 보면, 사업 전과 사업 후의 차이는 매우 크고, 시간이 흐를수록 건축공법의 발달, 평면 및 자재의 고급화 등으로 신축과 구축아파트의 차이는 점차 벌어지고 있다. 이러한 개선과 주거여건의 고급화는 도시의 경쟁력을 높여 넓게는 국가발전에 기여하기도 한다.

그러나 이러한 장점 이면에는 우리나라뿐만 아니라 전 세계적으로도 재개발사업이나 재건축사업에 따라 발생하는 공통적인 사회적 문제가 있다. 기존 노후주거 대신 새로운 주거단지나 기반시설을 공급하는 과정에서 세입자와 같은 원주민들에게는 큰 피해가 갈 수 있다는 점이다. 기존에 형성되었던 공동체 문화나 지역 커뮤니티가 붕괴되고 주거여건이 개선된 만큼 월세나 전세보증금이 증가한다. 보통 이주가구들이 종전 거주지인 정비사업 대상지 근처에 분포한다는 연구결과들을 보면, 단순한 지리적 친근감을 넘어 직장, 자녀교육 등 종전 생활을 유지하려고 하는 경향이 큰 것을 알 수 있다(임은선 외, 2010). 증가한 주거비용을 감당하지 못하는 임차인들은 또 다른 지역으로 이동하면서 그 지역의 원주민과 임대료 경쟁을 해야 하고 주거비용을 추가로 부담한다. 또한, 세입자가 보상받는 이주비용으로는 이미 개발로 인해 증가한 전월세 비용을 감당하지 못해 또 다른 빈곤밀집지역으로 이동하거나 그러한 지역이 새로 형성된다.

　재건축사업의 경우에는 보통 새로 지어지는 주택은 기존보다 면적도 크고, 용적률 완화 등으로 인해 더 높게 지어지게 됨에 따라 해당 주택뿐만 아니라 주변 지역의 잠재적 재건축아파트 가격까지 상승한다. 또한, 재개발사업과 달리 기존 기반시설을 그대로 활용하는데, 인구밀도가 증가함에 따라 기반시설이나 교통시설 등 공공시설의 과부하가 발생할 수 있다.

　이러한 정비사업에서 발생하는 문제를 해결하려면 정부는 물론, 지자체의 적극적인 참여가 전제되어야 한다. 원주민의 정착률 문제는 지자체에서 용적률 인센티브를 제공해 임대주택공급을 늘리거나, 공공임대주택 입주 등 대체재 마련을 통해 해결할 수는 있다. 물론, 이러한 것은 하위 지자체 단위에서 몇 개 사업구역을 허가하는 수준이 아닌 광역

지역 차원에서 연계되고 지원되어야 하며, 독일과 같이 철저한 계획하에 추진되어야 한다. 서울과 같은 대도시 지역의 노후주거 밀집지역을 정비하는 데 있어 30년이라는 시간이 부족했다는 것은 과거 1980년대의 국지적이고 단편적인 계획은 한계가 있다는 것을 방증한다.

정비사업으로 공동체 문화나 지역 커뮤니티가 기존보다 축소되거나 없어지는 문제를 완화하기 위한 대책들이 필요하다. 원주민 정착률이 개선될 수 없다면, 즉 임대주택공급과 같은 하드웨어로 해결할 수 없다면, 광역 지역 내에서 간접적인 지원 프로그램과 같은 소프트웨어를 활용할 수 있을 것이다. 이주하는 새로운 지역에서 커뮤니티가 형성되거나 참여할 수 있는 여러 지원 프로그램을 이주민에게 연계시키는 등의 제도가 효과를 본다면, 기존에 해결 못 했던 난제를 해결하는 실마리가 될 것이다.

특정 지역들에 대한 정비사업 문제들은 지엽적인 수준이지만, 파급력을 고려할 때 선제 대응과 준비가 필요한 것들이 있다. 재건축사업에 있어 자원의 낭비와 환경 문제는 흔히 주택공급 확대 필요 때문에 무시되고 있는데, 총량적으로 주택 재고가 안정적인 수준에 오른 만큼 다른 차원으로 접근해서 해결해야 한다. 특히 1기 신도시와 같이 건설공법이 충분히 발전된 상황에서 지어진 주택들에 대해서는 새로운 접근방법이 필요하다. 구조적으로 안정적이지만 일부러 유지관리를 소홀히 해서 노후가 촉진됨에 따라 불필요한 자원 낭비를 초래하도록 방관해서는 안 된다.

지방 소도시 경우에는 정비사업 문제들은 대도시와 많은 차이를 보이는데, 문제에 대한 진단과 해결방안을 달리 적용해야 한다. 기본적으로 수도권에 인구가 집중되어 지방의 인구 자체가 줄어드는 상황이다. 인근지역의 택지개발지구에 새로 지어진 아파트로 인구가 빠르게 이동하면서, 구도심은 오히려 쇠퇴하고 있다. 지방 외곽지역은 인구 유출이 심한데, 그만큼 빈집이 증가하고 있고, 가까운 미래에 소멸하는 도시가 생길 가능성이 커지고 있다. 수요가 줄어드는 상황에서 정비사업 자체가 추진될 리가 없고, 늘어나는 빈집을 줄일 수도 없다. 그러므로 기존 제도로는 해결할 수가 없고, 새롭고 창의적인 정책구상과 제도 설계, 새로운 산업과 시장으로 해결하는 접근 방법이 필요하다.

03 복잡해진 노후주택들의 정비사업, 시즌 2 준비

1980년대부터 본격화된 정비사업은 2000년대 들어 새로운 전환기를 맞이했다. 2000년대 초중반부터 시작된 뉴타운사업은 재건축과 재개발사업들의 장점을 모은 소규모 도시 단위 수준의 광역적 정비사업이었다. 뉴타운사업이 사막의 신기루와 같이 허무하게 사라진 이유는 당시 지방선거를 전후로 표심을 얻기 위한 선심성 계획 발표였고, 충분한 검토와 면밀한 계획이 뒷받침되지 못했기 때문이다.

뉴타운 출구전략으로 갈 길을 잃은 노후주택

대표적인 정비사업에 해당하는 주택재개발사업, 주택재건축사업 외에도 2000년대 중반의 뉴타운사업, 2010년대 후반 도시재생사업들이 지속해서 생겨났다. 이들은 기존 정비사업의 정의나 목적과 유사하되, 여러 가지 문제점들을 개선하는 새로운 유형의 사업이다. 뉴타운사업이라 불리는 재정비촉진사업은 기존 재건축사업이나 재개발사업의 문제점을 해결한 광역적인 정비사업이었다. 어떻게 보면 여러 정비사업으로 구성된 종합선물세트처럼 대도시 안에 새로운 소형 신도시급의 주거단지 및 도시 인프라를 형성하는 것이었다.

뉴타운사업은 개별 정비사업보다 종합적이고 규모가 큰 사업의 성격을 가지므로, 사업 활성화를 위해서는 정부의 적극적인 직간접 지원이 필요했다(이창무 외 1인, 2009). 초기에는 모든 지방선거 후보자들과 지자체장들은 표심을 얻기 위해 뉴타운사업의 단점보다 장점만을 강조하며 사업구역으로 지정한 과열양상도 문제였다. 그리고 지주들에게 초점이 맞추어지고, 세입자나 원주민 정착률이 떨어지는 뉴타운사업은 여러 부작용만 남긴 채 3개의 시범 사업지는 원래 계획보다 축소된 채 마무리되었다.

2008년 글로벌 금융위기 이후에는 급속도로 건설경기가 침체되다 보니, 지자체로서는 원주민의 정착률과 주택공급 확대의 저울질에서 원주민 정착에 손을 들 수밖에 없었다. 2012년 1월, 박원순 서울시장은 뉴타운사업 출구전략으로 '사람이 우선하는 도시'라는 원칙을 세우고, 뉴타운 및 재개발 수습방안을 발표했다. 핵심내용은 사람이 우선되는 주거지 재생으로 정책 방향을 전환하고, 주민 스스로가 사업추진 또는 해제 여부를 판단하고 결정하는 것이었다. 600여 개의 정비구역 등을 대상으로 실태조사와 주민의견 수렴을 거쳐, 토지 등 소유자의 30% 이상이 요청할 경우 구역해제가 가능하도록 했다. 내용으로 보면 원주민 미정착 등 기존 정비사업의 문제점을 개선하고자 하는 의지가 뚜렷하고, 무엇보다도 기존보다 주거권이 보호되고 더 강화될 것으로 기대되었다.

하지만 서울의 사업(예정)구역의 실상을 고려해볼 때, 뉴타운사업 출구전략이 시장 상황을 정확히 진단해서 도출한 최선의 안이라고 보기는 어려운 점이 많다. 구체적으로 보면, 첫째, 정비사업 구역 등으로 지정됨에 따라 주택들은 노후화된 채 장기간 방치되어 시급히 정비해야 하는 지역이 많았다. 둘째, 지주들이 기대했던 수익이나 돌려받는 새로운 주택과 주변 주거환경 요구 수준은 높았다. 다시 말해 뉴타운사업 구역해제에 뒤따르는 대안들이 기존에 지주들이 기대했던 주택이나 주거환경 수준을 만족시켜주어야만 했다. 셋째, 주민들의 갈등이나 요구를 들어줄 주체는 민간에서 지자체와 공공기관으로 전환되었고, 지자체나 공공기관은 이를 해결할 인력, 자본, 아이디어, 전문성이 없었다. 넷째, 주거지 재생 등 해외의 성공사례들은 치밀한 계획과 주민들의 의견 수렴, 그리고 이를 가능하게 할 제도가 있었으나, 서울시는 구역 해제 후 대안사업들을 원활하게 작동시킬 제도들이 없었다. 실제 정비 (예정)구역 686개소를 대상으로 실태조사를 한 결과, 2018년 2월 기준 393개소가 해제되었고 그대로 방치된 지역이 222개소나 되었다(장남종 외 2인, 2018).

서울시의 뉴타운사업 출구전략은 제도보다 이념이 앞섰고, 시장보다 정책이 우선되어, 시장 상황이나 실태를 제대로 반영하지 못했다. 결국, 서울의 노후주택들은 오래도록 노후도가 개선되지 못한 상황이고, 오히려 서울 주변지역에서 고층의 신규주택 공급이 늘면서, 통근비용 증가, 토지이용의 비효율성 등 여러 방면에서 문제가 발생했다. 또한, 사업구역이 해제되면서부터 사업구역 내에 존재했던 노후주택들은 개별적으로 정비되어 왔다. 노후화되었던 단독주택들은 현대식 연립주택이나 다세대주택으로 바뀌었다. 그래서 정비사업을 다시 추진하기에는 노후도 수준이 양호해졌고, 지분 쪼개기 형태로 주택소유자들이 많아져서 사업을 추진하더라도 조합원 수가 많아 사업성 자체도 낮아졌다.

사업구역보다 제도가 많은 정비사업

기존의 정비사업구역은 1970~1980년대에 지어진 단독주택, 연립주택 및 다세대주택, 소형 아파트로 구성되었지만, 이제는 현대식 연립주택, 근린생활시설과 같은 상가주택들이 혼재된 상태다. 일부 상업지역은 최신식 건물로 교체되어, 광역적인 정비사업이 불가능한 상태로 변했다. 결과적으로 통합해서 정비할 수 있는 기회는 사라지고, 블록단위 수준의 소규모 지역에 한정해 사업 진행이 가능한 상태로 바뀌었다. 물론 원주민 정착 등 재정착률이 떨어진다는 기존의 단점은 그대로인 상황이다.

[자료 6-1] 주택정비사업의 대표유형 및 특성

구분	재개발	재건축	공공 재개발	공공 재건축	도심 복합	소규모 정비 (가로 정비)	소규모 정비 (소규모 재개발, 재건축)	주거 재생 혁신 지구	도시재생 혁신 지구
근거법	도시및주거환경정비법				공공주택 특별법	빈집및소규모주택 정비에 관한 특별법		도시재생활성화및 지원에관한특별법	
사업목적	노후·불량지역 도시 및 주거환경 개선		공적 지원을 통해 사업 정상화 및 도심 내 주택공급 확대	공공이 참여해 도심 내 대규모 주택공급	저이용·노후화된 역세권·준공업지역·저층주거지를 공공이 직접 개발	노후 저층 주거지 주거환경 개선		건축물 노후화 심각 지역에 생활 SOC 및 주택 등을 건설	도시재생 촉진을 위한 지역거점 조성
사업 시행자	조합(단독), LH등(단독), 조합+시장·군수, LH 등, 건설업자 등(공동)	조합(단독), 토지 등 소유자, LH 등(단독), 조합+시장·군수, LH 등, 건설업자 등(공동)	단독시행 : LH 또는 SH 공동시행 : 조합+공공		공공 단독 또는 공공 민간 공동시행	민간(토지 등 소유자) 또는 공공(시장·군수들, LH 등), 공공 민간 공동시행		공공 단독 또는 공공 민간 공동시행	공영개발자 (국가, 지자체, 공공기관, 지방공사 등) * 공영개발 자가 1/2 초과 출자한 법인 가능
부지 규모	제한 없음	1만㎡ 이상	제한 없음	200세대 이상 또는 1만㎡ 이상	• 역세권·준공업 : 5,000㎡ 이상 • 저층주거지 : 1만㎡ 이상	1만㎡ 이내 (공공 참여 시 2만㎡ 이내 가능)	1만㎡ 이내 *소규모 재개발 : 5,000㎡ 이내	2만㎡ 미만 (국·공유지 등 제외)	1만㎡~ 20만㎡ 내외 (시행령은 50만㎡ 이내로 규정)

구분	재개발	재건축	공공재개발	공공재건축	도심복합	소규모정비(가로정비)	소규모정비(소규모재개발, 재건축)	주거재생혁신지구	도시재생혁신지구
사업승인요건(주택건설)	조합원 과반수 동의(토지 등 소유자 방식: 토지 등 소유자 3/4 + 토지 면적 1/2 동의)	조합원 과반수 동의	조합원 과반수 동의 or 토지 면적 1/2 + 토지 소유자 3/4 동의(단독방식 요건 없음)	조합원 과반수 동의(단독방식 요건 없음)	요건 없음	토지 등 소유자 80%, 토지 면적 2/3 동의	토지 등 소유자 3/4, 토지 면적 2/3 동의 *소규모 재개발 : 토지 등 소유자 80%, 토지 면적 2/3 동의	요건 없음	요건 없음

출처 : 개별 근거 법률 및 시행령·시행규칙

소규모로 추진해야 하는 정비사업제도가 만들어지는 과정에서 복잡한 주택구성 분포를 사례별로 나누다 보니, 자율주택정비사업, 가로주택정비사업, 소규모 재건축 및 재개발사업 등 많은 제도가 생겨났다. 크게는 몇 가지 정비사업 유형으로 분류되지만, 그 안에서도 여러 가지 세부 유형이 나뉜다. 공급되는 주택형태나 규모, 사업구역 규모나 종류, 사업주체, 기반시설의 종류에 따라 각 사업 유형의 이름도 다양하고 서로 간의 차별성도 있다. 제도나 사업 유형의 이름을 다 나열하기도 복잡하고, 각 사업 간의 차이를 설명하면서 이해하려면 교과서 한 권 정도 분량이 된다. 그래서 사업지역보다 제도가 더 많다는 우스갯소리가 나오는 것도 당연하다.

다행히 2021년 소규모주택정비관리 제도가 생겨나면서 국지적으로 발생하는 소규모주택정비사업들을 패키지 형태로 묶어 통합관리할 기회가 생겼다. 다만, 과거에도 그랬듯이 새로운 제도를 만들고 실적 쌓는 데만 관심이 있을 우려는 여전히 존재한다. 앞서 정비사업의 문제를 해결하기 위해서는 도시라는 숲을 본 다음 개별사업지인 나무를 보고 함께 엮듯이, 광역적으로 접근해야 한다.

이러한 점이 현재 소규모주택정비 관리지역 제도의 아쉬운 부분인데, 기존 제도와 어떤 차별성이 있는지만 홍보를 할 뿐, 소규모주택정비 관리제도가 소규모지역만으로 둘 것인지, 기존 정비사업구역들과는 어떻게 연결할 것인지에 대한 청사진을 찾아볼 수가 없다. 숲을 보는 관점까지 소규모주택정비 관리지역 제도가 확장된다면, 서울 등의 노후주택정비를 해결하는 주된 솔루션이 될 수도 있다. 제도도입 초기에는 선도 후보지역을 모집하고, 여러 차례에 걸쳐 후보 지역을 선정하는 가운데, 일부는 국비로 기반시설 공급하는 데 지원하는 등 제도를 성숙시키고는 있다.

그러나 제도 통합적으로 보면, 후술할 도시재생도 그렇고 소규모주택정비사업도 그렇고 제도 일부만 조금 다를 뿐 다 같은 성격의 정비사업이고 하나로 통합관리할 수도 있다. 또한, 두 개 이상의 사업이 추진되면서 둘 다 국비를 지원받는다면 행정적으로 중복지원을 방지할 수 있지만, 통합해서 추진했다면 국비 지원을 염두에 두고 계획성 있게 사업을 추진할 수도 있을 것이다. 제2의 뉴타운사업이 추진될 수 없는 것이 현실이라면, 정비사업에 관련된 모든 것들을 통합관리하는 것이 차선이다. 기존 뉴타운 사업과 같이 동시에 사업이 추진될 수는 없으나, 서로 다르게 출발해도 결과적으로 기존 뉴타운 사업과 같은 효과를 내도록 유도할 수 있지 않을까? 만약 그렇지 못한다면 소규모주택정비사업도 또 하나의 정비사업 유형으로 그쳐 제도 종류가 조금 더 다양해지기만 한 결과를 낳을 수 있다.

구조적으로 안전한 주택을 부수는 것은 낭비 아닌가?

재건축에 있어서 건물의 경과 연수는 상당히 중요하고, 이 경과 연수는 노후화된 불량건축물로 보느냐, 보지 않느냐를 판단하는 데 시작점이 된다. 1990년대 초 재건축사업이 활성화된 원인에는 노후 불량주택의 범위 규정을 완화해 단독주택을 제외한 주택은 20년이 지나지 않아도 되었다. 당시부터 구조적으로 안전한 주택을 부수고 재건축을 하는 것에 대해 자원 낭비의 지적이나 재건축 시장 과열로 주변 주택가격을 상승시키는 등의 지적이 증가하자 노후 불량주택 기준은 지속해서 강화되었다. 즉, 5층 이상 건축물 기준[13]으로 2009년에는 1981년 이전에 지어진 경우는 20년 이상이며, 1년마다 경과 연수가 2년씩 증가해 1991년에 지어진 경우는 40년 이상이다. 하지만 2016년 3월 개정된 규정은 1986년 이후 지어진 주택은 모두 30년 이상으로 노후 불량주택의 기준이 낮아졌다.[14] 이러한 개정은 1980년대 후반에 지어진 열악한 공동주택을 조기에 정비하고 재산권 행사의 침해를 막기 위함이었다.

이러한 개정 요구는 2000년대 후반부터 시작되었다. 당시 언급되었던 노후화된 주택들은 일부 재건축이 되었으나 현재에도 여전히 주택의 기능을 하는 아파트들도 많다. 그리고 200만 호가 공급되었던 1990년 전후에 지어진 1기 신도시나 목동, 상계지구의 아파트들은 어떻게 해야 하는 것에 대한 의문이 생긴다. 물론 노후화되고 불량한 건축물들은 부술 수밖에 없고, 새로운 건물을 지어야 하지만, 만약 그렇지 않다

---

13) 철근콘크리트, 철골콘크리트, 철골철근콘크리트 및 강구조인 공동주택이고, 그 외의 주택은 20년으로 일괄 적용

14) 서울특별시 도시 및 주거환경 정비 조례 제4조 제1항 제1호 및 별표1

면 엄청난 자원적 낭비가 발생할 수밖에 없다.

　재건축사업 구조상 시대 흐름을 잘 편승하면 소유자에게는 로또 당첨과 같다는 경험 때문에 노후 불량주택의 기준 자체가 사람들에게 희망적인 기대를 하게 한다. 관련 지자체, 건설사, 조합원 등이 서로 갈등하고 타협하면서 때로 불법과 편법이 발생할 가능성을 줄여야 한다. 건축물의 내구성은 소유자와 사용자의 관리 의지와 노력에 의해서도 큰 차이가 난다. 따라서 노후 불량주택 기준은 집주인 등에게 무분별한 희망을 주고, 구조적으로 안전한 주택의 노후도를 촉진할 수도 있는 만큼 폐지해야 한다. 물리적인 노후도를 측정하는 안전진단 절차로 통합시키되, 재건축사업만의 특성을 반영하도록 개선해야 한다.

　재건축사업의 진행 여부를 판가름하는 것은 노후도가 아닌 안전진단 결과에 따라서 하고, 동시에 안전진단 결과를 얻기까지의 건물관리의 과정과 이력이 함께 반영되어야 한다. 즉, 소유주나 사용자들이 의지를 갖고 잘 관리했으나, 시공과정에서의 부실로 인해 어쩔 수 없이 안전진단 결과가 안 좋게 나왔다면 어쩔 수 없이 재건축사업을 진행해야 한다. 그리고 관리 의지에 따라 자원낭비 등을 최소화하고자 하는 노력에 상응하는 인센티브를 주어야 한다. 반대로 소유주나 사용자들이 재건축사업만을 바라보면서 일부러 유지보수나 관리를 소홀히 하고, 결과적으로 노후를 촉진했다면 그에 상응하는 대가를 치러야 한다.

　물리적으로 어쩔 수 없는 상황에서는 자원낭비라 할 수 없으나, 사후적인 관리부실이 인정되고 재건축사업으로 빠르게 추진된다면 자원낭비는 불가피하기 때문이다. 그리고 경제적으로 기능을 바꾸거나 개선하는 차원에서의 재건축사업은 마땅히 소유자의 재산권 침해 차원에서 제한을 두어서는 안 된다. 다만, 개인들의 재산권 행사 차원에서만 허용해야 하며, 다른 사업장처럼 종상향 등의 행정적 차원에서의 지원은 다른 기준을 적용해야 한다.

정부 차원에서는 자원 낭비 방지 차원에서 재건축사업에 대한 일정한 가이드라인과 로드맵을 가지고 있어야 한다. 최근 추진되는 재건축사업 조합들은 용적률을 400~500%까지 요구하면서 지자체와 갈등이 발생하고, 사업이 지연되는 사례가 있다. 재건축사업 자체가 기본적으로 10년 이상 걸리는 사업이라 정부정권에 의해 정책이 바뀌면 속도가 빨라지기도 한다. 도시계획 차원에서 허용해야 하는 수준을 넘길 수 없는 강력한 중앙정부와 지방정부의 의지와 기준 및 가이드가 있어야 하고, 이를 바탕으로 관련 상위계획이 마련되어야 한다.

최근 1기 신도시에 대해 준주거 수준의 용적률 상향 요구가 있으나, 1기 신도시 자체는 계획수요만큼만 교통과 상하수도 인프라가 설계되어 있어 주택공급량만 고려해서는 안 된다. 용적률 상향 자체가 주택공급을 늘릴 수는 있겠으나, 구조적으로 멀쩡한 주택을 부수는 자원 낭비 발생 가능성이 커지게 된다. 1기 신도시 자체가 자족성이 뛰어나다면 다른 문제이겠지만, 서울과의 직주연결성 문제가 있어, 기반시설 확충까지 고려하면 차라리 새로운 신도시를 만드는 게 나을 수도 있다. 따라서 용적률을 크게 변경하지 않는 수준에서 재건축사업이나 리모델링이 바람직하며, 2기 및 3기 신도시, 그리고 다른 소규모 택지개발지구까지 같은 정책적 기조가 이어져야 한다.

재건축이나 재개발을 하면 소유주만 좋은 것이 아닌가?

재건축사업이든, 재개발사업이든 발생하는 추가분담금을 제외하고 생각해보자. 소유주는 자산도 늘어나고 주거환경도 좋아지면서, 때로는 임대로 주어 임대소득도 발생한다. 추가분담금이라는 것은 어차피 헌 집의 가치와 새 집의 가치 차이에 여러 비용을 가감해서, 모자라는 비용 부분을 내는 것이다. 물론 자산증식 차원에서 보면 추가분담금을 낸 만큼보다 더 많은 부분을 금전적인 보상을 받기 때문에 소유주로서는 손해를 볼 것이 없다.

다만, 앞서 언급했듯이 세입자로서는 손해나 희생을 할 수밖에 없는 지점이 있다. 재건축이나 재개발사업지역은 입지는 양호하나 주거환경이 열악하다 보니, 임대료가 상대적으로 저렴한 편이다. 따라서 세입자는 원래의 주거생활 환경도 잃고, 공동체 네트워크도 축소되거나 새로운 네트워크에 적응해야 하는 불편함까지 발생한다.

그러나 이론상으로 보면, 주택 필터링 이론에 따라 새로운 주택이 공급되면, 순차적으로 모든 계층의 주거여건은 향상된다. 극단적인 예를 들어보면, 이 세상에 3채 집과 임차인 3명이 있다고 하자. 3채의 집이 고급아파트, 연립주택, 판잣집이라고 할 때, 판잣집을 재개발해 3채의 고급아파트를 지으면, 주택은 총 5채가 된다. 새로운 고급아파트에는 기존 고급아파트와 연립주택에 있었던 사람이 들어갈 수 있고, 결과적으로 판잣집에 살던 사람은 연립주택에 들어갈 수 있다. 해외 여러 연구에서도 주택 필터링 이론에 대해 실증적으로 입증된 연구가 많고, 우리나라에서도 실증연구사례가 많이 소개되고 있다(김태현 외 1인, 2011).

이런 사례들이 1970년대부터 현재까지 반복되어 더는 판잣집에 사는 사람들은 없고, 판잣집보다 주거여건이 나은 곳에 살고 있다. 물론 여기서 언급되지 않은 임차인의 희생은 판잣집의 입지성, 새로운 주택에 들어가면서 부담하는 추가 비용이다. 재건축이나 재개발에서 발생하는 초과이익을 지자체나 정부가 일부 주거환경 개선으로 환원하지만, 일정 부분 세입자에게도 직간접으로 돌려줄 필요가 있다. 이주보상금과 같은 일회성 보상 외에 중앙정부의 주택바우처 프로그램이나 지자체의 생활지원 또는 문화체육 프로그램 등의 지원이 잘 받쳐준다면 임차인의 희생이나 부담 문제가 일부나마 해소될 수 있다.

재건축 관련 규제는 완화해야 하나?

주택 소유자 등 가진 자들이 더 가지려고 한다는 사회 일부의 인식이 재건축사업 규제의 명분이 되고 있다. 재건축사업은 규제해야 해서 가진 자들의 혜택을 축소하되, 특히 단기 투자자면 수익금 일부를 회수시켜야 한다고 한다. 그러나 자유 시장 경제체제에서 법제도 틀 안에서 이익 극대화를 추구하는 것이 정상적이다. 헌법에서도 대한민국의 경제질서는 개인과 기업의 경제 자유와 창의를 존중함을 기본으로 한다. 투자의 성패는 타이밍이고, 누가 봐도 주택가격이 상승할 것임을 알고 있는 상황에서 재건축사업에 투자하는 것을 비난할 이유가 없다.

재건축사업이 국가에 새로운 집을 더 많이 공급한다면, 오히려 정부는 장려해야 한다. 정부가 손대지 않고 새 집을 늘리는 데, 왜 규제들이 더 많아지는 것일까? 아마도 불로소득에 대한 이슈가 크고, 정치권은 표심을 의식하지 않을 수 없기 때문일 것이다. 자유 시장의 원리와 정치적 현실 사이에 적절한 균형을 찾아서 국가가 개입해야 할 곳과 그러지 말아야 할 곳을 정해놓고 재건축 관련 규제를 하면 어떨까?

재건축사업 규제와 관련해 주로 다루어지는 이슈를 보면, 대표적으로 용적률 상향, 재건축 초과이익환수 유예, 의무거주기간 폐지 등이 있다. 용적률 상향과 재건축 초과이익환수는 조합원과 건설사의 사업성 확대를 위해, 의무거주기간 폐지는 조합원들의 지위 확보를 위해 논의된다. 어떤 규제를 완화해주어야 하고, 어떤 규제를 강화해야 하는지는 정부마다 달라지고 있다. 정부 정책 목적이 주택공급을 확대해야 하는 시기라면 또 다른 양상을 보일 것이다.

따라서 재건축사업의 규제가 일관성 있고 지속할 수 있으려면 사업 본연의 특성에 맞추어 혜택이 과도해지는 것에만 초점을 맞추어 규제 제도가 설계되어야 한다. 그 구상방법의 출발점은 1:1 재건축사업에 환수금을 부과해야 하는가 여부다. 개발이익의 환수 목적은 행정적인 편익으로부터 발생한 불로소득인데, 1:1 재건축에는 아무런 불로소득이 없다. 만약 용적률이 200%에서 400%로 완화되었고, 더 많은 주택을 지을 수 있게 되었다면 필연적으로 발생하는 불로소득분을 환수해야 하지만, 그 방법은 세련되고 선진적인 제도가 뒷받침되어야 한다.

국내 주택 시장 특성을 잘 모르는 외국 학자 등에게 우리나라의 재건축사업을 설명할 때 이해를 못 하는 부분이 바로 이 지점이다. 왜 자기 돈을 들여 재건축하는 데 못하게 막고, 열악한 주택가격은 왜 상승하는가다. 더 넓은 집을 더 많고 높게 짓게 되고, 그중에 하나의 집이 내가 준 헌 집 대신 받을 수 있으니 너도나도 참여하려고 한다고 하면 그제야 끄덕인다. 현재 재건축초과이익환수방법은 일률적이고 지역이나 단지 규모, 개발이익 발생 원인과 규모를 고려하고 있지 못한다. 용적률을 완화해주면 그만큼 더 많은 개발이익을, 기존 아파트를 더 잘 관리했다면 인센티브를, 노후를 촉진했다면 규제적 제재를 하는 등 재건축사업의 규제는 사업 본연의 특성에 맞추어 개선해야 한다.

재건축초과이익환수제는 죄가 없다

주택 재건축초과이익환수제(이하 재초환)는 2006년 5월 24일 공포된 이후, 수도권은 같은 해 9월 25일, 비수도권은 2009년 7월 1일에 시행되었다. 그리고 2013년 1월 1일 유예된 이후 2018년 1월 1일에 재시행되었다. 제도의 도입 취지는 시장 과열을 방지하고, 최종 주택소비자의 주거 부담을 줄이며, 발생이익 일부를 환수한다는 것이다. 재초환은 재건축아파트를 소유한 일부 개인과 집단의 재산권 행사나 행동의 자유를 구속하는 규제정책(Regulation Policy)이다.

제도가 시행되었던 2006년과 2018년의 주택가격 변화를 보면, 주택 시장 과열을 방지한다는 제도도입의 효과가 있어 보인다. 그렇지만 주택가격의 변동을 좀 더 길게 본다면 더 큰 역효과만 불러오는 것을 알 수 있다. 제도가 도입되기 직전인 2006년이나 2017년에는 서울 주택가격이 폭발적으로 상승했고, 각각의 시기는 제도의 시행 예고를 발표한 직후다. 제도 시행 직전에 재초환을 피하려고 관리처분인가 건수가 급증하는 것을 볼 때, 제도도입 자체가 오히려 재건축사업을 더 촉진하고 주택 시장을 더 불안하게 만들었다(이준용, 2018). 또한, 제도 시행에 따라 가격상승을 막고 당장 주택가격을 안정시키거나 또는 떨어지게 만드는 것처럼 보이지만, 재건축사업 이후를 보면 이야기가 달라진다. 환수제를 피한 아파트들의 희소성만 높아지고 주변 재건축 단지 환경이 열악해서 재건축사업으로 지어진 아파트들의 가격은 더 오를 수밖에 없다.

제도 시행, 유예, 재시행의 반복이 되풀이되면서 장기간 시장을 더 불안정하게 만들고 더 나아가 시장 자체를 망가뜨리는 원인을 제공했다. 재초환은 위헌 논란이 끊이지 않은 것과 별개로, 사업에 참여하는 자본, 참여자, 세입자의 규모와 서울의 주거환경 개선이라는 중요도를 감안할 때, 제도도입 당시부터 문제가 컸다. 용적률 완화 등으로 인한 개발이익 발생 가능성이 존재하므로 제도를 아예 폐지하는 것이 힘들다면, 시장을 안정시키면서 재건축사업을 촉진할 수 있는 제도다운 제도로 전면 재설계해야 한다.

04 해외 정비사업의 교훈

노후주택의 소유자와 임차인의 이해관계를 조정하면서 재개발, 재건축하는 것에 비해 도시 외곽의 택지개발을 통해 주택을 공급하는 것은 손쉬운 선택이었다. 신도시 개발에 치중하는 사이에 도심과 주변, 그리고 도시 외곽지역까지의 스카이라인은 엉망이 되었다. 이는 토지의 비효율적인 이용, 불필요한 이동과 비용 낭비 등을 일으킨다. 언제까지 노후화된 주택을 방치하고, 신도시만 건설할 수는 없다. 현재에는 도심 내부뿐만 아니라 외곽에서도 정비사업의 수요가 증가하고 있다. 해외 선진국에서는 이를 현명하게 해결하는 방법들을 찾았을까?

해외의 도시재생에서 우리의 미래를 볼 수 있다

근대 이전의 도시들은 수십 년에서 수백 년에 걸쳐 성장했다. 서울만 해도 600여 년 전에 건설되고 난 이후, 일제 강점기까지 여러 시행착오와 계획들을 바탕으로 천천히 성장해왔다. 하지만 근대도시들은 빠르게 발전하면서 급격히 늘어나는 인구를 수용할 주택을 공급하면서 많은 문제가 나타났다. 미국이나 유럽은 산업화 이후 현재까지 100여 년의 시간을 가졌지만, 우리나라는 해외 주요국들의 1/3 정도 수준의 짧은 시간 동안 급격한 도시화가 이루어졌다. 급격한 인구 유입과 자본 부족으로 인해 충분한 계획 없이 닥치는 대로 주택을 짓고, 다시 짓는 비용과 시간을 지불해야 했다.

미국의 경우 1930~1950년 사이에는 철거를 기반한 재개발 시대, 1960~1970년대에는 도심 노후지역 재개발, 대규모 복합개발 시대를 거쳤다. 교외지역에 비해 상대적으로 쇠퇴한 도심지역의 복합개발 필요성과 기존 철거 재개발 반성의 목소리와 함께 1960~1970년대부터 도시재생 정책이 시작되었다. 즉, 도시재생은 결과적으로 쇠퇴한 지역을 살리기 위한 대안으로 추진된 정책이다. 미국 애틀랜타 스테이션 지역의 경우, 무분별한 도시팽창으로 도심 공동화 문제가 발생했다. 도심 내 고밀도 복합개발을 위해 용도지역을 변경했고 업무, 중심상업지역, 주거지역으로 재생했다. 영국 런던 도크랜드의 경우 템스강 주변의 낙후된 항만지역을 업무, 상업, 주거시설 등으로 재개발했다. 또한, 코인 스트리트는 낙후된 도심공장 및 주택밀집 지역을 재생했는데, 기존 공장들은 리모델링해 수익시설을 운영하고, 지역주민들이 사회적 기업을 설립해 개발에 참여했다.

해외의 도시재생 사례를 보면, 도시재생이란 단어의 뜻 그대로 쇠퇴한 지역, 도시를 되살리기 위한 재생 프로그램이다. 우리나라도 2013년 도시재생법 제정으로 지금까지의 성장 위주에서 도시 쇠퇴지역을 살리기 위한 일환으로 도시재생 정책으로 전환했다. 하지만 2017년 대선 공약으로 매년 10조 원, 5년간 50조 원의 공적 재원을 투입한 도시재생 뉴딜사업은 앞선 도시재생사업과 좀 다른 측면이 있다.

해외는 지역적 규모가 있어 업무, 중심상업, 주거 등 자족적 기능이 복합되면서, 지역주민의 의견 청취나 수익사업 추진 등 민간 참여가 중요했다. 지역을 되살리기 위해 전 지역을 유기적이면서 복합적으로 개발했던 것이 핵심이었다. 하지만 우리나라의 도시재생은 개별 개념은 빌려왔으나, 유기적이면서 복합적이라고 볼 수 없다. 우리나라의 도시재생 뉴딜사업은 공공 주도로 하향식(Top-down)의 사업지 선정, 핵심 주제 부족, 주택정비 및 철거 지양, 전문 인력 및 사업추진 주체 부재, 재정적 부담 등의 문제가 존재했다.

미국에서도 성공적인 도시재생 사례가 있지만 실패한 사례들도 있는데, 주로 연방정부 주도로 진행된 도시재생사업은 도시들을 극적으로 변화시키지 못했다. 오히려 수많은 제안서와 계획의 남발, 저항과 이념적 충돌을 일으켰다. 이는 명확하지 않은 목적으로 인해 의구심이 제기되는 사업이 어떠한 결과를 초래하는지를 보여주는 사회적, 문화적, 경제적 실험이었다(최영상 외 1인, 2017).

해외 사례와 우리나라 도시재생사업 부진의 교훈은 도시재생사업은 도시개발 및 정비사업과 함께 동시에 추진하거나 연계가 필요하다는 것이다. 별개의 법률, 정부 부처들이 분리되어 운영하는 것이 아닌 보다 상위개념에서 통합되고, 도시재생 콘셉트와 계획에 따라 도시개발과 주택정비가 동시에 진행되어야 한다. 그리고 공공주도나 중앙정부의 사업지 선정 및 국비지원이 아닌, 민간주도의 지역 특색에 맞는 콘셉트와 전문성을 겸비해야 한다.

행정수도와 경제수도, 그리고 최선의 선택

　서울의 노후주택 정비사업, 1기 신도시의 재건축사업 추진을 요구하는 의견에는 수도권에 유입되는 주택수요를 지속해서 소화해야 한다는 전제가 깔려 있다. 공급부족과 주택가격 상승 및 불안정 문제에 휩쓸려 과도한 용적률 상향과 고층아파트의 공급이 전폭적으로 허용된다면 미래의 수도권과 지방의 모습은 어떻게 될까? 아마도 수도권은 빽빽한 고층아파트들의 숲속에서 우리나라 인구의 대다수가 밀집되어 사는 나라가 될 수도 있다.

　서울의 노후주택을 모두 40~50층짜리 초고층 아파트들로 교환하는 것이 과연 바람직할 것인가? 진짜 과연 그렇게 될까? 3고(고물가, 고환율, 고금리)인 현재의 경제상황과 주택공급 확대를 위한 용적률 상향, 정비사업의 전폭적인 지원확대, 건설기업 참여 유도 등을 고려해보면 점점 현실성이 높아지는 상황이다. 극단적인 예가 되겠지만, 20년 뒤에 인구 대부분이 수도권에 거주하게 된다면, 수도권 한복판에 핵미사일 하나가 떨어지거나 코로나19보다 치사율이 높은 바이러스가 퍼진다면, 국가가 무너질 수 있는 위험성 높은 상황이 될 것이다.

　정비사업과 1기 신도시의 재건축사업 정책기조가 수도권 집중을 촉진해 한 지역에 올인하는 기형적인 도시로 만들기보다, 이를 분산하는 방법은 없을까? 기왕 만들어놓은 반쪽짜리 행정수도 기능을 하는 세종시를 적극적으로 활용할 수는 없을까? 해외에서 행정 기능을 분리해 별도의 행정수도를 지정한 국가는 보통 연방제를 채택한 국가다. 옮기는 과정에서 역사적 또는 정치적 이유가 있을 것이고, 결과적으로 균형발전을 이루거나 그렇지 못한 사례가 있었을 수도 있다. 찬반 논란에 있어 논자들은 입장에 맞는 사례들을 취사선택하겠지만, 우리나라는 최대한 세종시를 적극적으로 활용하는 쪽으로 국토계획을 짜고, 그에 맞추어 정비사업도 추진해야 할 필요가 있다. 왜냐하면, 어차피 노후주택을 정비하거나 1기 신도시를 재건축하게 된다면 기반시설을 크게 확충해야 할 수밖에 없고, 들어가는 자원이나 자본은 한정적이기 때문이다.

또한, 일본 사례와 같이 원도심의 재개발 및 도시재생에 따라 신도시에서 도심으로의 인구회귀로 인한 신도시의 고령화 문제를 답습할 가능성도 고려해야 한다. 따라서 정비사업은 주택가격 안정에만 초점을 맞추는 근시안적 관점에서 다룰 문제가 아니라 국가의 균형발전, 나아가 안보문제까지 검토해야 하는 사안으로 다루어야 한다.

1유로 주택을 판매합니다

2019년 1월, 이탈리아 남부 시칠리아에 삼부카(Sambuca)라는 마을이 주택을 단돈 1유로에 판매한다는 뉴스가 화제였다. 삼부카 말고도 이탈리아 여러 시골마을도 이러한 노력을 하는 것도 놀라울 만한 사실이었다. 더 자세히 살펴보면 1유로 주택은 공짜나 다름없지만 집을 구입한 사람은 3년 안에 오래된 주택을 보수해야 한다는 조건이 붙는다. 대충 고치는 것이 아닌 최소 15,000유로를 들여서 수리해야 했고, 보증금 5,000유로도 예치해두어야 했다. 해외 토픽감이었으나 코로나19 시국에 이동도 자유롭지 못해서 호기로운 마을의 도전은 아직 진행 중이다. 하지만 이것이 우리나라 시골의 빈집 문제를 해결할 수 있는 아이디어로 훌륭해 보인다.

산업화가 진행되면서 전 세계적으로 도시의 인구집중과 지방의 쇠퇴는 공통적인 문제다. 이탈리아의 1유로 주택이 재미있지만, 씁쓸한 여

운이 남는 것은 우리나라도 지방도시의 쇠퇴와 빈집 문제가 커지고 있기 때문이다. 빈집도 여러 가지 형태가 있을 텐데, 폐가와 같은 활용 불가한 집, 1유로 주택처럼 보수가 필요한 집, 바로 들어가서 살 수 있는 집 등으로 나눌 수 있다. 해외의 빈집 정책 사례들을 보면, 외국인 민박시설 전환, 임대인과 임차인 연결서비스, 빈집 뱅크, 빈집 재생 등이 있으나, 이들은 소수의 성공사례에 불과하다. 왜냐하면, 빈집 문제는 현재 진행 중이고, 지속해서 증가할 수밖에 없기 때문이다. 따라서 지금 당장 성급히 할 수 있는 것보다 빈집이 활용될 수 있게끔 환경을 조성하는 대책이 중요하고 시급하다.

우선은 빈집 중에서 폐가와 같은 주택은 지자체와 소유자가 노력해서 멸실시키거나 관리할 수 있도록 유도해야 한다. 이를 위해 첫 번째로, 우리나라의 경우 비업무용 토지에 대해 양도소득세를 중과하게 되어 있는데, 빈집을 멸실시킨 뒤 비업무용 토지로 전환된 경우는 양도소득세 중과 예외규정을 두어야 한다. 두 번째로, 소유자의 동의나 정보제공으로 빈집의 임대의사를 표시한 주택에 대해 관련 정보를 데이터베이스화해야 한다. 세 번째로, 빈집 활용을 대비해 수도광열비 등의 납부DB, 연결서비스 등 지자체의 빈집관리지원이 필요하다.

이러한 준비는 민간에서의 창업수요를 발생시킬 수 있고, 해외 빈집 활용의 성공사례를 적용할 수 있는 기반이 된다. 일부 지자체의 경우에는 직접 매입을 통해 1유로 주택과 같은 창의적인 아이디어를 활용할 수 있는 기획과 예산편성을 하는 데 도움이 될 수 있다. 숫자로만 되어 있으면 문제로만 보인다. 숫자가 아닌 보다 많은 정보를 쌓아 그림으로 펼쳐놓고 보면 문제가 아닌 기회로 보일 수 있다.

05 그래서 무엇부터 준비해야 하나?

   우리나라는 6·25전쟁 직후 발달한 산업과 자본이 부족했고, 무엇보다도 절대적인 시간 부족으로 인해 한동안은 주택을 허물고 다시 짓는 일을 반복해야 했다. 그 과정에서 허비한 시간과 자본은 상당하고 많은 이들의 희생이 강요되었지만, 단기간에 서울의 주거환경은 크게 개선되었다. 그러나 정비사업 관련 제도들은 개별 사업구역에만 초점이 맞추어져 있거나, 광역지역 내 연계성을 제고하지 못하고, 원주민들의 주거권을 보장하지 못했다. 그래서 정비사업의 개별적 성공사례는 많으나, 광역적으로 통합시킨 성공사례는 찾아보기 힘들다.

   해외 재개발이나 도시재생 성공사례들을 보면, 상업시설과 주거시설, 커뮤니티 조성 및 지역경제 개발 등 토지의 효율적 활용과 원주민 정착 및 자족성까지 고려하고 있다. 이러한 것들이 가능했던 것은 구체적인 검토사항들이나 취합된 의견들이 사업단계별로 촘촘히 반영하도록 설계되어 있고, 속도전보다는 장기전으로, 공공보다는 민간의 창의성과 시장 기능을 활용했기 때문이다. 현재의 대한민국은 공공과 민간의 자본은 충분하고, 관련 산업이 발달되어 있으며, 시간도 넉넉하다.

다만, 제도는 여전히 낙후되고 세련되지 못해 과거 정비사업의 문제를 여전히 답습하고 있고, 국지적이고 단편적으로 정비사업이 추진되게끔 만들고 있다.

노후주택들을 정비하기 위해서는 과거보다 더 복잡해진 시장 현실과 인구구조 변화까지 반영해야 한다. 그래서 새로운 사업이나 제도를 만들어서 성과를 내고 자화자찬하는 옛날 방식이 아니라 어떻게 연계하고 통합하느냐를 심도 있게 고민해야만 한다. 이 글을 작성하면서 놀라웠던 사실은 대부분의 연구가 현재 문제에 대한 실태들을 꼬집고 지적하고 있으나, 정작 해결방안을 심도 있게 연구한 사례들을 찾아볼 수 없었다는 점이다. 해외 주요국들은 정비사업을 오랫동안 추진해왔기 때문에 그 과정에서 겪은 시행착오나 성공사례들이 많다. 이러한 사례들을 이념에 맞추어 해석하는 것이 아니라 사업 본연의 특성에 맞추어 한국 실정에 맞게 제도를 설계하면서, 중장기적으로 국가안보와 국토 균형 발전까지 고려해야 한다.

제 7장

주거복지의
대상과 한계는
어디까지인가?

01 주거복지정책의 대상은 누구인가?

    1970년대부터 1980년대 사이 고도성장기에 청년기와 중년기를 보냈던 사람들은 "지금은 여러 면에서 살기는 좋아졌는데 그때가 마음은 더 편했었다"라는 이야기를 하는 경우가 많다. 현재보다는 과거가 더 미화되는 부분도 있고 당시에는 경제수준은 낮았지만, 지속해서 성장하는 시기여서 몸은 힘들었어도 미래에 대한 희망이 있었기 때문이다. 만약 이러한 의견을 받아들인다면 현재가 과거보다 더 불안한 점이 있는 것이다. 이에 따른 문제를 해결하기 위해서 복지제도가 필요하다. 그렇다면 이러한 불안감은 어디서 나타나는 것일까?

    우리나라의 경제가 성장하면서 국가의 위상이 크게 높아졌다. 전반적인 소득계층에서 절대적인 삶의 질은 상승했다. 하지만 소득계층 간 상대적 격차가 심해지고 있고, 경제가 상승한 만큼 물가수준도 높아져 저소득층의 삶의 어려움은 여전히 지속되고 있다. 여기에 전통적인 가구 구성이 무너지면서 핵가족화 및 1인 가구화가 빠르게 진행되어 고령층이 과거와 같이 후세의 부양을 받는 것도 어려워졌다. 따라서 사회 전반에서 미래에 대한 불안감이 조성되고, 과거와 같은 사적 지원보다는 공적 지원에 대한 요구가 높아지고 있다.

특히 주거안정 부문에서 이러한 문제가 더욱 크게 나타나고 있다. 주택은 고가이면서도 필수적인 재화이기 때문이다. 경제가 고도성장을 하면서 주택가격도 함께 상승했고, 주택을 소유하지 못하게 된 계층이 지불해야 할 임대료도 함께 올랐다. 우리나라는 1981년에 주택임대차보호법을 도입하고, 1990년대 들어 공공임대주택을 본격적으로 공급하는 등 저소득층의 주거안정을 위한 정책을 펼치고 있지만, 여전히 개선이 필요하다는 목소리가 높다. 최근에는 저소득층뿐만 아니라 아직 자산을 많이 형성하지 못한 청년층의 불만까지 높아지고 있어 적극적인 대응방안이 필요하다.

누구를 위한 주거복지를 해야 하는가?

우리는 주거복지라는 말을 자주 사용하고 막연하게 의미를 이해하고 있지만, 구체적인 개념에 대해서 깊이 생각해보지 못했다. 주거에 '복지'라는 용어가 추가되었으니 가난한 사람들을 위해서 임대주택을 건설하거나 주거비를 보조해주는 정책 정도를 '주거복지'라고 생각할 것이다. 주거복지에 대한 정의는 다양하게 제시될 수 있겠지만, 정부공식 주거복지 웹사이트인 '마이홈포털'에서는 주거복지를 '쾌적하고 안정적인 주거환경에서 인간다운 주거생활을 할 권리의 실현을 목표로, 모든 국민이 부담이 가능한 비용으로 일정 수준 이상의 주거환경을 누릴 수 있도록 제공하는 지원'이라고 설명하고 있다.

따라서 주거복지의 대상은 넓게 본다면 전체 국민이 되고 목적은 일정 수준 이상의 주거환경을 유지할 수 있도록 하는 것이다. '마이홈포털'에서도 전체 소득분위를 대상으로 한 지원방안을 소개하고 있다. 대체로 소득 4분위까지는 임대주택공급 및 전·월세 지원을 확대하고, 5분위부터 6분위까지는 자가주택을 소유할 수 있도록 지원을 하며, 7분위 이상은 시장의 기능에 일임하되 금융지원을 하는 방안을 제시하고 있다. 하지만 임대주택의 공급과 주거비지원 등에 초점을 맞추면 소득 4분위까지가 실질적인 주거복지정책의 대상이 된다. 주거사다리 측면에서 자가보유를 지원하는 사업까지를 고려해 좀 더 넓게 본다면 시장 기능에 일임하기 전 단계인 6분위까지도 주거복지정책의 대상으로 볼 수 있다.

[자료 7-1] 소득계층별 주요 지원사업

1~2분위	3~4분위	5~6분위	7분위 이상
임대료 부담능력 취약계층	자가구입능력 취약계층	정부지원 시 자가구입 가능 계층	자력으로 자가구입 가능 계층
• 영구임대주택 • 다가구주택 등 기존주택 매입임대 • 기존주택 전세임대 • 소형 국민임대주택 공급 • 주거급여 지원 확대	• 국민임대주택 집중 공급 • 불량주택 정비 활성화 • 전·월세자금 지원 확대	• 중소형주택 자가공급 • 주택구입자금 지원 강화	• 시장 기능에 일임 • 주택담보대출 등 금융지원

출처 : 마이홈포털(https://www.myhome.go.kr/)

02 주거복지정책의 한계와 문제점

    정부의 정책 방향에서 우리가 확인할 수 있는 첫 번째 시사점은 공공 부문의 주거복지사업만으로는 주거복지의 목적을 달성하기 어렵다는 것이다. 주거복지사업 중에서 임대주택의 공급에 가장 중점을 두고 있으나 우리나라에서 국가나 지자체를 중심으로 공급한 공공임대주택은 전체 임대차 시장에서 20% 수준의 비중을 차지한다. 따라서 민간임대주택에 대한 의존도가 높고, 이는 주거복지 측면에서도 중요하다. 하지만 민간부문의 임대주택공급자에 대한 정부의 정책에는 문제가 많다. 시장 상황에 따라서 민간임대주택사업자에 대한 정책 방향이 오락가락해왔기 때문이다. 민간임대주택에 대해 인센티브와 규제를 반복하는 일관성 없는 정책은 장기적으로 민간임대주택의 공급감소를 가져올 수밖에 없다. 실제로 규제가 강화된 2020년 이후 주택임대사업에 사용되었던 다가구주택 등이 근린생활시설 등으로 용도가 전환되는 부작용이 나타났다.[15]

---

15) 〈조선일보〉 기사, 2021. 12. 27, "보유세 피하자"… 주택 → 근린생활시설 용도변경 후 매각 유행

강남의 집값 잡기는 주거복지정책이 아니다

정부의 정책 방향에서 확인할 수 있는 두 번째 시사점은 주택가격 상승기에 서울의 강남지역 등을 중심으로 강한 규제를 하는 것은 주거복지정책으로 볼 수 없다는 것이다. 우리나라는 주택가격이 상승하는 많은 지역을 규제지역으로 묶어서 거래와 금융에 대해 강력한 제한을 하고 있다. 투기지역·투기과열지구·조정대상지역 등 명칭도 다양하고 규제의 내용도 복잡하다. 심지어 전문가들조차도 특정 지역에 어떤 규제가 적용되는지 쉽게 이해하기 어렵다. 하지만 이러한 정책이 주거복지정책이 될 수 있을지는 의문이다. 해당 지역들은 주택 시장에서 인기가 높은 지역으로 이미 높은 가격이 형성되어 있다. 그리고 규제의 내용은 대부분 매매거래 시 금융을 통한 자금조달을 어렵게 하거나 세금 부담을 강화하는 내용이다.

앞서 [자료 7-1]에서 보듯이 소득 7분위 이상에서는 시장의 기능에 일임한다는 것이 주거복지정책의 방향이다. 규제지역에 해당하는 지역들은 당연히 소득 7분위 이상의 계층에서 거래가 이루어지고 있는 경우가 많아 해당 지역에 대한 각종 규제정책을 진정한 주거복지정책으로 보기는 어렵다. 수십억 원에 달하는 아파트 가격을 규제를 통해서 몇억 원을 떨어뜨린다고 해도 주거복지지원계층에 해당하는 가구에는 직접적인 도움이 될 수 없기 때문이다. 해당 지역에 대한 규제를 강화해 인기 지역에 주택을 소유하기 어려운 계층에 속한 사람들의 심리적인 불만을 일시적으로 잠재우려는 목적으로 사용될 수는 있지만, 이러한 정책은 오히려 분열을 조장하는 부작용을 낳을 수밖에 없다. 또한, 다주택자들의 임대주택공급을 축소하는 결과로 이어질 수도 있다.

소득계층 중심에서 수혜자의 특성 중심으로

정부의 복지정책에서 마지막으로 지적하고 싶은 부분은 현재와 같이 소득계층을 중심으로 한 복지정책을 펼치는 것이 합리적인가 하는 점이다. 우리나라는 주택복지정책이 본격적으로 도입된 1990년대 이후 수십 년간 소득계층을 중심으로 한 복지정책을 펼쳐왔다. 물론 최근에는 부동산과 자동차 등 자산 소유 등을 고려해 임대주택공급 등에 적용하고 있지만, 아직 가구소득이 중심이 되고 있다. 하지만 이제 시장 상황이 크게 변화하고 있다. 청년층의 경우 자신의 소득보다는 부모세대의 재산을 어느 정도 물려받는가에 따라서 계층이 나누어질 것이다. 고령사회로 접어들면서 소득과 관계없이 고령층에 대한 주거복지가 점차 중요해질 것으로 예상된다.

예를 들어 소득이나 자산이 많은 고령층도 배우자가 사망한 경우, 어디서 거주할 것인지에 대한 고민이 있을 수밖에 없다. 하지만 아직 일부 고급실버타운을 제외하고는 원하는 수준의 주거서비스를 제공하는 장소를 찾기 어렵다. 청년층도 최근 행복주택 등을 통해 주거복지서비스가 강화되고는 있지만, 궁극적인 목표가 원하는 지역에서 자가주택을 보유하는 것이므로 주거사다리의 강화를 요구하고 있다. 따라서 앞으로의 주거복지는 기존의 소득계층 중심에서 벗어나 인구구조의 변화 등을 통한 사회적 수요를 반영할 수 있어야 한다.

03 공공임대주택은 얼마나 공급되어야 하나?

　최근 들어 오랜만에 만나게 되는 지인들에게 "요즘은 어디서 살고 계세요?"라고 질문을 하면, 거주하는 지역을 이야기하면서 공공임대주택에서 거주한다는 답변을 종종 듣게 된다. 대학생이나 신혼부부도 행복주택이나 신혼부부를 위해서 지자체 등에서 공급하는 공공임대주택에 거주하는 경우가 늘어나고 있다. 그동안 정부의 지속적인 노력이 어느 정도 성과를 나타내는 것 같다. 정부의 성향과 관계없이 우리나라에서 서민 주거안정이라는 제목을 달고 주택정책을 발표할 때 빠지지 않은 것이 공공임대주택의 공급확대다. 1980년대에 도입된 영구임대주택을 시작으로 국민임대주택, 장기전세주택, 행복주택 등 유형도 다양해지고 건설뿐만 아니라 매입방식도 적용하면서 장기간 거주할 수 있는 공공임대주택의 재고도 증가하고 있다.

　국토교통부에서 발표한 자료에 따르면, 2020년을 기준으로 국가나 지자체를 통해서 공급된 임대주택은 약 160만 호다. 2010년 기준 재고가 약 63만 호였으므로 10여 년간 2.5배가 상승했다. 민간부문에서 등록된 임대주택까지 포함하면 2020년에는 약 330만 호가 제도권에서 관리되고 있다고 볼 수 있다. 이 중에서 10년 이상 거주가 가능한 장기임대주택은 169만 호가 해당한다. 절대적인 재고량은 크게 증가했지만, 주택가격이 높다 보니 공공임대주택에 대한 사회적 수요는 지속해서 증가하고 있고, 최근에는 주택의 품질에서도 요구사항이 많아지고 있다. 그렇다면 어느 정도 수준까지 공공임대주택을 공급해야 하는지에 대해서 고민해볼 시기가 된 것 같다. 그동안은 공공임대주택 호수를 확대하는 데 집중했지만, 재고량이 어느 정도 확보된 현 상황에서는 주거복지에 미치는 실질적 효과를 고려할 필요가 있기 때문이다.

OECD 평균은 적절한 공급목표인가?

그동안 우리나라의 공공임대주택 공급목표는 OECD 평균을 넘어서는 것이었다. 2017년에 발표된 주거복지 로드맵에서도 당시 6%였던 전체 주택 중 장기공공임대주택의 비중을 OECD 평균수준인 8%까지 확대하기 위해서 2022년까지 65만 호의 공공임대주택을 공급한다는 계획을 발표했다. 최근 OECD에서 발표된 자료에 따르면, 2020년을 기준으로 장기임대주택 비중은 OECD 평균이 7%이고, 우리나라는 8.9%로 염원해왔던 목표를 달성한 것으로 나타났다. 하지만 아직도 공공임대주택 공급목표를 제시할 때 OECD 국가 중 공공임대비중이 매우 높은 네덜란드와 오스트리아, 영국 등과 비교해 재고가 부족하므로 더욱 공급을 확대해야 한다는 주장이 나오고 있다. 물론 서민의 주거안정을 위해서 공공임대주택의 적정한 공급은 필요하다. 하지만 공급목표를 우리나라의 제도와 주택 시장 환경이 다른 국가를 기준으로 하는 것이 합리적인지에 대해서는 고민해볼 필요가 있다. 이를 위해서 먼저

OECD 평균은 어떻게 정해지는지를 살펴보고자 한다.

OECD에서 제시하고 있는 통계는 공공임대주택이 아니라 사회임대주택(Social Rental Housing)에 대한 국가별 자료를 집계한 것이다. 사회주택과 유사한 용어를 사용하는 국가는 많으나 공급방식이나 공급대상에는 국가마다 차이가 있어 통일된 정의는 없다. 사회주택의 범위 내에 공공에서 지원하는 분양주택과 임대주택을 포함하는 국가도 있고, 임대주택에 한정하는 국가도 있다. UN에서는 사회주택 공급모델을 공급대상의 범위에 따라 보편적 모델과 일반적 모델, 잔여적 모델로 분류해 제시하고 있다. 보편적 모델의 경우 사회주택의 공급대상을 모든 국민으로 하고 있으나 일반적 모델에서는 취약가구와 난민 등 특정집단에 일정 소득수준 이하의 가구를 포함해 공급대상을 정하고 있다. 잔여적 모델에서는 취약가구와 특정 집단만을 공급대상으로 해 가장 좁게 공급대상을 설정하고 있다.

OECD에서 제시한 개념에 따르면 사회임대주택은 '시장 가격 이하로 공급'되고, '시장 메커니즘이 아닌 특정한 기준'에 따라서 배분되는 '임대 주거시설'로 정의하고 있다. 따라서 OECD의 기준은 일반 모델과 잔여 모델 수준으로 볼 수 있다. 이러한 기준을 바탕으로 국가별 설문조사의 결과를 정리한 것이 우리가 준용하고 있는 OECD 기준이다. 우리나라의 경우 사회주택을 사회적 경제주체가 공급하는 주택으로 상대적으로 좁은 의미로 이해하고 있어 OECD에 자료를 제공할 때는 공공임대주택을 포함하고 있다. OECD에서 제시한 기준으로 사회임대주택의 기준을 설정하더라도 국가별로 많은 차이가 있다. 그 이유는 국가마다 사회주택을 공급해온 과정이 다르고 생각하는 관점이 다르기 때문이다. 우리나라의 경우에는 중앙정부를 중심으로 공공임대주택이 공급되었고, 자격기준 등을 고려할 때 대체로 일반적 모델과 잔여적 모델의 중간적인 수준의 기준을 가지고 있는 것으로 판단된다.

이에 반해서 유럽 국가들의 경우 산업화로 인해 근로자를 위한 주택이 부족해지고 주거환경이 악화되면서 민간기업과 비영리단체 등을 통해서 사회주택이 공급되기 시작했다. 2차 세계대전 이후부터 중앙정부와 지방정부가 저렴한 임대주택을 공급하면서 공공부문의 공급이 진행되었다. 따라서 공공부문보다는 민간부문의 비중이 상대적으로 높아 우리나라보다 좀 더 폭넓은 사회주택의 기준을 가지고 있는 것으로 보인다. 물론 상업주택과의 차별성이 있어야 하므로 저소득층이 지불 가능한 임대료 수준과 일정 비율 이상의 주택배분, 안정적인 거주를 위한 제도 마련, 일정 품질 이상의 주택, 지원 대상자의 능동적 참여에 의한 서비스 등을 제공하고 있다. 정부에서는 금융과 세제 등 각종 지원제도를 실행하고 있다.

국가별 현황을 통해서 본 공급목표의 적절성

앞서 제시한 것과 같이 2020년을 기준으로 OECD에서 발표한 전체 주택 재고 중 사회임대주택의 비중은 평균 7%이고, 우리나라의 경우 8.9%로 이미 기준을 상회하고 있다. 하지만 34%에 달하는 네덜란드나 24% 수준인 오스트리아에 비해서 공공임대주택의 비중이 작으므로 지속적인 공급이 필요하다는 의견은 계속해서 제기되고 있다. 그렇다면 그러한 의견은 합리적일까? 이러한 질문에 대한 해답을 찾기 위해서 최근의 공급 추이와 공급 부분의 비중을 살펴보자. [자료 7-2]는 OECD에 가입한 38개국 중 전체 주택 재고 대비 사회임대주택의 비중이 평균을 상회하는 국가들이다. 물론 모든 국가가 자료를 제공하지는 않았지만, 한국은 9번째로 높은 사회임대주택의 재고율을 보이고 있다.

[자료 7-2] 주요 국가의 사회임대주택 공급 비중(OECD 평균 7%)

구분	사회임대 주택 비중 (%)	2010년 이후 변화 (%p)	공공부문 비중 (%)	중앙정부 및 기관 (%)	지방정부 및 기관 (%)	기준연도
Netherlands	34.1	-3.9	0	0	0	2020
Austria	23.6	-0.4	27	0	27	2019
Denmark	21.4	-0.4	37	35	2	2020
United Kingdom	16.7	-1.5	38	0	38	2019
France	14.0	0.5	46	0	46	2018
Ireland	12.7	0.0	100	0	100	2016
Iceland	11.1	2.5	56	0	56	2016
Finland	10.0	-3.2	0	0	0	2019
Korea	8.9	2.6	85	68	17	2018
Poland	7.6	-2.5	40	0	40	2016

출처 : 2020 OECD QuASH

　제시된 국가 중 한국과 아이슬란드, 프랑스만이 2010년에 비해서 사회임대주택의 비중이 증가했다. 이 중에서 한국의 증가율이 가장 높은 것으로 나타났다. 한국이 얼마나 공공임대주택의 재고량 증가에 노력했는지를 보여주는 결과라고 할 수 있다. 오히려 상당수 국가는 사회임대주택 비중이 감소한 것으로 나타났다. 사회임대주택의 공급주체에서는 큰 차이가 있다. OECD 통계에서 공급주체는 중앙정부와 지방정부, 비영리 공급자와 조합, 영리 및 개인 공급자 등으로 구분되어 있다. 이 중 중앙정부와 지방정부 등 공공부문의 비중을 살펴보면 우리나라는 85%를 차지하고 있다. 사회임대주택의 비중이 높은 국가들은 아일

랜드를 제외하고는 공공부문의 비중이 우리나라보다 현저히 낮은 것을 확인할 수 있다. 특히 중앙정부의 비중은 우리나라가 68%로 가장 높은 것으로 나타났다.

결국, 사회임대주택의 비중이 높은 대부분 국가는 민간부문에서 공급을 담당하고 있으며, 공공부문에서도 중앙정부보다는 지방정부의 비중이 높다. 이러한 점을 고려한다면 우리나라가 공공임대주택 공급의 목표로 OECD 국가들을 기준으로 하는 것이 합리적인지는 의문이다. 애초에 공급주체가 다르고 공급을 해온 과정이 다르기 때문이다. 우리나라도 최근 협동조합 등 사회적 경제주체를 통한 공급을 추진하고는 있지만, 실적이 미미한 상황이고 100년에 가까운 역사가 있는 국가들과 같은 체계를 갖추기도 어렵다.

그렇다면 어떻게 공급해야 할까?

공급주체와 방법에서 많은 차이가 있는 OECD 기준이 우리나라에 적합한 공급목표가 될 수 있을까? 이미 목표로 했었던 OECD 평균은 넘어섰으니 성공했다고 평가할 수 있고, 계속해서 공급량을 높여서 가장 높은 자리에 올라가는 것이 최종적인 목표가 될 수 있을까? 공공임대주택을 공급하는 궁극적인 목표는 물량을 확보하는 것이 아니라 공급대상이 되는 저소득 서민층이 주거안정을 이루고 일정 수준의 삶의 질을 누리는 것이다. 그동안은 공공임대주택의 절대적인 재고량이 부족했지만, 이제는 공급목표에 대해서 다시 점검할 필요가 있다.

먼저 공공임대주택의 현황을 살펴보면 물량 중심의 목표를 추진하다 보니 임대주택의 재고량은 많이 증가했지만, 임차인들이 선호하는 건설임대보다는 매입임대주택의 비중이 빠르게 증가했다. 건설임대의 경우 토지를 확보하기도 어렵고 공급에 시간도 많이 소요된다. 이에 반해 매입임대는 단기간 내에 공급할 수 있다는 장점이 있다. 하지만 노후화된 주택 등을 정해진 기간 내에 대량으로 매입해 공급하면서 입주자들의 불만도 큰 상황이다. 건설임대주택의 경우 주택유형이 대부분 아파트로 공급되므로 관리사무소를 통한 유지관리가 용이하다. 그러나 매입임대의 경우 입지가 분산되어 있어 관리업체에서 담당하는 지역이 넓어지고 주택에 문제가 발생했을 때 바로 조치하기도 어렵다. 공급확대를 위해서 매입임대를 과도하게 증가시키기보다는 유지보수 및 관리 가능성까지도 고려해 적정수준에서 공급하면서 장기적으로 지역별 관리체계를 구축할 필요가 있다.

기존의 중앙정부와 토지주택공사 등을 중심으로 한 공급에서 벗어나 공급주체를 다변화할 필요도 있다. 2020년 기준 우리나라의 자가점유율은 58%, 자가보유율은 61%이므로 가구의 약 40%는 다른 사람이 소유한 집에서 거주해야 한다. 따라서 아무리 공공임대주택의 비중을 높이더라도 공공부문에서 완전히 담당하는 것은 불가능하다. 특히 우리나라와 같이 중앙정부의 비중이 높은 경우, 민간부문을 적극적으로 활용할 필요가 있다. 따라서 장기간 임대를 유지하는 민간사업자에 대해 충분한 인센티브를 제공하고 일관성 있는 정책을 실행해야 한다.

정부가 바뀌어도 공공임대주택 공급은 지속해서 추진되고 있으므로 조만간 장기임대주택의 재고 비중은 10%를 넘어설 것으로 예상된다. 따라서 앞으로는 물량 위주의 정책보다는 공공과 민간부문을 통합적으로 고려해 주택임대차 시장의 안정적인 운영과 주거의 질 향상을 목표로 정책의 방향을 수정할 필요가 있다. 이미 1990년대에 지어진 공공임대주택들은 노후화되어 재건축이 필요하고 상태가 좋지 않은 매입임대주택을 중심으로 공가율이 높아지고 있다. 따라서 기존 정책의 틀을 벗어나 주거안정 측면에서 효율성을 높일 수 있는 새로운 주거복지정책을 개발해야 한다.

04 공공임대주택과 민간임대주택의 역할 배분

우리는 보통 주택의 소유 여부를 이야기할 때 내 집이 있다고 하거나 전월세를 산다고 한다. 한 가구가 전세나 월세로 거주할 때 집주인이 별도로 있는 민간임대주택인 경우가 많다. 아무래도 민간임대가 전체 임대 시장에서 차지하는 비중이 높기 때문이다. 결국, 민간임대주택 공급자는 등록해서 관리가 되는지, 아닌지를 떠나서 임대차 시장에서 중요한 공급주체가 된다.

국토교통부에서 발표한 2020년의 우리나라 주택 재고는 2,167만 호며 자가점유율은 58%이므로 910만 호가 임대주택으로 사용되고 있다. 이 중 공공임대주택이 160만 호고, 등록된 민간임대주택 167만 호를 포함하면 약 327만 호가 공공에서 관리되고 있는 임대주택이다. 전체 주택임대차 시장 규모 중 공공부문은 18% 비중밖에 되지 않는다. 결국, 약 750만 호의 주택은 민간임대주택이며 대부분 다주택자에 의해서 공급되고 있다. 따라서 다주택자는 주택임대차 시장에서 주요 공급자가 되고 시장을 안정시키는 데 주도적인 역할을 한다. 하지만 다주택자에 대한 정부의 태도는 시장의 분위기나 여론 등에 따라서 달라지고, 이로 인해 일관성 없는 정책이 실행되는 경우가 많다.

그동안 정부의 정책 방향을 살펴보면 주택임대사업자에 대한 잣대가 시장의 상황에 따라서 달라졌다. 전세보증금이 올라가는 시기에는 임대주택공급을 책임져주는 고마운 존재로서 각종 인센티브를 약속하는 등 공급을 활성화하기 위한 노력을 했다. 2013년에 도입된 준공공임대주택과 2015년에 도입된 기업형 임대주택이 대표적이다. 하지만 이후 주택가격이 상승하면 이들에게 들이대는 잣대가 달라진다. 임대사업자를 높은 시세차익을 얻기 위해서 정부의 주택임대사업자 정책을 이용하는 투기세력으로 보는 것이다. 따라서 그동안 부여했던 인센티브를 축소하고 심지어 제도 자체를 없애거나 변경한다.

이렇게 정책의 방향이 수시로 변하면서 민간임대주택사업을 운영하거나 준비 중인 개인이나 법인의 경우에는 사업을 추진하는 데 있어서 불확실성이 높아지고 임대주택공급을 철회하거나 포기하게 된다. 주택임대차보호법상 임대의무기간 때문에 단기적으로는 눈에 띄는 변화가 없을지 몰라도 장기적으로 공급이 감소하고 다시 시장이 불안정해질 수 있다. 이러한 문제는 민간임대주택공급자의 역할을 너무 경시하거나 당장 시급한 사회적인 불만을 잠재우기 위해서 정책이 결정되기 때문에 발생한다. 하지만 수많은 무주택자의 주거안정을 고려할 때 주택임대 시장의 안정성이 더 중요하다고 생각한다. 따라서 민간임대주택의 역할을 명확히 할 필요가 있고, 공공임대주택과 역할 배분도 필요하다.

공공임대에 입주하지 못하는 계층도
임대주택이 필요하다

공공임대주택의 공급대상과 경계선에 있는 계층은 민간임대주택에 거주하면서도 큰 폭의 임대료 상승 없이 장기간 거주하는 것을 희망한다. 임대료의 변동과 임대기간은 임대주택의 공급에 따라서 좌우되는 부분이 많다. 따라서 주택임대차 시장에서 민간부문이 담당해야 할 최우선적인 역할은 임대주택의 안정적 공급이다. 2020년에 주택임대차보호법이 개정되어 최대 4년까지 임차인이 거주할 수 있게 되었으나, 집주인이나 자녀가 직접 거주하고자 할 때는 2년만 거주할 수 있다. 따라서 민간임대주택에 거주하는 임차인들은 좀 더 장기간의 임대기간이 보장되기를 원한다. 정부에서는 2013년에 준공공임대주택 제도를 도입해 5년 이상 거주를 보장할 경우 세제혜택을 부여하는 정책을 발표했다. 당시에는 주택임대차보호법의 보호기간이 2년이었고, 전세 시장도 불안정했기 때문에 필요성이 인정되었다. 또한, 우리나라의 주택 시장 특성상 대부분의 민간임대주택 공급자가 건설보다는 매입을 통해서 임대하고 있고, 별도로 사업자등록을 하지 않아 제도권에서 관리할 수 없었으므로 주택임대사업자로 등록을 유도하기 위해서도 인센티브가 필요했다.

하지만 2018년 이후부터 점차 민간매입임대주택에 대한 인센티브가 축소되면서 매입임대주택의 공급이 감소하기 시작했다.[16] 어차피 임대에 활용되는 주택에 대해서 세제혜택 등이 축소된다고 공급이 감소

---

16) 규제 강화의 주요 내용은 조정대상지역 내 신규등록물량에 대해서 종합부동산세 합산배제와 양도소득세 중과배제를 폐지하는 것이다.

하지는 않는다는 주장이 있다. 하지만 실제로 상당수의 다가구주택이 근린상가로 용도가 전환되고 사업자등록을 포기하면서 임대기간도 단축되었다. 특히 도입 당시 8년 의무기간이 적용되었던 장기매입임대주택에 대해서도 인센티브를 축소하고, 아파트를 신규등록하는 것을 허용하지 않으면서 임차인들은 선택의 폭이 더욱 축소되었다.[17] 2020년에는 매입임대주택제도를 대폭 개정해 단기매입임대주택제도를 폐지하고 장기매입임대주택의 임대의무기간을 10년으로 연장했다. 하지만 임대기간을 늘린다고 해서 무조건 임차인에게 유리한 것은 아니다. 공급 자체가 감소하면 제도의 개편 자체가 무의미해지기 때문이다.

민간임대주택정책은 임차인의 주거안정을 중심으로

주택임대차보호법의 개정으로 임대가 가능한 기간이 실질적으로 연장되어 단기매입임대주택의 폐지는 불가피하다 하더라도 임대의무기간이 10년으로 연장된 장기매입임대주택의 경우에는 연 5% 이상 임대료를 인상할 수 없다. 10년 후 주택가격이 상승할 것이라는 보장도 없으므로 상당한 리스크를 감수해야 한다. 따라서 기존에 축소했던 인센티브를 원상회복하거나 좀 더 강화해야 한다. 앞서 살펴본 유럽 국가의 사회주택에 해당하는 역할을 우리나라에서는 민간사업자가 하고 있기 때문이다. 또한, 전체 주택 재고 중에서 아파트의 비중이 60%를 상회하는 가운데 굳이 아파트만 매입임대주택에서 제외하는 것도 적절하

---

17) 2020년에 약 21만 9,000호였던 매입임대주택의 신규등록은 2021년에는 9만 8,000호까지 감소했다.

지 않다. 주거복지의 대상이 되는 임차인이 선호하는 주거유형을 불확실하지만, 임대인이 미래에 예상보다 큰 이익을 볼 수도 있다는 이유로 금지하는 것은 이해하기 어려운 정책이다.

민간임대주택은 공공에서 책임져주지 못하는 계층을 위해서 안정적으로 공급되어야 하나 이러한 정책의 혼선으로 민간임대주택 사업자에게 적절한 역할을 부여하지 못하고 있다. 상황이 이렇게 된 가장 큰 원인은 비록 임대주택사업자로 등록을 하고 정부에서 정한 기준을 따르고 있는 경우라도 높은 수익을 올리는 것은 용납할 수 없다는 의지가 과잉되어 반영되었기 때문이다. 도입 당시 일정 기간 이상의 임대기간과 임대료 인상제한에 참여할 경우, 보유세와 양도소득세에 대해서 혜택을 부여하기로 했다면 이후 시장 상황이 변경되어 예상보다 높은 수익이 발생하더라도 인정해야 한다. 이러한 정책이 장기간 유지되어 신뢰가 쌓여야만 장기간 임대가 가능한 민간임대주택이 안정적으로 공급될 수 있다.

민간이 주도하는 임대차 시장 구조의 선진화가 필요

민간임대주택이 담당해야 할 또 하나의 역할은 주택임대차 시장의 구조를 바꾸는 것이다. 아직 우리나라에서는 주택임대 시장은 저소득층의 영역이고, 중산층 이상은 자가주택에 거주하는 것이 당연하다고 생각한다. 하지만 각자의 선택에 따라서 중산층 이상도 임대주택에 거주하면서 여유자금을 다른 곳에 활용하길 원할 수 있다. 그렇지만 우리나라에서 중형 이상의 아파트는 개인 소유자가 전세형식으로 임대를 하는 경우가 많아 선진화되어 있지 않다. 그러다 보니 집주인과의 분쟁도 심하고, 청소나 육아 등 부대서비스를 제공받기도 어렵다. 그렇다고 공공부문에서 중산층 이상을 위한 임대주택을 공급하기도 어려운 실정이다. 따라서 민간임대주택 시장의 구조를 개선해 선진화된 주거서비스를 함께 결합할 수 있는 기업형 사업자를 육성하는 것이 필요하다.

이런 측면에서 2015년에 의욕적으로 도입된 기업형 임대주택(이하 뉴스테이)정책이 후퇴한 부분에 대해서는 아쉬움이 많이 남는다. 뉴스테이가 처음 소개되는 시기에 발표된 보도자료의 제목은 '중산층 주거혁신 방안'이었고, 정책의 목표는 양질의 임대주택을 제공하는 기업형 임대사업자를 양성하는 것이었다. 당시 주택 시장은 전세보증금이 큰 폭으로 상승한 상황으로, 공공부문의 지원을 받기 어려운 무주택 중산층들은 어려움을 호소했다. 이에 정부는 장기간 거주를 제공하고 시설보수나 보증금반환 등에 대해서 집주인과의 분쟁 등을 방지할 수 있는 뉴스테이를 도입했다.

뉴스테이는 최소 8년 이상의 의무임대기간을 정하고 연 인상률도 5%로 제한해 높은 관심을 모았다. 사업에 참여하는 기업의 입장에서는 장기간 운영을 해야 하는 부담이 있었지만, 정부는 이러한 문제를 각종 인센티브를 제공하는 것으로 해결했다. 기존 민간임대에 대한 규제를 6개에서 2개로 축소하고, 택지공급과 주택도시보증기금의 자금지원 및 세제혜택 등을 통해서 참여기업을 유치했다. 특히 임차인 자격과 초기 임대료에 대한 제한이 없어 분양아파트 수준의 품질로 주택을 개발하고, 장기간 임대를 희망하는 중산층을 유치할 수 있었다.

여기에 기존과 차별화된 이사, 청소, 육아, 세탁서비스 등을 제공할 수 있도록 해 입주자의 편의성을 높이고, 참여기업이 부가서비스를 통한 수익을 올릴 수 있도록 계획했다. 따라서 뉴스테이는 우리나라의 주택임대차 시장의 패러다임을 바꾸는 계기가 될 것으로 기대를 모았다.

[자료 7-3] 기업형 임대주택(뉴스테이) 도입 시 규제 완화

구분	도입 전	도입 후
임대의무기간	○	○
임대료 상승 제한(연 5%)	○	○
분양전환 의무	○	×
임차인 자격(무주택 등)	○	×
초기 임대료	○	×
임대주택 담보권 설정제한	○	× (임대보증금 반환보증 필요)

출처 : 국토교통부

뉴스테이의 후퇴와 아쉬움

하지만 이후 전세보증금이 안정되고 매매가격이 상승하면서 정부의 정책 방향은 다시 변경되었다. 장기적 관점에서 도입한 정책을 단기적인 시장 환경의 변화로 인해서 태도를 뒤집는 고질병이 다시 나타났다. 중산층의 주거문화를 선진화하기 위한 주택이었던 뉴스테이는 2018년에 '공공지원 민간임대주택'으로 변경되고 초기 임대료와 임차인 자격 등에 대한 규제가 적용되었다. 2020년부터는 임대의무기간도 8년에서 10년으로 늘어났다. 당연히 기업형 민간임대사업자의 공급은 감소했다.[18] 공급물량의 감소만큼이나 민간임대주택의 역할을 새롭게 세울 기회를 놓쳤다는 점에서 아쉬움이 크다. 입주대상에 주거지원계층

---

18) 주택도시보증공사의 자료에 따르면 뉴스테이 도입 후 2017년까지는 연간 1만 세대 이상 공공지원 민간임대리츠의 사업승인이 이루어졌으나, 2018년 이후 공공지원 민간임대주택정책이 시행되면서 연간 7,000세대 내외로 승인물량이 감소했다.

을 포함하고 초기 임대료도 일반가구의 경우 시세의 95% 이하, 주거지원계층은 시세의 85% 이하로 제한해 기업형 임대주택의 역할이 새로운 주거문화를 정착시키는 데서 공공임대주택을 보완하는 것으로 한정되었기 때문이다.

정책 방향이 변경된 이유로 기존 뉴스테이 사업에 대한 인센티브가 너무 과도했다는 점이 제시되었는데, 임대의무기간이 8년인 정책을 추진하면서 초기 단계인 3년 만에 사업평가를 해 방향을 변경했다는 점도 이해가 되지 않는다. 또한, 대부분의 뉴스테이 사업장은 운영수입이 적자인 상태이므로 정말로 특혜가 있었는지를 판단하기도 쉽지 않다. 앞서 제기한 것과 같이 민간사업자는 최소 8년 이상을 5% 임대료 인상제한하에서 운영하는 불확실성을 감수해야 한다. 매각시점에 시세차익이 발생할지는 확실하지 않고, 가능성이 크다고 하더라도 운영기간에 발생한 손실을 보완해야 한다는 점도 고려해야 한다.

물론 사업이 종료되거나 일정 기간 진행된 이후 재평가를 통해서 정책방향을 변경할 수 있다. 하지만 장기적인 관점에서는 정책의 신뢰성을 확보하기 위해서도 명확한 근거 없이 도입 취지를 무색하게 하는 수준으로 규제를 강화하는 것은 바람직하지 않다. 민간임대주택 시장이 공공임대주택 시장의 규모보다 절대적으로 큰 상황에서, 민간임대주택이 주택임대차 시장을 안정적으로 끌어가고 선진화하는 데 기여하는 역할을 부여하는 것이 필요하다. 그리고 이러한 변화는 단기간에 형성될 수 없으므로 장기적인 로드맵을 만들어서 적용해나가야 한다.

05 사회적 배제문제의 해결방안으로서 소셜믹스는 효과적인가?

　최근에 많이 나아지기는 했지만, 아직도 공공임대주택에 사는 것을 알리기 불편해하는 경우가 있다. 사실 요즘에는 상대방의 소득이나 가정형편에 대해서 질문하는 것은 예의가 아니므로 아주 가까운 사이가 아니면 알기가 어렵다. 하지만 우리나라에서는 공공임대주택에 거주한다고 하면 자연스럽게 저소득층을 떠올리게 되므로 선뜻 말하기 어려운 것이다. 정부와 토지주택공사 등에서 공공임대주택의 질을 높이고 이미지를 개선하기 위한 노력을 하고 있지만, 여전히 해결해야 할 과제로 남아 있다. 공공임대주택을 주제로 토론회나 세미나를 열게 되면 항상 포함되는 주제가 사회적 배제문제의 해결방안이다. 사회적 배제의 정의는 다양하게 표현할 수 있지만, 대략 저소득층 등 한 사회의 특정 계층이 교육이나 상호교류의 기회, 사회적 자원 등을 제공받는 데서 소외되었을 경우를 의미한다. 한 사회에 속한 개인이 교육이나 사회적 자원 등을 제공받는 과정에서 거주지역과 이웃과의 관계 등이 중요한 요인이 된다. 따라서 공공임대주택을 공급하면서 사회적 배제문제가 함께 논의된다.

사회적 배제는 왜 발생하나?

주거의 관점에서 사회적 배제는 국가에서 저소득층을 대상으로 공공임대주택을 대규모로 공급하는 과정에서 나타난다. 정부에서는 낮은 비용으로 가급적 많은 주택을 공급해야 하므로 토지가격이 낮은 도시외곽 등 주거지로서 선호도가 낮은 지역에 임대주택을 공급한다. 이로 인해 저소득층이 집중되는 지역이 발생하고, 주거지역의 계층이 분리되는 현상이 나타난다. 우리나라의 경우 1980년대 말부터 도시외곽지역을 중심으로 영구임대주택을 공급하면서 사회적 배제에 대한 문제가 나타나기 시작했다. 다른 주거지역과 동떨어진 곳에 공공임대주택이 자리 잡으면서 거주민들은 사회적 관계를 형성하는 것이 어려워지고 소외감과 박탈감이 발생하게 되었다. 이로 인해 일부 거주민들은 고성방가와 기물파손 등 반사회적 행동으로 이어지는 경우도 나타난다. 이러한 사례가 언론 등을 통해서 알려지게 되면 공공임대 주택 거주자들에게 사회적 낙인현상이 발생하고, 다시 사회적 배제가 강화되는 악순환이 나타난다.

이러한 현상을 해결하기 위해 공공임대주택의 입지를 기존 주거단지가 있는 지역에 공급하는 계획을 발표하면 이번에는 지역주민들이 크게 반발한다. 언론에서는 이를 '지역이기주의(님비 현상)'라고 하면서 반대하는 주민들을 비판하지만, 그전에 우리가 이 문제를 해결하기 위해서 얼마나 진지하게 노력했는지를 생각해봐야 한다. 공공임대주택 공급에 대한 지역사회의 반발은 우리나라뿐만 아니라 구미나 유럽에서도 종종 나타나는 현상이며 공급에 장애요인이 되고 있다. 공공임대주택 거주자에 대한 인식에도 큰 차이가 없다. 예를 들어 미국 텍사스주의 오스틴시를 대상으로 한 연구에서 임대주택이 자리 잡은 지역의 범죄율이 높은 것으로 나타났다. 하지만 이러한 결과를 공공임대주택이 많은 지역일수록 범죄율이 높다는 인과관계로 보는 것에는 주의해야 한다는 주장도 있다. 만약 오스틴시에서 공공임대주택을 낮은 비용으로 공급하기 위해서 범죄율이 높아 주거지로서 선호도가 낮은 지역에 공급했다면, 선후관계가 바뀌거나 인과관계보다는 상관관계로 볼 수 있기 때문이다.

공공임대주택의 공급과정에서 사회적 배제의 문제가 나타나게 된 것은 결국 물량 위주의 공급정책에 기인한 바가 크다. 앞서 살펴본 것과 같이 우리나라의 경우 공공임대주택의 비중이 OECD 평균을 넘어서야 한다는 등의 양적 목표를 가지고 공급했다. 하지만 공공임대주택을 공급하는 데 투입할 수 있는 예산은 한정되어 있었으므로 고립된 지역에 임대주택을 공급할 수밖에 없었으며, 이로 인해 부정적 이미지가 고착화되었다. 또한, 대량공급을 위해서 아파트 등을 중심으로 공급을 하다 보니 공공임대주택에 거주하는 것이 더욱 부각되어 나타났다. 실제로 최근 증가하고 있는 매입임대의 경우에는 공공임대주택이라는 것을 주변에서 알기가 어려우므로 사회적 배제가 표면화되어 나타나는 경우는 많지 않다.

이렇게 사회적 배제문제는 거주자의 특성뿐 아니라 다양한 요인에 의해서 나타날 수 있다. 따라서 사회적 배제문제의 결과를 해결하려는 방법을 찾기에 앞서 발생원인을 파악하고 제거하는 데 노력해야 한다. 원인에 대한 진단이 명확해야만 효과적으로 문제를 해결할 수 있다.

소셜믹스는 해결방안이 될 수 있는가?

사회주택의 공급 등을 통해서 우리나라보다 먼저 저소득층을 위한 임대주택을 공급한 유럽국가 등에서는 사회적 배제문제의 심각성을 인식하고 해결방안을 모색했다. 그 가운데서 사회적 통합이 해결방안이 될 수 있다고 생각해 소셜믹스(Social Mix)을 시도했다. 특히 프랑스에서 소셜믹스 정책을 적극적으로 추진했는데, 먼저 2000년에 추진된 정책은 대도시권 내에서 사회주택 재고를 일정 비율까지 확보해 2020년까지 20%를 공급하는 것을 목표로 제시했다. 이후 2005년에 발표된 정책에서는 노후화된 사회주택을 철거하고 혼합주거로 재건축하면서 소셜믹스가 적용된 지역 커뮤니티를 개발하는 방안을 발표했다.

　프랑스의 정책은 먼저 공공임대주택의 공급을 추진하더라도 고립된 외곽지역보다는 대도시권에서 일정 비율을 설치하도록 해 위치가 좋은 지역에 임대주택을 공급하는 방안으로 사회적 배제문제를 해결하고자 했다. 공급지역 자체가 중산층과 큰 차이가 없으면 사회적 교류가 활발해질 수 있기 때문이다. 하지만 넓은 대도시 지역에서 공공임대주택의 재고만 증가한다고 해서 소득이나 교육수준, 성장환경이 다른 집단 간에 사회적 교류가 확대되기는 어렵다.

　이에 따라 다음 단계로 적용된 방안은 이웃과의 관계 형성까지 소셜믹스를 통해서 지원하는 좀 더 적극적인 정책으로 판단된다. 프랑스에서 2000년대 이후 노후 사회주택에 대한 재건축을 본격적으로 추진하면서 혼합주거를 추진한 것이다. 같은 건물 내에서 중산층을 대상으로 한 주택과 사회주택을 혼합해 소셜믹스의 실효성을 높이고자 했다. 하지만 이러한 정책에 대한 평가는 긍정적이지만은 않다. 오히려 프랑스의 소셜믹스 정책은 대도시 내 인기지역에 사회주택의 재고를 확보하는 데는 기여했지만, 혼합주거로 인한 사회적 통합효과에 대해서는 성공적으로 평가하기 어렵다는 분석이 많다. 기존의 사회주택 단지를 철거하고 혼합주거지역으로 개발된 경우 새로 유입된 중산층과 사회주택

입주자 간에 통합이 되지 않으며, 오히려 사회적 분리를 강화하는 경향이 있다는 것이다.

사실 소셜믹스에 대한 우리의 기대는 다소 이상적인 측면이 있다. 소셜믹스의 긍정적 효과는 상류층이나 중산층이 가지고 있는 긍정적인 사회적 자원을 함께 거주하게 되는 저소득층이 자연스럽게 이전받을 수 있다는 것이다. 하지만 현대사회에서는 이웃 간의 교류가 과거와 같이 활발하지 않고, 오히려 SNS 등을 통한 온라인상의 교류가 더 활발하게 진행되고 있다. 따라서 사회적 교류의 활성화를 위해서 굳이 주거를 혼합해야 할 필요가 있는 것도 아니고, 실제로 저소득층에게 어떤 방식으로 도움이 될 수 있을지도 명확하지 않다. 혼합의 당사자가 되어야 하는 중산층의 입장에서는 자신들이 선택하지 않은 이웃들과의 관계를 강요받는다고 생각할 것이다. 이러한 분위기가 형성되면 공공임대주택 거주자도 사회적 관계를 형성하는 데 소극적일 수밖에 없다.

우리나라도 영구임대주택에 대한 사회적 배제문제가 대두된 이후 해결책의 하나로 소셜믹스를 도입했다. 먼저 신도시를 개발하면서 일정한 비율을 공공임대주택으로 공급하도록 했다. 주거환경이 좋은 신도시 지역에 공공임대주택을 공급해 위치로 인해서 발생하는 사회적 배제문제를 해결하고, 새롭게 입주하는 다양한 거주민들이 사회적 통합을 할 수 있도록 했다.[19] 하지만 신도시 내 공공임대주택이 별도 단지로 배치되어 공급되면서 거주민들이 지역사회에서 더욱 위축되는 결과를 가져왔다. 희망제작소에서는 2010년 강남의 고급아파트부터 공공임대주택까지 다양한 주택 유형에 거주하는 집단을 대상으로 인터뷰를 진

---

19) 1·2기 신도시의 경우 택지개발촉진법에 따라서 공공임대주택을 20% 이상 공급하도록 했으며, 3기 신도시는 공공임대주택특별법을 적용해 35% 이상을 공공임대주택으로 공급하도록 규정하고 있다.

행해 《주거신분사회》라는 책자를 발간했다. 이 중 1기 신도시 내 국민임대주택에 거주하는 주민은 다음과 같은 의견을 제시했다.

> "피부로 느끼죠. 저희 아이가 학교에 다니는데 같은 반 어머니들이 모임을 하나 만들었어요. 나도 참석을 했는데 옆에 큰 아파트에 사는 어머니들이 대부분 참석을 했고, 임대아파트에 사는 사람은 저 혼자였어요. 그랬을 때 굉장히 위축되게 하는 눈초리들 있잖아요. … 처음에 나갔을 때는 '내가 과연 이 모임에 나가야 할 것인가?' 하는 그런 생각이 들더라고요." 《주거신분사회》 중에서

물론 해당 모임에 참여한 분양주택 거주민들이 정말로 상대방이 위축되게 하는 행동을 했는지는 알 수 없다. 다만 지역 내 상당수의 아파트가 분양아파트이고 일부 공공임대주택이 별도의 단지로 배치되어 있다면, 해당 거주민들에게는 심리적인 부담이 될 수 있다. 특히 학령기의 자녀가 있는 경우라면 부정적인 영향을 미치지 않을까 더욱 걱정될 것이다. 사실 우리나라의 자가점유율을 고려할 때 분양아파트 단지라도 절반 가까이는 다른 사람이 소유한 주택에서 전세나 월세로 거주하고 있다. 하지만 이 경우에는 사회적 배제에 따른 문제가 특별히 나타나지 않는 점을 고려하면, 입지가 좋은 신도시 지역이라도 아직 공공임대주택에 대한 낙인효과가 나타나고 있는 것으로 보인다.

소셜믹스를 위한 또 하나의 정책은 재개발 등 정비사업을 하는 경우 공공임대주택을 일정 비율까지 공급하게 하는 것이다. 재개발의 경우 지역별로 차이는 있지만 최대 20% 수준까지 공공임대주택을 공급하도록 하고 있으며, 재건축의 경우에는 용적률 인센티브를 적용받기 위해서 선택적으로 공공임대주택을 공급하고 있다. 우리가 언론 등에서 접하게 되는 많은 사회적 배제문제는 정비사업을 통한 공공임대주택

의 공급에서 나타나는 경우가 많다. 택지개발을 통해서 공급되는 신도
시와 달리 정비사업은 기존의 소유자와 임차인과의 관계에서 나타나고
단지의 배치와 시설 등의 설계를 조합과 시공사에서 하기 때문이다. 따
라서 의도적으로 진입로를 달리하거나 공공임대주택 거주자들이 분양
주택단지의 커뮤니티시설을 이용하지 못하도록 설계를 하는 경우가 발
생한다.

공공임대거주자는 소셜믹스를 원할까?

사회적 통합을 위한 소셜믹스 정책이 오히려 사회적 배제를 표면화
하는 부작용이 나타날 수 있다는 점을 고려해야 한다. 이러한 문제를
분양아파트 단지 주민들을 비판하는 것으로 해결해서는 안 된다. 단지
의 커뮤니티시설이 대부분 분양단지의 관리비를 통해서 운영되고 있고
공공임대주택의 공급은 법적 의무이면서 사업성을 저해하는 요인으로
생각할 수 있기 때문이다. 사실 공공임대주택 거주자도 되도록 분양주
택 거주민과 접촉을 피하고자 한다는 의견도 있다. 앞서 살펴본 주거신
분사회의 인터뷰 내용 중 또 다른 공공임대주택 거주자의 의견은 다음
과 같다.

> "아, 저희 단지는 그 점에 대해서는 굉장히 고맙게 생각하는 게 일반 분양단지
> 하고 굉장히 떨어져 있거든요. 동의 수가 다섯 개인데 그중 두 동은 분양단지와
> 같이 있고 세 동은 떨어져 있어요. 그래서 차로 가는 길도 완전히 달라요. 달라서
> 위화감이나 그런 것은 전혀 없어요."
>
> 《주거신분사회》 중에서

자신이 거주하는 공공임대주택이 분양아파트와 떨어져 있어서 고맙게 생각한다는 입주자의 말은 사회적 혼합을 위한 노력이 과연 누구를 위한 것인지를 생각해보게 한다. 최근에는 소셜믹스를 더욱 강화하기 위해서 한동안에 영구임대주택과 국민임대주택 등 임대주택 유형을 혼합배치하거나 분양주택과 임대주택을 함께 배치하는 것을 시도하는 단지도 있지만, 물리적인 혼합의 한계는 분명하다. 다만 임대주택과 분양주택의 주택형태가 구별되어서 공급되지 않는다면, 일반적인 전월세로 사는 것과 같이 특정주택에 거주하는 자체만으로 위축되는 현상을 피할 수 있다. 하지만 모든 공공임대주택을 혼합배치방식으로 공급하는데는 한계가 있고, 이미 공급된 공공임대주택도 상당하므로 물리적 혼합배치를 넘어서는 새로운 시도가 필요한 시점이 되었다.

물리적 혼합의 한계를 넘어서

그렇다면 공공임대주택의 사회적 배제문제는 어떻게 해결해야 할까? 사실 단기간 내에 한 번에 해결할 수 있는 만능열쇠가 있는 것은 아니다. 하지만 최근 나타나고 있는 점진적인 변화를 보면서 어느 정도 실마리를 찾을 수 있을 것 같다. 먼저 살펴볼 것은 도입 초기 엄청난 사회적 반발을 일으켰던 행복주택의 안정적인 정착이다. 행복주택은 신혼부부와 사회초년생 등 청년층을 위한 공공임대주택으로 2013년에 발표되었다. 따라서 공급지역도 청년층이 선호하는 역세권과 목동·잠실 지역 내 공공시설 부지 등을 활용할 계획이었다. 또한, 사회적 혼합을 위해서 주민복지센터와 문화예술공간 등 각종 지역거점시설도 함께 설치하기로 했다. 하지만 사전에 지역주민들과의 의사소통이 부족했고, 지방자치단체와의 협력도 원활하게 이루어지지 못해 지역사회의 강력한 반발에 직면했고, 일부 지역에서는 지구지정이 축소되거나 해제되었다.

　도입 초기 난항을 겪었던 행복주택 사업은 지자체의 권한을 강화하고 청년층 입주 비중을 상향조정하면서 공급목표 물량을 조정하는 방식으로 사업방향을 수정했다. 행복주택과 연계한 지역거점시설도 지역사회의 의견을 반영해 공급하고, 외관디자인도 기존 공공임대주택과는 차별화해 공급하는 등 문제점을 보완하기 위해서 노력했다. LH토지주택연구원에서 2019년에 실행한 공공임대주택 인근 지역주민들에 대한 FGI(Focus Group Interview)에서 행복주택이 신혼부부, 사회초년생 등 청년층 등을 위한 단기 임대주택으로 인식되면서 긍정적 이미지가 형성되고 있다는 결과는 앞서 제시한 노력의 성과로 평가할 수 있다.

　토지주택연구원의 FGI 결과를 좀 더 살펴보면, 임대주택 유형 중 영구임대주택에 대한 부정적 인식이 가장 크고, 국민임대주택의 경우 인근지역주민들은 크게 공공임대주택이라고 인식하지 못하는 경우가 많은 것으로 나타났다. 행복주택이 기존 공공임대주택과는 공급목적이나 대상이 차별화되어 있다는 점도 인식하고 있었다. 따라서 현재 진행 중인 공공임대주택의 유형 통합도 좀 더 적극적으로 추진할 필요가 있을 것으로 판단된다. 공공임대주택의 유형에 따라서 인식이 달라진다면 긍정적 효과가 있는 유형을 중심으로 통합해 부정적 인식을 개선할 수 있다. 이와 함께 소득 중심 공급유형의 틀을 벗어나 수혜자의 특성을 반영한 공공임대주택의 공급을 확대할 필요가 있다. 최근 도입된 고령층을 위한 공공실버주택과 청년층을 대상으로 한 행복주택과 같이 공공임대주택 유형 개발에 있어서 발상의 전환이 필요하다.

　행복주택에 적용한 것처럼 공공임대주택에 도서관, 문화센터, 공원등 지역거점시설을 함께 설치해 인근 주민들과의 교류를 확대하는 것도 사회적 배제문제를 해결하는 방법이 될 수 있다. 주택을 물리적으로 혼합하기보다는 지역에서 선호하는 시설을 같이 이용하면서 자연스럽게 교류를 확대한다면, 시간은 걸리겠지만 사회적 통합효과는 더 크게 나타날 수 있다. 최근 우리나라에서도 초창기에 공급된 공공임대주택에 대한 재건축사업을 준비 중이므로, 설계 단계부터 지역 내 의견수렴 등을 통해 선호되는 시설을 반영할 필요가 있다.

공공임대주택의 관리 측면에서도 주민들과 학계 등에서 계속해서 요구하는 내용을 반영해 시설관리에서 생활관리로 패러다임을 전환할 필요가 있다. 이를 위해서 가장 필요한 것이 기존 임차인 대표회의의 역할과 의무를 명확하게 하는 것이다. 분양주택 단지의 입주자대표회의는 설립도 의무화되어 있고, 아파트 단지 내 시설 투자 및 주요 운영사항에 대한 의결권을 가지고 있다. 하지만 공공임대주택의 임차인 대표회의는 의결권이 없는 협의기구에 불과한 데다가 설립이 의무화되어 있지 않다. 2022년 6월 말을 기준으로 LH가 소유한 공공임대주택 중에서 임차인 대표회의가 구성된 단지는 절반 수준에 불과한 것으로 나타났다.[20] 입주민들의 의견을 수렴할 수 있는 기구의 설립상황이 이 정도 수준이라면 효과적인 생활관리가 진행되는 것을 기대하기는 어렵다. 여기에 최근 증가하고 있는 매입임대의 경우 지리적으로도 분산되어 있어 더욱 관리가 어려운 상황이다. 따라서 임차인 대표회의 구성을 적극적으로 추진하고, 지자체와 NGO 등과의 협업을 통해서 관리에 따른 문제를 해결해야 할 것으로 보인다.

---

20) 〈아파트관리신문〉 기사, 2022. 9. 27, LH공공임대주택 중 임차인대표회의 미구성 단지 절반 이상

06 주거급여는 주거복지의 한 축이 될 것인가?

대부분의 가구는 매월 벌어들이는 소득에서 일정 부분을 주거비로 지출하게 된다. 주택을 소유한 가구도 주택담보대출 상환으로 인한 지출 및 기회비용이 있고, 임차가구의 경우에도 전세와 월세로 인한 비용이 발생한다. 주택이라는 재화가 고가이므로 저소득층일수록 주거비 부담이 커진다. 그렇다고 당장 거주할 장소가 필요한 상황에서 지출을 줄이기도 쉽지 않다. 이에 따라 국가별로 차이는 있지만 주택바우처 등을 통해서 저소득층의 주거비를 지원하는 정책이 실행되고 있고, 우리나라에서는 주거급여라는 이름으로 주거비지원 정책이 실행되고 있다.

주거급여는 2014년에 기초생활보장제도가 맞춤형 급여로 개편되면서 도입되어 공공임대주택과 함께 우리나라의 중요한 주거복지수단으로 자리 잡고 있다. 2013년까지 적용되었던 생계보장 차원의 기존 주거급여는 보건복지부에서 담당했으나, 2014년에 주거급여법이 제정되면서 국토교통부에서 담당하게 되었다. 주거급여사업의 목적이 저소득층에 대한 주거비를 지원하는 것으로 변경되면서 지원대상과 지원금액도 점차 증가하고 있다. 변경 전에 중위소득 33% 이하였던 지급대상은

2014년에 43%부터 시작해 2023년에는 중위소득 47%에 해당하는 가구까지 확대해 지원할 계획이다. 여기에 2018년에는 부양의무자 기준이 폐지되고, 2021년에는 청년주거급여 분리지급도 실시되어 실질적인 부양대상 가구는 더욱 확대되었다. 가구당 평균 지원금액도 2013년에 8만 원에서 2020년 말에는 15.5만 원까지 증가했다. 당연히 소요예산도 2013년에 약 5,700억 원에서 2023년에는 2조 5,723억 원까지 대폭 증가했다.

우리나라의 주거급여는 가구원 수와 4개의 급지로 구분된 거주지역에 따라서 차등 지원된다. 가구원 수별 중위소득의 47%를 기준으로 한 소득기준을 반영해 2023년 예정된 가구원 수당 주택급여 선정기준은 1인 가구 98만 원부터 6인 가구 340만 원이며, 1급지인 서울을 기준으로 1인 가구는 최대 33만 원을 지급받을 수 있고, 6인 가구는 최대 63만 원을 지급받을 수 있다.[21] 도입 후 지속적으로 주거급여 대상 소득기준이 상향되고 있고, 윤석열 정부의 공약에서도 중위소득의 50%까지 주거급여대상을 확대한다고 발표했으므로 당분간 주거급여의 규모는 증가할 것으로 예상된다.

주거급여에 대한 기대와 과제

주거급여는 임차인에게 현금으로 지급하는 것과 같으므로 수급자들의 만족도가 높다. 임대인으로서도 임차인들의 지불능력이 향상되

---

21) 주거급여의 급지구분은 1급지(서울), 2급지(경기·인천), 3급지(광역·세종시·수도권 외 특례시), 4급지(그 외 지역)로 구분되며 급지별로 지급액이 차등적용된다.

고 수요증가 효과도 있어 공실 가능성도 낮아지므로 확대해서 적용하는 것을 환영할 것이다. 실제로 국토연구원에서 2022년에 발표한 연구에 따르면, 공공임대주택은 가구당 연 30만 원의 월평균 임대료 절감효과를 가져오고, 주거급여는 약 16만 원의 임대료 절감효과가 발생하는 것으로 나타났다. 2020년을 기준으로 중앙정부에서 지원하는 예산이 공공임대주택의 경우 약 4조 4,000억 원이고, 주거급여 예산이 약 1조 6,000억 원이므로 주거급여의 임대료 절감효과는 크다고 할 수 있다. 상대적인 부담 정도를 확인할 수 있는 가구당 소득 대비 월 임대료(RIR : Rent to Ratio)의 인하 효과는 공공임대가구가 15.3%p, 주거급여 수급가구는 17.5%p가 하락해 주거급여의 효과가 더 큰 것으로 나타났다.

하지만 점차 규모가 커지고 있는 주거급여의 지원 및 운영에 대해서 개선해야 할 부분도 있다. 먼저 주거급여의 목표와 대상을 명확하게 할 필요가 있다. 외국도 임대료 지원정책이 있지만, 공공임대주택을 민영화하고 시장 기능에 맡기는 방향전환의 하나로 진행되었으나 우리나라의 경우 공급정책과 연계성이 부족하다. 이렇게 정책목표가 명확하지 않은 상황에서 공급대상을 확대해 막대한 예산을 투입하는 현재와 같은 정책은 지속해서 유지하기가 어렵다. 전체 예산이 점차 증가하지만 수급대상자가 같이 확대되면서 실제 지급액이 주거문제를 해결하는 데 한계가 있기 때문이다. 따라서 주거급여의 안정적인 운영을 위해서도 조정이 필요하다. 매년 수급대상자를 확대하고 예산을 증가시키는 방식보다는 거주지역과 현재 주거상황, 고용상태, 가구주 연령 등을 고려해 목표 집단을 명확하게 규정하고, 필요한 수준의 주거비를 지원할 수 있는 프로그램을 개발할 필요가 있다.

이러한 측면에서 수급대상의 중복성 문제도 개선이 필요한 부분이다. 앞서 소개한 국토연구원의 분석에 따르면, 2020년 기준 임차급여 수급가구 중 약 42%가 공공임대주택에 거주하는 것으로 나타났다. 앞서 살펴본 것과 같이 공공임대주택 거주자들은 이미 상당한 수준의 주거비 절감효과를 누리고 있으므로 이 부분에서는 조정이 필요하다. 모든 저소득층이 공공임대주택을 제공받지 못하는 상황에서 중복지원은 민간임대주택에 거주하는 임차인을 차별하는 결과가 나타날 수 있기 때문이다. 공공임대주택 거주자들도 임대료를 연체하는 경우가 있지만, 이 부분은 소득기회제공 등 생활관리 차원에서 해결해야 할 문제로 판단된다. 물론 모든 공공임대주택 거주자들을 일방적으로 주거급여지원 대상에서 배제할 수는 없겠지만, 좀 더 체계적인 검증절차를 통해서 민간임대주택에 거주하는 지원대상과 형평성을 제고해야 한다.

이 외에도 현재 적용되고 있는 급지별 구분기준과 임대료 지원수준이 적정한지에 대한 문제가 제기될 수 있으며, 공급의 비탄력성이 높은 지역에서는 주거급여를 지급한다고 해도 수요만 증가하고 공급은 증가하지 않아 임대료만 상승할 수 있다는 우려 등도 정책실행 시 함께 고려해야 할 부분이다. 아직 우리나라의 주거급여가 본격적으로 지급된 지는 10여 년에 불과하므로 실행과정에서의 문제점을 지속적으로 개선해 주거복지의 한 축을 담당할 수 있도록 해야 한다.

07 우리나라의 주거복지정책은 실패한 것인가?

　지금까지 우리나라의 주거복지정책에 대해서 다양한 관점에서 살펴보면서 문제점 및 개선사항을 제시했다. 그렇다면 우리나라의 주거복지정책은 정말 실패한 것일까? 결론부터 제시하자면 무조건 부정적으로만 평가하는 것은 문제가 있다. 우리나라의 주거복지정책이 잘못되었다는 논리의 근거로 많이 제시하는 것이 높은 주택가격과 공공임대주택이 부족하다는 점 등이다. 우리나라는 1950년대 이후 20여 년 간은 전후복구에 역량을 집중했기 때문에 주택정책이 본격적으로 추진된 것은 1970년대 이후 청약제도 등을 도입하면서부터로 볼 수 있다. 서구국가들보다 압축적인 성장을 하면서 주거문제도 빠르게 나타났고 해결을 위한 시간도 짧았다. 지금 돌아보면 미흡한 부분이 없지는 않지만 당시로서는 주어진 여건하에서 최선을 다했을 것으로 생각한다. 직접적인 비교는 어렵겠지만 최근 한참 높은 경제성장률을 올리고 있는 개발도상국 등을 방문해 주택문제를 해결하는 방식을 보면 한국의 주택정책이 매우 효율적이라는 평가를 하게 된다.

　먼저 현재의 높은 주택가격은 주거복지정책이 잘못 운용되었다기보다는 우리나라의 높은 경제 및 소득성장에서 기인한 것이다. 1980년에 1,714달러에 불과하던 우리나라의 1인당 국민소득은 2021년에는 약 3만 5,000달러까지 높아졌다. 이러한 소득증가는 당연히 주택가격을 상승시킨다. 경제성장으로 나타난 인구의 도시집중으로 주택이 부족해 강남 등 주거환경이 좋은 지역의 주택가격이 더욱 상승하게 된 것도 피할 수 없는 현상이었다. 정부에서는 이러한 문제를 해결하기 위해서 청약제도를 도입하고 신도시를 개발하는 등 주택공급을 확대하기 위해서 노력했으며, 그 결과 현재 주택보급률이 100%를 상회하게 되었다. 이 과정에서 과도한 규제를 통해서 일시적으로 공급에서 병목현상이 나타나는 등 시장 기능의 작동을 지혜해서 나타나는 부작용이 없지는 않았지만, 전체적으로 단기간에 많은 주택을 공급하는 데는 성공했다. 물론 현재 인기지역은 주택가격이 매우 높게 형성되어 진입하기가 어려워졌다. 하지만 이 문제는 저소득층의 주거안정이라는 주거복지의 문제로 보기는 어렵다.

오히려 주거복지의 측면에서 주장할 수 있는 문제는 과거에 우리나라가 너무 분양주택 위주의 공급에 치우쳤다는 점이다. 공공임대주택을 본격적으로 공급하게 된 것은 1990년대에 들어서였기 때문이다. 이부분도 결과만 보면 좀 더 일찍 공공임대주택을 많이 건축해서 서민층에게 공급했다면 전세보증금이 올라서 고생하는 사람들이 줄어들지 않았을까 비판할 수도 있다. 하지만 과거로 눈을 돌리면 그렇게 쉽게 실행하기는 어려웠을 것으로 생각된다. 우리나라는 6·25전쟁 이후 전후복구와 경제성장에 국가의 역량을 집중해야 했으므로 주택을 공급하는 데 정부에서 집중적으로 자금지원을 할 수 없었다. 따라서 주택공급을 확대하기 위해서는 단기간 내 투입자금을 회수해 새로운 사업에 투입할 수 있는 분양주택 위주의 공급이 불가피했을 것으로 생각된다.

다만, 주택공급을 확대하는 과정에서 청약제도를 도입해 공공부문에서 자금을 지원하는 국민주택 등은 무주택자만 주택을 공급받도록 하는 등 신규주택의 분배에서 무주택서민에게 우선권을 부여하는 안전장치를 마련했다. 분양주택을 많이 공급하면 새롭게 입주하는 사람들이 거주하는 기존 주거지에 소득이 낮은 계층이 이주할 수 있으므로 간접적으로는 저소득층을 위한 주택공급에 기여했다.

경제성장이 어느 정도 이루어진 뒤에는 공공임대주택의 공급에도 역량을 기울였다. 그동안 저소득층에 대한 주거안정을 외면했었다는 부채의식으로 공공임대주택의 공급은 매우 빠르게 진행되었다. 여기에는 1998년에 발생한 외환위기라는 변수도 영향을 미쳤다. 외환위기로 인해서 저소득층의 주거 불안정이 심화하면서 주택도시기금의 지원항목 중 분양주택에 대한 비중이 크게 감소하고, 공공임대주택과 무주택 서민층에게 직접 지원하는 수요자 융자항목의 비중이 매우 크게 증가했다. 그 결과 앞서 살펴본 대로 2020년을 기준으로 한 공공임대 주택 재고는 약 160만 호에 달하게 되었다. 장기임대주택의 비중도 그동안 목표로 했던 OECD 국가 평균을 넘어서게 되었다. 공공임대주택의 공급을 마치 주택이 부족했던 시기의 분양주택과 같이 공급목표를 정해 밀어붙이기식으로 추진했기 때문이다. 이 과정에서 투입된 막대한 예산에 비해서 사회적 배제와 정책의 비효율성 문제가 나타난 것은 아쉬운 부분이다. 하지만 최근에는 공공임대주택 유형을 통합하고 공급대상을 확대하는 등 효율적인 운영을 위해서 개선해나가고 있다. 2014년부터는 본격적으로 주거급여를 지급하면서 지원대상을 확대하고 있다.

그동안 정부에 따라 시장의 과열기나 침체기에 방향성이 다른 다양한 정책을 발표했지만, 저소득층을 대상으로 한 주거복지정책은 지속해서 추진되어 왔다. 물론 정부의 정책기조와 문제해결수단에 관한 판단에 따라서 방법은 달라졌지만, 정책수립 당시의 시장 상황과 정부의 역량 등을 고려해 가능한 수준의 정책을 펼쳐왔다고 평가할 수 있다. 특히 우리나라가 한참 개발도상국으로 성장기에 있던 과거에 미약한 수준이나마 저소득층을 위한 부동산 정책을 지속해서 추진해왔기 때문에 최근까지 점차 지원 규모가 커지고 다양한 정책이 실행될 수 있었다. 주거복지정책을 100년 이상 추진해온 서구 선진국에 비하면, 아직 우리나라는 개선할 점이 많고 시장 환경에서도 차이가 있다. 하지만 과거의 정책에 대한 부정적 평가보다는 더 좋은 주거복지정책을 펼칠 수 있는 디딤돌로 활용하는 것이 더 올바른 방향이라고 생각된다.

제8장

부동산 세금,
어떻게 거두어야 할까?

01 부동산 세금의 의미와 형성

벤저민 프랭클린(Benjamin Franklin)은 "죽음과 세금 외에는 확실한 것이 없다"라고 했다. 이처럼 세금은 죽음만큼이나 피할 수 없고 달갑지 않은 존재다. 사람들은 특히 부동산 세금에 대해 상당히 민감하게 받아들인다. 재산세가 크게 높아졌던 1986년에는 조세저항이 너무 심해 내무부 장관이 사표를 낸 적도 있었다. '내가 벌어들이는 돈은 그대로인데, 왜 내야 할 보유세는 1년 만에 2,000만 원이나 많아진 것일까? 5억 원에 집을 사서 가만히 앉아서 20억 원을 번 사람이 세금을 더 많이 내야 하는 거 아닌가?' 이런 생각을 하는 사람들을 주변에서 어렵지 않게 찾아볼 수 있다. 내라니까 따르긴 하겠지만, 부동산 세금은 도대체 왜 내야 하는 거고, 왜 이런 모습으로 우리 곁에 존재하는 것일까? 함께 알아보자.

부동산 세금은 왜 내야 하나?

　세금은 국가 또는 지방자치단체가 역할 수행에 필요한 재원을 확보하기 위해 걷는 게 일차적인 목적이고, 부동산 세금도 예외는 아니다. 부동산은 소득과 재산을 나타내는 대표적인 잣대이므로 여러 세원 가운데서도 중요한 위치를 점한다. 부동산 관련 행위의 모든 단계(취득, 보유, 이전)에서 세금이 걷히고 있으며, 누구한테 얼마나 걷느냐는 사회·경제적 여건이 반영된 합의의 결과다. 가령, 영국에서는 우리나라와 달리 주거용 부동산에 대한 보유세(Council Tax)를 소유자가 아닌 실거주자가 낸다. 정부는 이렇게 부동산 세금을 걷어다 교육 및 치안과 같은 지방 공공서비스 개선 등에 사용한다. 부동산을 많이 보유할수록 혜택을 많이 받고, 능력이 있으면 부담도 적다는 측면에서 과세가 이루어진다.

　부동산 세금은 경비 조달 외에 국가의 다양한 정책 수단으로도 활용된다. 만약 부동산 시장의 기능이나 성과에 만족스럽지 못한 측면이 있다면, 시장의 효율성을 높이는 정책 수단으로 세제가 활용될 수 있다. 대표적인 사례로 소득과 자산 분배의 불평등을 부동산 조세를 통해 완화하려는 정책이 있다. 부동산 임대료와 자산가치 상승분을 불로소득으로 여기는 사람들의 반감이 크고,[22] 부동산 세금은 징수해도 부작용이 적은 훌륭한 세원이라는 점이 이론적으로도 뒷받침되어 발생 이득을 환수하자는 목소리가 상당히 크다. 이와 같은 맥락에서 종합부동산세는 조세 부담의 형평성 제고(종합부동산세법 제1조)를 지향한다. 2022년 기준 다주택자는 종합부동산세 누진·중과세율을 적용받고 있는데, 여

---

22) 국토연구원이 실시한 '2020 토지에 관한 국민의식조사' 결과에 따르면, 토지(부동산)에서 발생한 불로소득을 개인이 누리는 것이 문제라는 응답이 87.7%, 개발이익을 환수해야 한다는 응답은 86.0%로 상당히 높게 나타났다.

기에는 보유한 부동산이 많은 사람이 적은 사람보다 더 많은 세금을 내는 것이 공평하다는 시각이 반영되어 있다.

또한, 부동산 세금은 시장 안정을 위한 정책으로도 자주 활용된다. 부동산세 부담은 시장 침체기에는 비과세 감면제도 확대 등을 통해 완화된 반면, 과열기에는 취득세율 및 양도소득세율 인상 등으로 강화되었다. 한 예로, 극심한 부동산 경기 침체기였던 2013년에는 4·1 부동산 종합 대책을 통해 일부 주택에 대한 양도소득세 및 취득세 면제가 한시적으로 시행되었다. 앞서 살펴본 종합부동산세법에는 부동산의 가격안정을 도모한다는 목적도 적시되어 있는데, 이러한 정책 의도를 실제로 달성했는지에 관해서는 뒤에서 기술한다.

이 밖에도 부동산 조세제도는 다양한 사회정책적 목적으로 운용된다. 세종시로 이전한 정부나 공공기관의 종사자에게 신규주택 취득 시 세금 감면을 해줬던 것은 주거 편의를 보장함으로써 이들의 조기 정착을 독려하기 위함이었다. 그리고 1세대 1주택 양도소득세 비과세와 관련해서는 주택은 필수재일 뿐만 아니라, 양도소득세를 일부 내고 나면 이전과 비슷한 수준의 집으로 옮길 수 없는 상황이 감안되었다. 이처럼 부동산 세금 조정을 통해 국민의 거주·이전 자유가 보장되고 있다. 아울러 임대주택에 대한 취득세 및 재산세를 감면하는 제도도 서민의 주거안정을 보장하기 위함으로 사회적 약자를 배려하기 위한 정책 의도가 담겨 있다.

특히, 종합부동산세는 지방재정의 균형발전이라는 구체적인 사회정책적 목적을 지닌다. 부동산 세금은 크게 국가가 부과하는 국세와 지방자치단체가 부과하는 지방세로 나뉘는데, 국세로는 종합부동산세, 양도소득세, 지방세로는 재산세, 취득세가 대표적이다. 종합부동산세는 중앙정부에서 부과하는 국세지만, 수취 된 이후 지방자치단체에 부동산 교부세로 전액 배부된다.[23] 종합부동산세 세액의 77%는 수도권에서 걷어져 75%는 지방에 배분되는데, 노인 인구가 많고 재정여건이 열악한 일부 지방(경북, 전남 등)에 큰 도움이 된다([자료 8-1]).

[자료 8-1] 시·도별 부동산 교부세

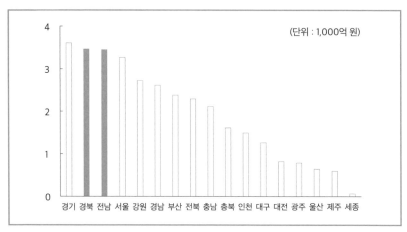

주 : 2020년 기준

출처 : 2021 행정안전위원회 국정감사 자료, 한병도(2021)에서 재인용

하지만 부동산 조세는 목적이 좋다고 해서 마음대로 휘둘러도 되는 칼이 아니다. 부동산 세금을 거둘 때는 반드시 여러 헌법상의 원칙을 고려하고 준수해야 하며, 한계도 명확히 인지해야 한다. 먼저 조세 부담이 과중해 납세자의 재산권을 근본적으로 침해하지 않는지 살펴야 한다. 또한, 헌법상 과잉금지원칙도 준수해야 하는데, 최대 6%(농어촌특별세까지 포함하면 7.2%)에 이르는 현행 종합부동산세는 향후 20년 이내에

---

23) 부동산 교부세의 지역별 배분 액수는 재정여건(50%), 사회복지(35%), 지역교육(10%), 보유세 규모(5%)를 고려해 정해진다.

주택의 무상 몰수가 가능하다는 점에서 위헌적 요소가 있다. 다음으로 조세평등주의를 고려할 수 있는데, 재산세 인상률을 주택 보유자 누구에게나 동일하게가 아니고, 다주택자에게만 중과세율을 적용한다면 불평등 문제가 제기된다. 이 밖에도 자유권, 조세법률주의 등이 존중되어야 한다. 만약 다른 정책 수단으로 해결할 수 있는 문제라면 군이 부동산 조세제도를 동원할 필요는 없다. 필요성 및 우월성이 있는 경우에만 효율성 측면에서 부동산 조세제도의 활용이 정당화된다.

부동산 세금의 태동과 성장

부동산 세금은 언제부터 우리의 삶과 함께했던 것일까? 이 질문에 대한 답은 보유세, 취득세, 양도소득세 순서로 살펴보자. 먼저, 보유세는 아주 오래전 삼국시대의 조(租)라는 제도에서 시작되었다. 당시에 땅에서 발생하는 수확량에 과세하려고 했으나, 측정이 어려워 토지를 몇 결을 보유했느냐에 따라 세금을 매겼기에 전조(田租)를 최초의 보유세로 볼 수 있다. 이후 토지에 대한 세금은 전분육등법, 연분구등법, 영정법, 대동법 등으로 이어지게 된다. 1909년에는 가옥세가 주택을 과세 대상으로 신설되었다. 6·25전쟁이 발발하면서부터는 과세 대상의 포착이 상대적으로 쉬운 토지에 대한 과세가 중점적으로 이루어져 호별세, 교육세, 기타 공과부담금 등이 폐지되고 현물로 납부하는 토지 수득세(收得稅)로 단일화되었다. 1961년에 이르러서는 다양한 형태의 부동산 조세가 재산세로 통합 및 간소화되었다.

한편, 1970년대 급격한 경제성장 과정에서 부동산 시장이 과열되면서 보유세제에 다양한 투기억제정책이 적용되었다. 1973년 주택에 대해 재산세 누진세율이 도입되었고, 1976년 재산세 과세 대상에 농지 및 임야가 추가되었다. 1987년에는 토지 투기를 억제하고 국토를 효율적으로 이용하기 위해 토지 과다보유세가 신설되었다. 당시에 개인의 유휴 과다보유 토지 및 법인의 비업무용 토지를 전국 합산해 누진세율로 세금을 부과했다. 하지만, 과세 대상 범위가 전 국토의 1%도 안 될 만큼 한정적이고 징수금액도 매우 적었다.

그럼에도 토지 투기가 억제되지 않자, 1989년에는 토지분 재산세와 토지 과다보유세를 통합시키고 소득재분배 기능도 강화해 종합토지세를 신설했다. 종합토지세는 전국에 산재해 있는 개인 또는 법인 소유의 토지를 합산해서 과세표준을 산정해야 하므로 애초에 국세였어야 했다. 하지만 지방세였기에 중앙정부와 지자체 간 긴밀한 협력이 요구되었고, 때로는 세금이 신속하게 수취되지 않는 등의 한계가 있었다. 건물만을 과세대상으로 삼았던 당시 재산세도 시세와 무관하게 면적과 신축연도에 따라서만 세금이 부과되었기에 합리적이지 않았다.

그 결과, 2005년에는 종합토지세가 폐지되고 지방세인 재산세와 국세인 종합부동산세로 이원화되었으며, 토지 및 건물에 대한 통합과세가 이루어졌다. 재산세는 넓은 세원에 대해 저율 과세해 지방자치단체의 재원을 확보하게 했다. 반면, 종합부동산세는 고액의 부동산에 대해 높은 세율로 부과되는 부유세의 성격을 가져 조세의 정책적 기능이 강화되었다. 종합부동산세는 만들어졌을 때부터 과세주체, 세 부담 수준 등과 관련해 끊임없이 논란의 중심에 있었다. 2008년에는 큰 변화가 있었는데, 헌법재판소의 판결로 과세 대상이 축소되고 세율도 낮아졌다. 당시에 혼인 또는 가족과 함께 가구를 구성한 납세자가 그렇지 않은 납세자에 비해 세금을 더 많이 내는 것은 차별로 위헌 판정을 받았고, 세대별 합산은 사람별 합산으로 전환되었다. 주거 목적의 1주택 장기보유자에게 종합부동산세를 부과하는 사안에도 재산권 침해로 헌법 불합치 결정이 내려져 5년 이상 주택 보유 시 장기보유세액공제 적용이 가능해지게 되었다. 이에 덧붙여, 조세 지불 능력이 낮은 만 60세 이상 고령자에 대해 세금을 깎아주는 세액공제 조치도 취해졌다. 그러나 주택가격이 급등하면서 2018년 이후 종합부동산세 세율이 전반적으로 높아졌고, 특히 다주택자와 법인에 대해서는 현재 중과세율이 적용되고 있다.

부동산 취득세는 토지 조사사업(1910~1918년)의 시행으로 토지 소유권 확인이 가능해지면서 1927년에 이르러서야 도입되었다. 보유세보다 상대적으로 시작은 늦었으나, 오늘날의 취득세는 지방세에서 가장 큰 비중(28.9%, 2020년 기준)을 차지하는 근간 세목이 되었다. 해방 이후 대한민국 법률에 따라 1952년 취득세로 개칭되었으며, 1976년에 등기부에 등록하는 등록세가 신설되었다. 1970년대에는 취득세로 얻은 재원을 도로 및 항만 등의 인프라 개발사업 비용으로 활용하고, 경제 부흥으로 부동산 거래가 다시 활발해지는 등 선순환이 이루어지면서 취득세는 더욱 늘어나게 되었다. 2011년에는 등록세가 폐지되고 취득세로 통합되었다.[24]

양도소득세는 1962년부터 시작된 경제개발로 인구가 몰린 대도시를 중심으로 부동산 가격이 급등하자 1967년 '부동산 투기억제에 관한 특별조치세'가 시행되면서 태동했다. 대도시 지역에서 일정 기준 이상의 토지 소유자가 토지를 양도하는 경우 양도차익의 50%를 과세한다는 내용인데, 오랜 투기와의 전쟁이 이때 비로소 시작되었다. 1974

---

24) 취득세는 부동산뿐만 아니라 항공기, 선박, 각종 회원권 등 다양한 물건에 부과되는데, 취득세에서 부동산 관련 세수가 차지하는 비중(81.1%, 2020년 기준)이 가장 높다.

년에는 건물 양도차익에 대한 과세로까지 확대되면서 좀 더 지금의 모습과 유사해졌다. 투기꾼에게는 강력한 제재를 가하지만, 실수요자는 보호하는 기조가 이후의 부동산 조세제도에서 그대로 이어졌다. 정부로서는 부동산 가격의 변동성이 확대될 때마다 여론을 가라앉히기 위해 무엇이든 해야만 했고, 세금 제도는 손쉬운 방편으로 남용되었다.

02 바람직한 부동산 조세의 원칙

우리는 부동산 조세제도의 형성과 주요 변천 과정을 거쳐 취득, 보유, 양도 단계별로 체계를 갖추게 되었다. 취득세, 종합부동산세 등 부동산 관련 세금은 108.3조 원(2021년 기준)에 육박할 만큼 크게 늘어났다. 하지만 그 내용을 들여다보면 오늘날의 부동산 세금에 대해 이구동성으로 누더기라 비난한다. 부동산 세제를 조세 원칙이 아닌 부동산 시장 관리 목적으로 너무 빈번하게 동원한 점이 누더기가 된 원인일 것이다.

지난 문재인 정부에서 총 32차례 부동산 세제를 개정한 것으로 나타났으며, 세무사조차 이제는 양도소득세의 내용을 이해조차 못 하게 복잡해졌다. 바꾸더라도 그 방향은 옳게 가고 있던 것일까? 앞으로 부동산 세금은 어떻게 거두어야 할까? 조세는 민간으로부터 정부로의 대가 없는 강제적 현금 이전이므로 납세자들의 동의를 끌어낼 수 있는 원칙 위에 설계되는 것이 바람직한데, 이를 충족하기 위한 특징들에 대해 살펴보자.

조세 원칙의 롤모델

　바람직한 조세 원칙은 대체로 형평성과 효율성, 투명성의 요건을 갖추었다. 먼저 형평성은 18세기 후반에 애덤 스미스(Adam Smith)가 주창했는데, 조세 부담이 납세자들 간에 공평하게 배분되어야 한다는 것이다. 형평성은 응능과세의 원칙(Ability-to-pay Principle)과 응익과세의 원칙(Benefit Principle)으로 나뉜다. 먼저 응능과세의 원칙은 개인의 조세 부담능력에 따라 조세를 부담하는 것이 공평하다는 것이다. 이는 동일한 능력을 갖춘 두 납세자가 같은 액수의 세금을 부담한다는 수평적 형평성(Horizontal Equity)과 능력이 많은 납세자가 그렇지 못한 납세자보다 더 많은 세금을 부담한다는 수직적 형평성(Vertical Equity)으로 다시 나눌 수 있다. 다음으로 응익과세의 원칙은 정부로부터 서비스를 받은 만큼 세금을 납부해야 한다는 것으로, 특히 미국의 재산세가 이러한 원칙 하에 운용되고 있다. 다만, 이는 앞서 언급한 수평적 형평성, 수직적 형평성과 상충할 수 있다.

　다음으로 효율성은 20세기 중반 리처드 머스그레이브(Richard Abel Musgrave)가 언급했는데, 조세가 경제주체들의 의사결정에 미치는 영향을 최소화해야 한다는 것이다. 중립성 개념과도 관련이 있다. 가령, 조세 개입이 없으면 경제주체들이 스스로 알아서 이익을 극대화할 것이므로 이 상태가 최선이고 의사결정과정에서의 왜곡도 작게 발생한다고 본다. 부동산 조세는 중립적으로 인식되는데, 완전 비탄력적인 재화에 과세해도 공급에 변화가 없고, 왜곡과 초과부담이 생기지 않기 때문이다. 다만 이는 토지에 국한되는 이야기일 뿐, 주택 자본에 대한 과세는 비효율적이므로 헨리 조지는 극력하게 반대했다.

　최근에 바람직한 조세제도의 요건으로 조셉 스티글리츠(Joseph E.

Stiglitz)는 투명성을 추가했다. 오늘날의 양도소득세는 상당히 낮은 수준까지 세밀하게 규제하고, 개편 빈도도 너무 잦아서 복잡하고 불투명한 세금이 되었다. 아파트, 동, 층, 면적이 모두 같지만, 어떤 집은 종합부동산세를 내고, 옆집은 내지 않는 사례를 가끔 뉴스로 접한다. 왜 이 금액을 내야 하는지 납세자가 이해할 수 없다면 쉽게 순응하지 않을 것 (Compliance Cost)이고, 당국도 징세비용(Tax Administration Cost)이 더 들이게 된다. 납세자의 권익을 보호하고 원활하게 세금을 징수하기 위해 투명성은 오늘날 더욱 갖추어야 할 원칙이 되었다.

이러한 원칙들은 서로 상충하거나 경제사회 여건에 따라 또는 세목에 따라 다르게 적용될 수 있어서 조세 개편 논의는 자칫 공리공론에 흐를 수 있다. 먼저 정책목표 간 상충하는 경우가 있는데, 가령 형평성을 추구해도 효율성을 해치는 결과가 생길 수 있다. 또한, 기술적인 문제도 있을 수 있는데, 귀속 임대료에 대한 과세, 발생 시점에서의 자본이득 과세 등 세제 운용에 필요한 충분한 정보가 있는 경우는 거의 없다. 무리한 목표를 추구해 조세가 복잡해지면 사회적 비용만 커질 뿐이다. 마지막으로, 조세저항도 고려해야 하는데, 납세자가 수긍하지 못하는 조세는 유지되기 힘들다. 극단적으로, 헨리 조지의 부지가치세는 토지 가치를 0으로 만들어 재산권을 박탈하는데, 이는 혁명적인 상황이 아니라면 공론에 부치기 어려운 생각이다. 따라서 조세 개편을 추진할 때 보수적인 태도에서 납세자들의 인식, 행정 능력, 관행 등을 존중해야 한다. 거의 언제나 '세율은 낮게, 세원은 넓게'가 세제 개편의 일반 원칙으로 유용하며, 조세 구조의 근본적인 변화를 꾀하기보다는 형평성, 효율성, 투명성을 좀 더 높이는 방향으로 나아가야 한다.

03 부동산 조세의 쟁점

모든 사람을 만족시킬 수 있는 부동산 세제 개편을 꿈꾸는 것은 애초에 무리일 것이다. 그럼에도 앞서 살펴본 바람직한 조세의 조건을 최대한 충족하면서 안정적으로 존속될 수 있는 제도를 모색해볼 수 있지 않을까? 이하에서는 쟁점별로 부동산 세제 개편 가능성을 타진해본다.

조세로 부동산 가격을 잡을 수 있나?

우리나라에서 부동산 조세는 그동안 세원 목적보다 부동산 시장에 대한 관리 수단으로 적극적으로 활용되었다. 1960년대 말의 부동산 투기억제세, 1980년대 말 토지공개념 조세 등이 대표적이다. 문재인 정부에서도 취득세, 보유세, 양도소득세 모두에 있어 차별적 과표 산정, 누진세율 적용, 보유주택 수에 따른 차등화, 비과세·감면 차등 적용 등을 했다. 시장 개입 수단으로서의 조세가 과연 적절한 정책목표를 가졌는지, 의도했던 효과를 가지는지, 부작용은 크지 않은지, 기타 사회적 비용이 과도하지 않은지 평가가 필요하다.

조세를 이용한 시장 개입의 주요 목적은 가격상승을 저지하겠다는 것이며, 이론적으로 일정 조건하에 세 부담의 증가는 자산가치 하락을 가져온다. '다른 조건이 다 같고', '시장이 효율적이라면' 예상하지 못했던 조세는 자본화될 것이다. 조세로 인한 가치 하락분은 현재와 미래에 납부할 모든 세액의 현재가치 합이다. 결국, 자산가치 하락은 일회적이며, 미래의 자산가치 변동에 영향을 주지 않는다. 즉, 미래 각 시점의 수급에 의해 가격이 변동할 뿐 세금과 무관해진다. 하물며 조세를 통한 부동산 매입비용 감소분은 늘어난 보유세 부담으로 상쇄되어 국민의 주거 부담도 완화되지 않는다.

'다른 조건이 다 같다'라는 전제조건도 중단기적으로 충족되기가 거의 불가능하다. 주택가격에 유동성, 이자율, 소비자 선호, 지역별 수급 등 수많은 요인이 영향을 주며 조세는 그중 하나에 불과하다. 2000년대 중반 외국 사례를 살펴봐도, 미국의 많은 대도시가 실효세율 1% 이상의 보유세를 부과했음에도 주택가격이 급등했던 반면, 보유세 부담이 매우 낮았던 독일은 당시의 가격 거품을 피해갔다.

조세는 중단기적으로 자산가격의 안정을 위한 좋은 수단으로 보기 어렵다. 그 이유는 첫째, 주택가격 폭등 및 변동성 확대에의 대응에 있어 조세가 효과적인 수단인지 실증된 것이 없으며, 현실에서도 세금보다는 저금리, 공급 부족 등 다른 변수들이 가격에 미치는 효과가 더 컸다. 둘째, 종합부동산세의 대상이 상위 2%에 국한되는 등 중과세의 대상이 소수여서 광범위한 효과를 가지기 어려웠다. 셋째, 증세로 국민의 행동 패턴을 바꾸지 못했고, 소유자들은 부동산을 저가에 매각하는 대신 세금을 내는 선택을 했다. 마지막으로, 강남 등 서울 주요 지역의 주택 시장은 경쟁 시장이 아니라 단기에는 공급이 고정되고 초과수요 상태인 독점 시장이라 기대했던 조세의 자본화 효과가 발생하지 않았다.

조세의 주택가격 안정 효과보다 더 중요한 문제는 민간으로부터 정부로의 자원이전 효과다. 조세 부담이 커질수록 민간보다 정부가 부자가 되는데, 이와 같은 재산권 이전을 경계해야 한다. 경제적 의미에서 조세로 인한 가치 하락분만큼의 소유권이 정부로 이전되며, 이는 시민적 자유를 제약할 수 있다. 거주이전, 행복 추구, 재산권 행사 등의 자유가 제한되는 상황이 좋은 예다. 또한, 세금 액수만큼을 민간과 정부 중누가 투자, 소비하는 것이 좋은지도 고려해야 하는데, 정부지출 증가로 민간에서의 투자가 감소하는 구축효과(Crowding-out Effect)를 감안하면 민간이 주도해야 한다. 공공부문의 비대화는 자원배분의 비효율성을 초래할 것이다.

이처럼 부동산 조세는 가격안정을 위한 좋은 정책수단이 아니다. '조세를 더 강화하고 일관되게 유지했다면…' 하는 미련이 남을 수 있지만, 그 효과와 부작용을 고려할 때 비현실적인 가정이다. 전 세계적으로도 조세를 부동산 가격조정을 위해 활용하는 나라는 영국과 싱가포르 등 일부에 한정된다. 1980년대 일본의 버블경제 시기에 상속세를 낮추어서 토지의 유통을 늘리자는 논의가 잠시 있었을 뿐이다. 따라서 부동산 시장의 안정은 조세가 아닌 거시경제 안정과 미시적 수급균형 대책으로 도모해야 한다.

조세가 부동산 소유 편중을 해소해야 하나?

점점 더 많은 국민이 편중된 토지 소유가 문제라는 인식을 하고 있다. 국토연구원의 '토지에 관한 국민의식조사(2020)'에 따르면, 이렇게 생각하는 국민 비중이 1979년에는 9.9%에 불과했으나, 2000년에는 22.7%, 2020년에는 88.5%로 크게 늘어났다. 1989년 토지공개념연구위원회 보고서에서 토지 소유 편중 실태가 밝혀진 이후, 종합토지세나 종합부동산세를 비롯해 거의 모든 부동산 세목들도 소유 편중을 문제의식으로 하고 있다.

하지만, 토지 소유 편중 문제가 정책적 개입으로 해소되어야 하는지 또는 그럴 수 있는지는 의문이다. 첫째로, 토지 편중도가 높다고 해서 중대한 문제가 발생하지 않는다. 정보화 시대를 거쳐 4차 산업혁명 시대에 진입한 이때, 토지 소유의 중요성은 과거보다 크게 낮아졌다. 둘째로, 부동산 소유 구조가 소득 분배를 왜곡하는지도 명확히 밝혀지지 않았다. 1970년대 이래 주택공급 확대와 가격상승이 중산층 형성 및 분배 개선에 기여했을 가능성도 배제하기 어렵다. 셋째로, 자산을 재분배하려는 시도는 재산권의 제한, 심하게는 실질적인 자산의 몰수를 수반할 것이다. 무주택자 등의 자산형성을 위한 지원은 바람직하지만, 기존 소유자들이 매각하도록 강요하는 세금은 사유재산권의 과도한 제한이다. 넷째로, 자산 소유 편중이 교정되어야 할 심각한 문제라면, 부동산보다 훨씬 편중도가 심하고, 소득 분배에 직접적인 영향을 주는 금융자산부터 재분배해야 할 것이다.

이러한 이유로 해서 토지와 주택의 소유 편중 현상을 완화한다는 목적의 조세는 '적절한 시장 개입'으로 보기 어렵다. 생계를 이어가는 직접적인 수단이 소득이기 때문에 재분배 정책의 초점은 자산보다는 소득이어야 한다. 다만, 소득세도 보정에는 한계가 있어 일정한 한도 내에서 정책을 운용해야 할 것이다.

우리나라의 부동산 조세 부담 수준은 낮은가?

OECD 통계에 따르면 2020년 우리나라 GDP 대비 보유세 및 거래세 합산 비중은 OECD 중앙값과 평균을 크게 상회하고 캐나다와 영국에 이어 세 번째로 높다. 2019년 GDP 대비 비중이 2.7%였으나 2020년 3.4%로 급격히 높아졌고, 세 부담이 가장 많은 국가와의 차이도 1.2%p에서 0.2%p로 많이 좁혀졌다([자료 8-2]). 다시 말해, 최근 세 부담이 늘어난 것이 세계적인 추세가 아니라 우리나라에서 유독 두드러진 현상으로 볼 수 있다. 다만, 전년 대비 증가한 세금 대부분은 거래세(0.6%p)로 부동산 시장 활황에 따른 거래 활성화에 기인한 것으로 보인다. 2021년에도 우리나라는 종합부동산세 중과, 공시가 및 과표 인상 등으로 높은 순위를 유지할 것으로 예상된다. 거래세(취득세)에 한정해서 보면 우리나라는 GDP 대비 2.4%로 부동의 1위를 고수하고 있는데,

[자료 8-2] OECD 국가들의 보유세와 거래세

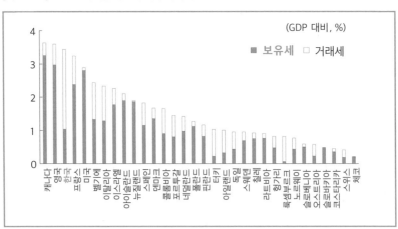

주 : 2020년 기준

출처 : OECD(https://stats.oecd.org, 2022. 10. 26 접속)

이는 거래 횟수가 빈번하기 때문이다. 보유세는 GDP 대비로는 OECD 평균수준을, 총조세수입 대비로는 OECD 평균을 초과해 다른 세원 보유자보다는 조세를 더 많이 부담하고 있다. 다만, OECD 세수 통계를 기준으로 우리나라의 부동산 세금 수준을 평가할 때, 취득세에는 증권 거래세, 인지세, 차량 및 항공기 관련 세금 등이 포함되어 있어 과대평가 요소가 게재된 반면, 양도소득세 관련 자료는 없어 과소평가 될 요인도 있다. 이런 요인들을 모두 감안하더라도 우리나라의 부동산 조세 부담은 상당히 높은 편이다.

OECD 세수 통계는 나름의 장단점이 있고, 일부에서는 총부동산가액 대비 세수 비율(실효세율)이 더 적합한 지표라고 보지만 이 통계도 문제가 있다. 총부동산가액 대비 세수 비율은 보유세 외 거래세와 양도소득세 부담 수준을 측정하기에 적합하지 않다. 또한, 국제비교에 필요한 외국 통계의 신뢰성이 떨어진다. 국민대차대조표를 작성하는 나라가 많지 않고 15개 국가만이 토지 가치자료를 제공한다. 토지 가치도 서로 다른 방식으로 평가하며, 우리나라처럼 부동산 평가에 매년 많은 예산을 투입하는 나라도 존재하지 않는다.

국제비교를 바탕으로 부동산 세금 부담을 늘려야 한다거나 줄여야 한다고 주장하기는 어렵다. 부동산 세금 전체나 보유세의 부담률은 국가마다 다르며 어떤 규범적 준거를 찾을 수 없다. 한 걸음 더 나아가 부동산 세 부담과 소득, 경제성장률, 또는 부동산 가격 상승률 간의 관계를 연구한 결과들로부터도 의미 있는 규칙성을 찾을 수 없다(조만, 2013; 박진백·이영, 2018).

결국, 모든 조세에 적용되는 일반적 고려사항들에 따라 조세의 필요성과 그 부담 수준을 결정해야 할 것이다. 각 세목이 충당해야 할 세수 규모, 비중립적 시장 개입을 의도한다면 그 효과와 부작용, 세 부담의

형평성, 납세자 동의 또는 조세저항, 징세비용 등을 종합적으로 고려해
야 한다.

거래세는 낮추고 보유세는 높여야 하나?

적어도 1980년대 중반부터 많은 사람들이 '거래세는 낮추고 보유세
는 높이자'라는 의견을 피력했고, 지금도 연구소나 학계, 국제기구 등
에서 같은 주장을 펼치고 있다. '왜 이런 주장을 하는 것인지? 과연 이
러한 생각은 옳은 것인지?' 생각해보자.

우리나라의 GDP 대비 거래세가 OECD 국가 중 1위라는 것은 차치
하더라도, 1주택자의 총조세비용 중 40% 이상이 취득세에 집중되어
있다는 사실은 우리나라의 취득세 부담이 과중한 수준임을 나타낸다.
취득세는 징세가 용이하다는 행정편의를 제공하지만, 주거이전 비용을
높여 노동의 이동을 방해한다는 점에서 자원 배분을 왜곡한다. 또한,
거래 횟수에 따른 세 부담이 부의 수준과 비례하지 않는다는 점에서 취
득세 부과는 형평성에도 어긋난다. 따라서 취득세 부담 완화는 효율성
측면에서 바람직한 것으로 평가된다. 하지만, 취득세 인하를 통해 얼마
나 효율성이 제고될 수 있는지는 엄밀하게 증명된 것이 없다. 반면, 거
래세 인하는 단기적으로 주택 시장의 불안정성을 일으킬 수 있으며, 주
택을 빈번하게 거래하는 사람들의 세 부담이 줄어드는 만큼 지방세 세
수 손실이 발생한다.

한편, 우리나라의 보유세와 관련해서 OECD, IMF, IFS 등 국제기구
에서는 불평등 완화나 포용성장 목적으로 세액을 높일 것을 권고하기
도 한다. 사람들이 보유세 강화를 지지하는 또 다른 이유는 '부동산 과

다 보유자가 보유세 부담 때문에 물건을 내놓을 것'이며, '그 과정에서 가격도 내려갈 것'이라고 생각하기 때문이다. 하지만 과연 그럴지, 그렇다고 해서 무주택자의 내 집 마련에 도움이 될지는 미지수다. 예컨대, 1970년대에 강남 아파트를 구입한 은퇴 노인이 세금 때문에 집을 팔아야 할 때, 새로운 주인은 아마도 젊은 현금 부자일 것이다. 이런 손바꿈이 무슨 공익적 가치가 있을까? 더구나, 그 과정에서 주택가격이 많이 내려가지도 않을 것이며, 떨어져도 보유기간 내내 높아진 세금을 내야 해서 수익률 면에서도 혜택을 보기 어렵다. 보유세 강화 조세 개혁을 성공한 OECD 국가가 전혀 없으며, 보유세 강화 시 납세자의 조세저항이 강해질 것이라는 점도 고려해야 한다.

'집값이 올랐으니 세금을 좀 더 내라'고 쉽게들 이야기하지만, 자본이득은 소득이며, 자산가치를 과표로 하는 세금으로 소득을 환수하기 어렵다. 같은 논리라면 자본손실이 생길 때 보유세를 줄여주어야 할 것이나, 그렇게 늘렸다 줄였다 하기 힘들다. 자본이득에 대해서는 이미 고율의 양도소득세가 부과되고 있으므로, 재산과세가 중복적으로 같은 목적으로 동원되어야 할 이유가 없다.

종합하면, 세수 중립적인 세제 개편, 다시 말해 전체 세수는 증가하지 않는 가운데 취득세를 낮추고 보유세를 올리는 정책 방향은 수긍할 수 있다. 하지만, 그런 전제 없이 무조건 보유세를 올리는 것은 바람직하지 않다. 덧붙여, 보유세 세 부담 강화에 대한 반감이 크다는 점을 감안해 이러한 정책 방향에 대한 사회적 공감대를 사전적으로 형성할 필요가 있다.

종합부동산세를 존속시켜야 하나?

종합부동산세는 일정 금액을 초과하는 토지와 주택 소유자에게 부과하는 세금이다. 종합부동산세의 도입 당시를 회고해보면 그 목적은 강남 주택가격 상승을 막으려는 것이었으나, 결과적으로는 도입 의도를 달성하지 못했다. 종합부동산세는 총세수 대비 비중이 1.8%(2021년 기준)에 불과해 정책효과를 내기 어려운 규모지만, 치르고 있는 사회적 비용은 막대하다. 2022년 20대 대선에서 표출된 조세저항도 주로 급격하게 높아진 종합부동산세([자료 8-3])에서 촉발되었으며, 납세자의 동의를 받지 못하는 무리한 제도라는 점에서 존폐를 고민해야 한다.

종합부동산세가 "상위 2%가 내는 세금이니 상관없다"라고 정부는 말했지만, 이런 논리는 현대 국가의 문명적 기초를 흔드는 발상이다. 첫째로, 2%가 주택가격 상승의 원인 제공자가 아니며, 이들이 벌

[자료 8-3] 종합부동산세 수입 추이

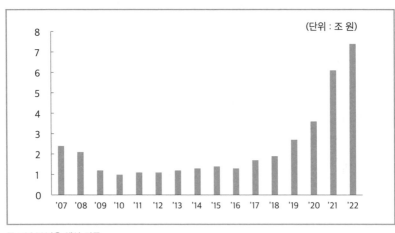

주 : 2022년은 예산 기준

　　출처 : 열린재정 재정정보공개시스템(https://www.openfiscaldata.go.kr, 2022. 10. 27 접속)

을 받아야 할 이유가 없다. 주택가격 동향은 많은 변수의 상호작용 속에서 결정되며, 대개는 정부가 책임져야 할 일이다. 둘째로, 세금을 내지 않는 98%가 동의한다고 세금을 내는 2%의 부담을 올리는 것은 '다수에 의한 소수의 착취'다. 이 논리를 연장하면, 소수 재벌의 재산을 몰수해서 다수 국민에게 분배하자는 주장이 나올 것이다. 민주주의의 정신적 기반이 무엇이었는지 되새겨 봐야 한다. 셋째로, 임대인들은 가능하기만 하면 세금을 임차인에게 전가하려고 할 것이다. 주택 시장 특성상 시장 임대료보다 낮은 임대료를 받는 경우가 상당수 있으므로 세금 때문에 임대료가 오르는 상황이 빚어질 수 있다. 넷째로, 중장기적으로 세금 때문에 주택에 투자된 자본의 수익률이 떨어지면, 투자가 줄고, 주택공급이 위축된다. 전체 부동산 시장의 작동원리에 대한 대표적인 모형(디파스퀠리-위튼의 4분면 모형)은 궁극적으로 임대료가 올라가서 무주택자들의 주거비 부담이 증가할 수 있음을 보여준다.

종합부동산세는 모든 자산을 대상으로 하지도 않고, 보유 부동산 가액에서 부채를 차감하지도 않아서 제대로 된 부유세라고 할 수 없다. 부유세 성격을 강화하는 것은 고려할 만한 대안이지만, 기술적인 문제가 많다. 부유세의 원형은 부동산, 금융자산, 예술품, 내구재 등 총자산을 측정하고 부채를 차감해 순자산에 과세하는 것이다. 소유자 파악과 가치평가가 용이해 부동산만을 대상할 때, 이를 형평과세로 보기 어렵다. 종합부동산세처럼 부채를 차감하지 않는 이른바 '조부유세'가 형평성을 달성한다고 보기 어려우며, 더욱이 주택보유 호수에 따른 중과세를 정당화하기 힘들다.

종합부동산세와 재산세의 통합도 논의되고 있는데, 이는 재산세와 종합부동산세의 과세 체계와 비과세 감면 제도가 동일해 수직적 형평성을 달성하기 어렵다는 인식에서 비롯되었다. 하지만, 종합부동산세와 재산세의 통합도 쉽지 않을 것으로 예상된다. 먼저 국세인 종합부동산세의 세수를 지자체 간에 배분함으로써 지자체의 기득권이 고착되었으며, 이를 재조정하는 데 대한 저항이 클 것이다. 지역별 부동산 가치에 따라 부익부 빈익빈 현상이 심화해 지역균형 발전을 저해할 것이라는 우려도 제기된다. 그리고 국세(종합부동산세법, 국세와지방세의조정등에관한법률)와 지방세 관련 법률(지방교부세법, 지방세기본법, 지방세법 등)을 모두 개정해야 하는데, 국회와 청와대의 동의를 모두 끌어내기도 쉽지 않다. 마지막으로, 종합부동산세의 특성들을 재산세에 그대로 옮긴다면, 재산세가 왜곡될 것이라는 점도 염두에 두어야 한다.

종합부동산세는 주택가격 급등을 막으려고 무작정 강화되는 가운데 많은 모순과 문제점들을 가지고 있다. 먼저, 세 부담 상한의 기준이 전년도 실제 납부한 세액이 아니라 전년도에 세 부담 상한이 적용되기 전에 납부했어야 할 세액이다. 다음 연도에 세 부담이 한꺼번에 과도하게 증가할 수 있다.

또한, 주택보유 호수 계산에서 주택 일부 소유도 모두 1호로 계산해 주택 전부 소유자와 일부 소유자 간에 차이가 없다. 공동명의 여부에 따라 세금 부담이 2~3배 차이가 나 형평성 문제가 제기된다. 주택 두 채 중 한 채는 단독명의(공시지가 14억 원), 나머지 한 채(공시지가 12억 원)는 부부가 공동명의한 경우와 두 채를 각각 부부가 단독명의한 경우[25]를 비교해보면, 공동명의를 택한 경우 매년 3,000만 원 이상의 추가 세금을 내야 한다.

종합부동산세는 다주택자와 1주택자의 세 부담 차이도 너무 커서 다주택자에 대한 과도한 세금 부과로 주택 투자가 위축되면서, 향후 공급

---

25) "집 2채 가진 부부, 한 채 공동명의했다 종합부동산세 폭탄"(《조선일보》 기사, 2022. 6. 20)

이 부족해지고 가격이 급등할 가능성이 높다. 서민의 애환이 담겨 있는 옥탑방도 다주택자 중과로 없어지고 있다(박스 참조). 설상가상으로 시장에서는 주택의 화장실과 주방을 뜯어내서 오피스, 학원 등으로 전용하는 등 주택들이 사라지고 있는데, 그 대부분은 서민들이 살 만한 집이므로 서민 주거안정에 악영향을 준다.

다가구주택 주인이 옥탑방 철거하는 이유는?

옥탑방을 없애는 집주인이 늘고 있다. 3층 이하의 다가구주택은 1주택으로 간주하지만, 옥탑방을 올리면 '다세대주택'로 분류되어 다주택자로 취급받아 종합부동산세 중과 대상이 되기 때문이다. 옥탑방의 면적이 전체 건축면적의 8분의 1을 넘을 경우 층수 계산에 포함, 3층이 아닌 4층으로 간주해야 한다는 것이다.

국세청에 따르면 건축법상 다가구주택의 요건은 19세대 이하이고 주택 바닥면적이 660㎡ 이하면서 주택으로 쓰는 층수(지하층 제외)가 3개 층 이하다. (중략)

반면 다세대주택의 경우 면적 기준은 660㎡ 이하로 다가구주택과 같지만, 층수 기준은 '4층 이하'다. (중략)

옥탑방 하나 차이로 다세대주택과 다가구주택이 나뉘지만, 과세 부담은 천양지차다. 현행 종합부동산세법 체계에서 1세대 1주택자와 조정대상지역 2주택 이상 다주택자는 큰 차이가 있기 때문이다.

우선 1세대 1주택자는 종합부동산세 과세 기준선이 11억 원이지만 다주택자는 6억 원이다. (중략)

세율에서도 2배 안팎 차이가 난다. 1주택자에 대한 종합부동산세율은 0.6~3.0%인 데 비해 조정대상지역 2주택이나 3주택 이상 다주택자의 종합부동산세율은 1.2~6.0%에 달한다. (중략)

이에 올해 다주택자 종합부동산세는 지난해보다 최소 2배, 많게는 3배 이상 오른 경우가 속출하고 있다. 1주택자의 경우 인상률이 대개 20~50% 선에 머무른다.

신수정, 〈이데일리〉, 2021. 12. 22 부분 발췌 현행 제도하에서는 저가 다주택자의 세금이 고가 1주택자의 세금보다 훨씬 높을 수 있다. '40억 원짜리 아파트를 가진 사람의 올해 보유세는 1,900만 원 정도인데, 18억 원짜리 아파트 두 채를 가진 사람의 보유세는 7,000만 원에 육박해 세 배가 넘게 되었다(김덕한, 조선일보, 2022. 3. 28.)'라는 칼럼 내용은 현 제도가 수평적 형평성에도 어긋나고 있음을 보여준다. 그 직접적인 결과로 '똘똘한 한 채'를 소유하려는 경향이 커졌고, 선호도가 높은 강남 집값이 급등했다. 따라서 주택 수가 아닌 가액을 기준으로 종합부동산세 제도를 개편하려는 정책 방향은 바람직한 것으로 평가된다.

이에 덧붙여, 종합부동산세의 최고세율이 지나치게 높아 행위 주체가 본래의 역할 수행을 제대로 할 수 없게 하는 점도 문제로 지적된다. 임대사업에 종사하는 법인의 세 부담이 갑자기 수십 배 증가해 파산에 직면하기도 한다. 공공임대주택을 운영 중인 한국토지주택공사와 서울주택도시공사는 2021년 각각 58억 원, 462억 원의 종합부동산세를 납부했다. 저소득층 주거복지를 위해 사용해야 할 재원이 다른 용도로 전용되어 본연의 역할 수행이 어려워졌다. 주택건설사업을 하는 작은 법인들도 주택공급을 포기하거나 세 부담을 분양가에 전가할 수밖에 없는 사정이다.

결론적으로, 보유에 영향을 받지 않을 정도로 세 부담은 설정되어야 하며, 지방자치단체 세수 상실분을 중앙정부가 보전해주는 보완장치를 마련하고 종합부동산세를 폐지하는 것이 바람직하다. 가령 종합부동산세를 지방세로 전환 후 재산세의 병기 세목으로 부과하거나, 재산세와 통합 후 세율 등을 재설계하는 방안을 고려할 수 있을 것이다. 첫 번째 방안에서는 재산세 병기 세목의 세수를 전국 기초자치단체의 공동재원으로 설계하고, 두 번째 방안에서는 재산세의 일정 부분을 부동산 교부

특별회계로 전출한다. 두 방안 모두에서 이후에 현행 배분 비율대로 지자체에 교부금을 분배하면 우려했던 갈등 상황을 줄일 수 있다.

양도소득세 부담은 높아야 하나?

부동산 보유세가 급증하기 이전까지 부동산 경기조절을 위해 주로 양도소득세가 활용되었다. 양도소득세 중과세로 자본수익률을 낮춤으로써 투기를 억제하고자 했다. 지속적인 부동산 가격 상승 추세 속에서 부동산 자본이득은 위험부담이 없는 불로소득으로 간주되어 근로소득보다 고율로 과세하는 것이 당연시되었다.

주택을 추상화하면 '토지 위에 얹어진 자본'이다. 주택부문으로의 지속적인 자본유입이 주택 재고를 늘리고 주택의 질을 개선하는 데 필수적이다. 지난 50여 년에 걸친 우리나라의 획기적인 주거 수준 향상도 주택 투자의 확대 덕분이었다.

주택을 포함하는 모든 형태의 자본에 위험을 무릅쓰고 투자해 자본축적에 기여하는 사람들에게 세제상 혜택을 주는 나라가 많다. 이들은 자본이득을 일반 소득보다 낮게 과세하거나 아예 과세하지 않아야 한다고 생각한다. '경제를 활기차게 만드는 것은 위험을 감수하고 혁신하며 재원을 조달해 새로운 사람을 고용하고 옛 틀을 파괴하는 경제주체들의 자발적인 의사다. 자본이득 과세의 증가는 이러한 활력에 대한 직접적인 과세다'라는 에드워드 프레스콧(Edward C. Prescott)의 말도 이런 입장을 잘 대변한다.

주택에 과세하면 헨리 조지가 우려했던 상황이 빚어질 수 있다. 즉, 주택 투자가 감소해 궁극적으로 주택의 '수효도 줄어들고 모양도 누추해질 수' 있다. 그 결과 주택가격이나 임대료가 오를 것이다. 단기적으로는 양도소득세의 중과세가 동결효과(Lock-in Effect)를 가져올 가능성이 크다. 동결효과란 양도소득세 강화 시 자산 소유자가 당장의 세 부담을 줄이려는 목적으로 자산매각을 하지 않아 주택공급이 감소하는 현상을 말한다. 동결효과가 심하면 중과세 의도와 달리 주택공급이 감소해 주택가격 상승을 가져올 수 있다.

오늘날의 양도소득세는 자본이득의 보편적인 환수 수단이 되지 못하고 있다. 따라서, 일반 세제개편 방향, 즉 세원을 넓게 하고 세율은 낮추는 방향의 개편이 필요하다. 1주택자에 대한 과도한 비과세, 감면 혜택과 다주택자에 대한 비현실적인 중과세가 모두 문제다. 양도소득세는 다주택자에 대한 양도소득세 중과세를 폐지했던 김대중 정부 때의 골격으로 돌아가는 것이 바람직하다. 당시에 비해 과표가 현실화되었으므로, 조세의 실효성이 더 높을 것이다. 다주택자에 대해서는 일반 과세하되, 1주택자에 대해 세제 혜택을 주는 방안이 필요하다.

부동산 가격공시 제도는 어떻게 운용해야 하나?

전문가든, 아니든 어떤 부동산의 가격이 얼마인지 쉽게 평가하기 어렵다. 따라서 모든 평가 관련 논의에서 '누가 평가를 하든 100% 정확할 수 없다'라는 전제를 해야 한다. 같은 단지, 같은 평형 아파트들도 향에 따라, 층에 따라, 수리상태에 따라 가격이 다르고, 어제와 오늘이 다르기 때문이다. '정확하다'라는 말의 의미 자체가 모호하다. 한 아파트가 오늘 얼마에 거래했다고 해서 그 가격이 다른 아파트 거래에서 그대로 반복되지 않기 때문이다.

모든 평가는 '일정한 조건하에 부동산이 거래된다면 평균적으로 이러이러한 가격에 거래될 것이다'라는 평가자의 '의견'일 뿐이고, 그 의견은 확률적 표현이므로 오차가 개재될 수밖에 없다. 하물며 약 3,300만 필지의 토지와 약 2,000만 호의 주택을 매년 정확히 평가할 수 있다거나, 평가해야 한다는 주장 또는 전제는 비현실적이다.

오차의 존재를 무시할 수 없으므로 공시가격의 용도는 한정적일 수밖에 없으며, 현행 제도들도 암묵적으로 이를 인식해 설계되어 있다. 공공용지 매입이나 수용에는 필지별로 감정평가를 하며, 양도소득세 등 국세는 실거래가격 기준을 원칙으로 한다. 보유과세의 경우도 공시가격을 100% 과표로 활용하지 않고, 공시가격의 일정 비율을 과표로 쓰고 있다.

애초 100% 정확할 수 없는 시가 평가에 공시가격이 근접하거나, 또는 공정시장가액이 공시가격에 근접한다고 과표가 정확해지고 조세 형평성이 높아지는 것은 아니다. 조세 형평성은 다양한 의미가 있지만, 보유과세는 수평적 형평성이 높아야 한다. 매년 반복적으로 과세되는 세금인데, 가치가 같은 두 부동산의 세 부담이 다르면 납세자가 수긍하기 어렵기 때문이다. 시가 대비 과표의 비율이 높든, 낮든 수평적 형평성을 달성하는 데 지장이 없다. 과세 대상 부동산 간에 그 비율이 같기만 하면 형평성이 달성될 것이다.

공시가격 현실화율도 올리고 공정시장가액비율도 올리는 것은 조세 형평성을 높이기보다 오로지 세수를 증가시키는 결과를 가져온다. 세 부담을 높이려면 법률에 정해진 세율을 조정하는 것이 정공법이다. 과표조정보다 법률로 조정하는 것이 조세법률주의에도 맞고, 공론화 과정을 거침으로써 조세저항도 줄일 것이다. 과표를 올릴수록 평가에 수반되는 오차 때문에 시가보다 높게 평가되는 토지와 주택이 많아지고 조세저항이 커지게 된다.

부동산 가격공시제도는 가능한 한 '적정가격'에 근접하게 평가하도록 하되, 이를 이용하는 각각의 제도는 불가피한 오차와 기타 요인들을 감안해 운용되는 것이 바람직하다. 보유과세 공정시장가액비율은 70%, 사회보험료 부과 목적의 평가지수는 50% 정도로 하는 것이 바람직하다(김우철, 2020)는 전문가의 의견을 경청할 만하다.

04 부동산 세제 개선을 위한 제언

   현대의 조세가 세수확보 이외의 다양한 정책적 목표를 추구하는 것은 보편적인 현상이다. 다만, 정책목표가 합당한 것이고, 조세가 다른 정책수단보다 우월해야 하며, 그 부작용이 크지 않아야 할 것이다. 이런 조건이 충족되지 않으면, 정책목표를 수정하거나 조세 이외의 다른 정책수단을 활용해야 한다.

   우리나라 부동산 조세는 지나치게 많은 정책목표들을 추구하다 보니 어느 하나에도 효과적인 수단이 되지 못한 채, 과도한 사회적 비용만 초래하고 있다. 그동안 세수 확보라는 조세의 기본 임무보다 자산 불평등 해소, 투기억제, 가격안정, 지역균형 발전 등을 추구했다. 조세를 다양한 문제를 해결해주는 만능키라고 인식하기보다는 세수 확보 수단이라는 본질적인 기능에 집중해야 한다. 형평성과 효율성, 투명성 기반으로 제도의 재정립을 진행해야 할 것이며, 합리성을 제고해서 납세자가 수용할 수 있고 제도의 안정성이 높아지는 방향으로 나아가야 한다.

   특히, 다주택자 중과세와 종합부동산세를 폐지하고 양도소득세도 완화하는 등 짧은 기간에 상당히 강화된 세 부담을 경감시키는 노력을 기울여야 한다. 이런 노력들이 '부자 감세'라는 비난을 받을 수 있지만, 세수 통계를 보면 상당수 세목에서 소수의 납세자가 과도하게 높은 비율의 세 부담을 하고 있다. 이를 교정하려는 노력이 결코 비난의 대상이 될 수는 없다. 20대 대통령선거에서 부동산 세금에 대한 반감이 영향력을 발휘했으며, 전반적인 세 부담이 경감되지 않으면 조직화된 조세저항 운동이 발생할 우려가 크다는 사실도 유념해야 한다. 1978년 캘리포니아에서는 저소득층 및 유색인종의 교육기회 확대 등의 목적으로 재산세 부담이 늘자 재산세 동결법안인 Proposition 13이 발의되고, 전국적인 조세저항 운동으로 확대되었다. 명분이 좋아도 세 부담이 적정수준을 넘으면 이처럼 조세저항을 초래할 수 있다. 세금과 공공서비스의 연계가 약한 우리나라의 경우, 조세저항이 더 클 가능성도 배제하기 어렵다. 지난 몇 년간 부동산 세금 부담이 크게 늘었지만, 무슨 공공서비스가 얼마나 좋아졌는지 체감하기 어렵지 않은가.

제9장

부동산과 자본의
바람직한 공존 방안은?

01 금리 상승과 부동산, 부동산 금융 시장

　금융이란 '금전을 융통하는 일'이라고 정의된다. 쉽게 말해 돈을 빌리거나 빌려주는 일 또는 그 관계를 통칭한다고 볼 수 있다. 부동산 금융은 부동산 활동을 위해 돈을 빌리거나 빌려주는 일 전반을 말한다. 그러니까 주택을 구입하거나, 전세로 임차를 할 때 부족한 돈을 은행 등으로부터 구하는 것에서부터 부동산을 개발하기 위한 자금을 조달하거나 부동산으로부터 얻는 수익을 여럿이 나누어 갖는 금융상품까지 포함한다.

　금리와 부동산, 부동산 금융 시장은 매우 밀접하게 엮여 있다. 금리 변동이 불러일으키는 영향은 단순히 부동산을 구입할 때 지불해야 하는 이자 비용이 늘거나, 부동산 개발을 추진하는 공급자의 비용부담을 늘리는 데 그치지 않는다. 부동산이 자산인 이상 금리의 변동은 부동산 가격 변화에 직접적인 영향을 미치면서 부동산을 담보로 대출을 한, 또는 부동산 개발금융을 공급한 금융기관의 손익으로 연결된다. 장기간의 저금리 시대가 끝나고 금리 상승이 시작되고 있는 지금, 금리와 부동산, 부동산 금융 시장의 관계를 정리할 필요가 있다.

금리가 오르면 부동산 가격은 자동으로 떨어진다

2022년 미국 금리 인상의 여파가 글로벌 전체로 퍼지고 있으며 우리나라도 예외는 아니다. 한국은행은 미국보다 앞선 2021년 8월부터 2022년 10월까지 총 8차례에 걸쳐 기준금리를 인상했으며 그 결과 0.5%였던 기준금리는 3.0%까지 올랐다. 한국은행 측은 글로벌 금리 동향 및 우리나라 경제여건, 특히 물가상승에 대응해 기준금리를 결정할 뜻을 내비쳤다. 이를 감안하면 우리나라 기준금리의 추가 상승은 불가피한 듯 보인다. 기준금리는 금융 시장에서 이자율이 결정되는 준거가 되므로, 기준금리가 오르면 금융 시장의 이자율이 모두 오르게 된다. 가장 안전한 채권인 국고채의 경우 한국은행이 기준금리를 올리기 직전 이자율(3년 만기 기준)은 0.83%였지만, 2022년 9월 말에는 3.9%까지 올랐다. 주택담보대출 평균금리(잔액기준 가중 평균금리) 역시 같은 기간 2.64%에서 3.27%로 올랐다. 그리고 기준금리가 오를 가능성이 큰 만큼 주택담보대출 금리 역시 추가로 상승할 것이다.

금리가 오르면 자산의 가격은 내려가기 마련이다. 부동산 가격도 마찬가지다. 그런데 이를 이해하기 위해서는 좀 어려운 개념을 짚어야 한다. 흔히 '부동산 가격은 부동산으로부터 얻어지는 수익을 현재가치로 환원한 것이다'라는 말을 한다. 이는 돈이라는 것이 언제 수중에 들어오느냐에 따라 값어치가 다르다는 의미를 지닌다.

예를 들면 10년간 매년 1,000만 원씩 수익이 발생하는 부동산이 있다고 하자. 단순히 계산하면 1억 원에 가격이 형성될 것 같지만, 사실은 1억 원보다 낮은 가격으로 구입하는 것이 정상이다. 왜냐하면, 지금 손안에 있는 1,000만 원이 10년 후에 얻게 되는 1,000만 원보다 더 가치가 높기 때문이다. 복잡한 계산식이 있기는 하나 이 책에서 다룰 내용은 아니므로 경제학 교과서 등을 참조하는 것이 좋다. 아무튼, 10년 간 매년 1,000만 원씩 수익이 발생하는 부동산의 현재가치는 이자율이 3%인 상황에서는 1억 원보다 1,500만 원 정도가 적은 8,530만 원이 된다. 그런데 이자율이 5%로 오르면 7,722만 원으로 3%였을 때보다 800만 원가량 가격이 하락하게 된다.

부동산 가격이 떨어지면 금융 시장은 긴장된다

이렇듯 금리가 오르면 부동산 소유자로서는 가만히 앉아서 손해를 보는 상황이 발생하게 된다. 이런 자산을 원하는 사람은 없을 테니 기존 소유자들은 자산을 처분하려 할 것이지만, 살 사람은 많지 않을 것이므로 거래는 잘 일어나지 않게 된다. 게다가, 금리가 오르면 대출 이자 부담이 커지는 것도 부동산 수요가 감소하는 이유가 된다. 이러다 보니 소유자가 빚이 있는 경우 부동산을 처분해서 빚을 갚기 어려워지게 된다. 금융 시장이 부동산 가격 하락에 민감하게 반응하는 이유다. 물론 부동산을 담보로 대출을 해준 금융기관 역시 이러한 문제를 잘 알고 있어서 담보물인 부동산의 가격보다 낮은 금액을 대출하려 하는 등 안전장치를 마련하고 있다.

여러 가지 안전장치를 해놓았지만, 완벽할 수는 없다. 오히려 금융기관의 안전장치는 부동산 시장에 더 큰 충격으로 다가와 부동산과 같은 실물 경제의 문제가 금융 시장 전반의 문제로 확산하기도 한다. 금융기관은 안전장치의 하나로 차입자가 원리금 상환을 일정 기간 지연하거나, 담보 부동산을 처분해도 대출금을 회수할 수 없을 것 같은 경우에는 채무자에게 빚을 갚도록 요구하게 된다. 소유주가 여윳돈이 없다면 부동산을 강제처분(경매) 당하는 경우가 생긴다. 결국, 부동산 매물증가 및 부동산 가격의 추가 하락으로 이어지고, 연쇄적으로 금융기관 부실 및 거시경제 충격까지 확장될 수도 있다. 2008년 미국의 서브프라임 모기지 사태가 대표적인 사례다.

다만, 우리나라에 미국의 서브프라임 모기지 사태와 같은 현상이 재현될 가능성은 크지 않다. 우리나라의 주택담보대출은 '소구대출'인 데 반해 미국은 '비소구대출'로 주택담보대출 제도가 다르기 때문이다. 소구대출은 집을 팔아도 대출금을 모두 회수하지 못할 때, 차입자에게 나머지 금액을 청구할 수 있는 대출제도다. 반면, 비소구대출은 최악의 경우 차입자가 집을 포기하면 대출 상환 의무가 사라지는 대출제도를 말한다. 이러다 보니 미국은 집값이 대출금보다 낮아지면, 금융기관이 나서서 집을 처분(Shot Sale)하게 되어 집값 하락을 더욱 부추기는 경향이 강하다. 반면, 우리나라는 집을 급매해도 나머지 대출금을 어떻게든 갚아야 하니 최대한 버틸 수밖에 없어 집값 하락 속도가 상대적으로 더딘 편이다.

부동산 개발금융 시장에도 문제가 생긴다

금리가 오르면 부동산 가격이 떨어지니 부동산을 새로 개발해서 얻어지는 수익 역시 떨어진다. 아무리 새 건물이라도 낮아진 주변 시세보다 무턱대고 비싸게 팔 수 없다. 게다가 부동산 개발에 드는 이자비용도 높아지게 된다. 결국, 부동산 개발업자는 개발을 포기하게 되고 부동산 시장에 신규 공급은 감소하게 된다. 이론적으로는 공급 감소로 인해 부동산 시장의 수요와 공급은 균형을 이루게 된다. 하지만 금융 시장을 포함한 현실은 단순하지 않다. 수요와 공급이 균형을 찾아가는 과정에서 누군가는 손실을 감당해야만 하고 금융 시장이 결합하는 순간, 이 손실은 급격히 확산되는 경향이 강하기 때문이다.

부동산 가격 하락으로 부동산 개발회사가 개발사업을 포기하면 전에 받았던 대출을 모두 상환하지 못할 수 있다. 또한, 금리 상승이 일정 수준을 넘을 경우 개발사업으로 얻어지는 수익만으로 원리금을 모두 상환하지 못할 수도 있다. 이는 금융기관의 손실로 이어지는 것에 그치지 않고, 금융 시장 전반에 부동산 개발자금 대출에 대한 불신으로 확산되기 십상이다. 상환이 불확실한 회사에 대출을 해주는 금융기관은 적을 것이므로 부동산 개발금융 금리는 다시 뛰게 되고 악순환이 반복된다. 여기에 건실히 개발을 진행하고 있는 사업자에 대한 신규 대출이 중단되거나 기존 대출을 연장해주지 않을 경우, 부동산 개발 시장 전반의 도산 및 관련 금융기관의 대규모 부실로 이어질 수 있다.

최근 문제가 되었던 레고랜드 PF ABCP 관련 이슈가 대표적인 사례라고 할 수 있다. 사건의 발단은 레고랜드의 시행사인 강원도중도개발공사(이하 JDC)에 대해 출자 지자체인 강원도가 기업회생을 신청한 것이다. 강원도는 JDC가 레고랜드 개발을 위해 발행한 PF ABCP 2,000억 원을 상환할 능력이 없다는 것을 이유로 들었다. JDC의 기업회생 신청으로 강원도는 지급보증 의무에서 벗어날 수 있었지만, JDC가 발행한 PF ABCP는 부도가 나고 말았다. 가뜩이나 금리 상승으로 부동산 시장이 위축되고 있는 마당에 지자체가 보증하는 PF ABCP도 부도가 날 수 있다는 것을 확인한 금융 시장은 노골적으로 부동산 개발자금 대출을 기피하기 시작했다. 결국, 정부는 2022년 10월 23일 채권 시장 안정화펀드 20조 원, 회사채 및 기업어음 매입프로그램 16조 원 등 50조 원

이상의 유동성 공급 프로그램을 가동하겠다고 밝혔다. 뒤늦게 강원도가 추후 예산을 편성해 PF ABCP를 상환하겠다고 발표했지만, PF 대출에 대한 자본 시장의 불신을 막기에는 이미 늦은 일이 되었다. 강원도의 경솔한 판단이 엄청난 사회적 손실을 끼친 사례라 할 수 있다.

주택담보대출 정책

02

　앞서 부동산 금융 시장 전반에 관한 내용을 다루었다면, 이제부터는 개별 부동산 금융 시장과 정부의 정책에 대해 다룰 차례다. 우선 일반 시민으로서는 가장 친근한 주택담보대출 정책에 대해 알아보자. 지금은 은행 등에서 대출을 받아 집을 사는 것을 당연하게 여기지만, 1998년 한국은행 여신관리규정이 폐지되고 일반은행이 주택담보대출을 자유롭게 취급하게 되고서 가능해진 일이다. 규제폐지 이후 주택담보대출을 포함한 우리나라 가계대출은 1998년 말 71.5조 원 규모에서 2021년 말에는 1,755.8조 원으로 20여 년 만에 24배가량 증가했다. 주택담보대출이 커지면서 경제 전반에 미치는 영향 역시 확대되고 있어 정부는 채무위험이나 거시건전성 관리 차원에서 직간접적으로 개입할 수밖에 없다.

LTV, DTI, DSR?

주택담보대출을 중심으로 가계부채가 급속하게 증가하자 가계부 채 부실로 인한 금융권의 위험 전이가 문제 되었다. LTV(Loan To Value Ratio, 주택담보대출비율), DTI(Debt To Income, 총부채상환비율), DSR(Debt Service Ratio, 총부채원리금상환비율)은 본래 주택담보대출 부실을 예방하기 위한 금융기관의 리스크 관리방안이다.

LTV가 정부 차원에서 처음 도입된 것은 2002년 9월이었다. 당시 정 부는 주택가격상승을 막기 위해 금융기관의 리스크 관리방안 중 하나 로 투기과열지구에 대해 LTV 60%의 상한선을 제시했다. 이전까지 은 행 등은 자율적으로 LTV 상한선을 운영해왔지만, 이때부터는 모든 은 행에서 같은 LTV가 적용되기 시작했다.

DTI는 LTV보다 늦은 2006년에 본격적으로 도입되었다. 당시 투기 지역의 6억 원 초과 아파트를 구입할 때 DTI 40%가 적용되었다. 그해 11월에는 모든 아파트로 적용 범위가 확대되었다.

DSR은 2016년에 처음 도입되었다. 2016년에는 은행 권고 사항이 었으나 이후 주택가격 상승이 이어지자 2019년부터는 전 금융권에 확 대 도입되었다.

LTV, DTI 등 부동산 담보대출 규제는 우리나라만 도입한 것이 아니 다. 2007년 글로벌 금융위기의 진원지가 무분별한 주택담보대출 취급 과 그 부실에 있었기에 여러 국가에서 금융 시장 안정책의 하나로 LTV, DSR 등을 도입했다. LTV만 적용하고 있는 국가는 이탈리아, 대만, 스 페인 등 9개국이며 그리스, 미국, 영국 등 3개국은 DSR만 적용하고 있 다. 네덜란드, 캐나다, 싱가포르 등 17개국은 LTV와 DSR을 동시에 적 용하고 있다. 또한, 각 국가는 자국의 부동산 시장의 상황에 따라 LTV,

DSR 등의 주택금융 규제를 변경하고는 했는데, 2010~2019년 기간 동안 완화한 횟수보다 강화한 횟수가 더 많은 것으로 분석되었다(국토연구원, 2022). 지난 10년간 글로벌 국가의 대부분이 금융위기 충격 이후 집값 상승을 경험했다는 점을 고려하면 당연한 결과일 수 있다.

그러나 우리나라의 LTV, DTI 등 주택담보대출 규제에 대한 평가는 긍정적이지 않다. 무엇보다 주택담보대출 규제가 금융 시장의 안정보다는 주택가격 안정 대책으로 남용되었다는 점을 꼽을 수 있다. 전술한 주택담보대출 규제의 도입 연혁에서 알 수 있듯이 이들 정책은 정부의 강력한 주택 시장 안정 대책의 하나로 최초 도입되었다. 투기과열지구, 투기지구 등에 표적 도입된 것은 여윳돈의 유입을 막아 주택가격을 안정시키려는 의도였다. 그러나 집값 상승이 예상되는 시장에서 수요자들은 규제가 느슨한 제2금융권 등에서 더 높은 이자비용을 치르고서라도 대출을 받아 주택을 구입했다. 결과적으로 집값도 잡지 못하고 금융 안정성도 훼손되는 결과를 낳았다.

또한, 시장 변화에 따라 정책이 자주 바뀌었던 것도 지적되고 있다. 우리나라는 지난 10년간 LTV 등을 27회 조정(강화 19회, 완화 8회)한 것으로 집계되었는데, 이는 선진국 중에서 가장 많은 횟수다(국토연구원, 2022). 주택담보대출 규제가 자주 바뀌면 주택 시장으로 유입되는 유동성의 변화가 많아져 주택가격의 변동성이 확장될 수 있다(금융연구원, 2012). 결국, 주택담보대출 시장 안정을 위한 조치가 오히려 집값의 잦은 등락을 일으켜 주택담보대출 시장의 불안을 발생시키는 꼴이 된다는 것이다.

장점이 부각되지 못하고 있는 모기지

금리 상승의 충격을 예방하는 또 다른 방안으로 장기·고정금리·분할상환형 대출(이하 모기지, Mortgage)을 늘리는 것을 들 수 있다. 모기지는 2003년 한국주택금융공사가 설립되면서 우리나라에 본격 도입되었다. 그 이전까지 우리나라 주택담보대출 상환구조는 대출기간 동안 매월 이자만 납입하다가 만기에 원금을 일시 상환하는 3~5년짜리 단기 대출이 대부분이었다. 이 구조는 지금처럼 금리 급등으로 부동산 시장이 위축되면 주택처분을 통해 만기에 원금을 상환할 자금을 마련하기 어려워지는 문제를 안고 있다. 주택담보대출 시장뿐만 아니라 거시경제의 안정을 위해서는 상환구조를 재편할 필요가 있다. 매달 이자 외에 원금도 갚아나가면 만기에 상환할 원금이 줄어 주택 시장이 불황일 때도 주택담보대출이 부실화될 가능성이 낮아지기 때문이다. 그러나 만기가 3~5년으로 짧으면 매달 갚아야 할 원리금 상환액 부담이 너무 커져 시장에서 외면당할 것이고, 만기 상환비율을 높이면 도입 의미가 없어진다. 결국 10년 이상의 장기 대출을 전제로 하되 매월 이자와 원금을 합한 일정액을 갚아나가는 모기지형 대출을 고려하는 것이 가장 바람직하다.

모기지가 도입된 지 20년이 지난 지금 만족할 만큼 성장했다고 보기는 어려우며, 우리나라 주택담보대출의 구조적인 한계 역시 극복하지 못한 상황이다. 2022년 8월 말 기준 주택금융공사에서 취급한 모기지(보금자리론 + 적격대출) 잔액은 총 133조 원 수준으로 전체 주택담보대출(1,001조 원)에 비하면 13% 수준에 불과하다. 고정금리 대출 비중이 23%(2021년 말 기준)까지 높아졌다고는 하지만, 일정 기간만 고정금리일 뿐 이후에는 변동금리로 전환되는 경우가 대부분이다. 반면, 미국의 경우 전체 주택담보대출의 99%, 영국은 91.4%, 독일은 89.5%가 고정금리 대출이다. 대출구조의 차이 때문에 기준금리를 쉽게 올릴 수 없다며 한국은행 총재가 토로(2022년 10월 12일)할 정도. 물론 금융위기 때처럼 만기를 지속적으로 연장해주거나(에버그린 대출), 빚 갚을 능력이 부족한 차입자의 집을 매입한 후 형편이 좋아지면 다시 구입할 수 있게 하는 펀드(하우스푸어 구제펀드) 등 정부 차원의 대응방안은 아직 남아 있다. 하지만 차입자의 도덕적 해이를 불러온다는 점에서 바람직하지도 않으며 여론의 비난도 클 것이다.

모기지가 기대만큼 활성화되지 못한 데에는 변동금리보다 높은 대출금리 때문이다. 우리나라 주택담보대출 차입자의 주택구입 관행, 은행권의 금리경쟁과 이자율 변동위험 회피와 같은 여러 원인들이 지적되어 왔다. 그렇지만 금융 시장과 거시경제 안정을 위해서는 모기지 공급을 확대할 필요가 있으며, 실제 일정 기간 동안 상당한 성과도 거두었다. 한국주택금융공사는 시중은행이 금리와 취급조건을 자율적으로 결정하는 모기지인 '적격대출'의 취급을 지원하고 있는데, 2014~2016년 기간 동안 연평균 21조 원가량 판매되었다. 하지만 이후 판매량은 연 6조 원 규모로 급감하고 말았다. 가장 큰 이유는 한국주택금융공사의 자금조달 여력이 충분치 못했기 때문이겠지만, 정부가 시중은행의 대출구조 개선을 충분히 유도하지 못한 탓도 크다.

예컨대, 지난 정부는 주택담보대출 안정화 정책 중의 하나인 LTV, DTI, DSR을 지속적으로 강화해왔다. 그러나 대출가능금액이 줄어들자 주택구입자들은 은행 외에 금리 부담이 높은 제2금융권에서도 대출을 받는 방식으로 대응했다. 만일 정부가 모기지형 대출에 대해서는 LTV, DTI, DSR을 완화했다면 어땠을까? 이자가 더 싼 은행권에서 충분히 대출을 받을 수 있어 차입자들은 군이 위험한 제2금융권에까지 대출을 받지 않았을 것이다. 주택담보대출이 은행권에 집중되면서 정부는 관리감독이 훨씬 용이했을 뿐만 아니라 모기지에 대한 시장 참여자들의 거부감도 낮아지면서 전체적인 주택담보대출 구조의 변화를 모색할 수 있었을 것이다. 정부 측에서는 대출의 총량을 줄여야 집값을 잡을 수 있다고 판단한 모양이지만, 이익이 있는 곳에 돈이 몰리는 것을 억지로 막을 수는 없었고 주택담보대출 시장의 불안은 여전히 남아 있다. 오히려 현실을 직시하고 주택담보대출 시장의 불안이 거시경제로 전파되는 경로를 최대한 차단하는 노력을 했어야 했다.

MBS 발행 확대도 동시에 이루어져야 한다

우리나라 대출구조 개선이 더뎌지는 원인 중 하나는 한국주택금융공사의 자금 여력이 충분치 않다는 점이 거론된다. 한국주택금융공사는 채권 발행을 통해 자금을 조달한다. 근본이 되는 자산은 보금자리론이나 적격대출로 얻어진 모기지 채권이다. 모기지가 상환재원이 된다는 점에서 MBS(Mortgage Backed Securities, 주택저당증권)라고 부른다. 보다 용이한 유통과 조달비용 절감을 위해 한국주택금융공사는 MBS에 지급보증을 서게 되며 그 한도는 자본금의 50배(한국주택금융공사법 제34조)로 정해져 있다. 자본금 역시 5조 원(한국주택금융공사법 제5조)으로 정해져 있다 보니 우리나라 모기지 공급 총량은 250조 원으로 고정되어 있다. 주택담보대출만 1,000조 원 시대임을 감안하면 부족하다고밖에 할 수 없다. 해외 수준으로 고정금리 대출을 늘리고 주택담보대출 구조를 개선하기 위해서는 자본금 확충 또는 공사의 보증한도를 늘리는 방향으로 법을 개정할 필요가 있다.

MBS 발행 규모가 늘어나면 늘어날수록 자본 시장에서 MBS 유통이 더 원활해지는 장점도 있다. 김계홍(2015)의 연구 등을 종합하면 MBS는 정부 투자자 보증채권으로 국채와 동일한 취급을 받고 있는 반면, 조기상환위험 등이 반영되어 국채보다는 이자율(쿠폰)이 더 높아 수익성 측면에서 우수하다. 여기에 발행규모가 늘어나면 늘어날수록 채권의 회전율(채권의 연간 총거래량 / 연도말 발행 잔액)이 높아져 투자자 확보가 용이해지는 것으로 분석되었다. 2007~2014년 기간 동안 우리나라 MBS의 평균 회전율은 69% 수준인 데 반해 미국의 MBS 회전율은 520%로 조사되었는데, 미국의 높은 모기지 대출 비중은 충분한 MBS 발행 및 원활한 유통에 따른 풍부한 대출자금의 확보가 가능했기 때문으로 풀이된다. 그 외에도 시중은행이 취급한 모기지 채권을 묶어 자체적으로 MBS를 발행하는 것도 고려할 만하다. 물론 참여한 은행에 상응하는 메리트를 부여해야겠지만, 주택담보대출 시장에서 시중은행이 압도적인 비중을 차지한다는 사실을 감안하면, 주택금융공사 일방에 의존하는 대출구조 개선은 한계가 분명하다.

이상과 현실의 괴리, 전세제도

전세제도는 우리나라만의 독특한 임차제도이며 임차인의 절반가량이 활용하고 있는 임대차 형태다. 임대차 시장에서 다룰 만한 전세제도가 부동산 금융 파트에서 다루어지는 것이 다소 의아할 수 있으나, 임대인 임장에서 전세는 주택 구입자금을 융통하는 사금융(私金融)의 성격을 띠고 있어 이번 장에서 다루게 되었다. 앞서 언급한 것처럼 우리나라에서 시중은행이 주택담보대출을 자유롭게 취급하게 된 것은 1998

년 이후였다. 주택수요는 늘어나는데 금융기관에서 대출을 받을 수 없으니 자연적으로 개인에게서 자금을 구하는 길을 찾게 된 것이다. 집주인은 전세라는 레버리지(차입)를 활용해 집값이 오를 때 수익률을 극대화할 수 있게 된다. 예를 들면 10억 원짜리 집을 전세보증금 8억 원을 끼고 구입했다고 하자. 집주인은 2억 원만으로도 10억 원짜리 집을 소유하게 된다. 만일 집값이 11억 원이 되면 집주인의 수익률은 10%가 아니라 50%가 된다. 이러다 보니 집값 상승 기대감이 높았던 시기에 전세는 우리나라 임차계약의 주요한 형태로 자리 잡게 되었다.

그런데 일각에서는 집주인이 전세를 활용해 부동산 투기를 하는 경우가 많으므로 전세를 없애고 월세로 전환해야 한다는 주장을 하기도 한다. 또한, 새로운 세입자로부터 전세금을 받아 기존 세입자의 전세금을 돌려주는 관행을 고려할 때 전세가 일종의 폰지 구조를 갖고 있다는 지적도 제기된다. 언론 등에 수십 채의 주택을 전세를 활용해 투자했으나 전세금을 제때에 반환하지 못해 문제가 되는 사례가 종종 등장하는 것을 보면 이러한 지적들도 상당히 일리가 있다. 특히 전세는 집값이 꾸준히 오르는 상황에서 성장했으므로 향후 저성장 시대가 장기화할 경우 과거와 같은 인기를 얻기 어려울 수 있다. 여기에 전세금 반환 관행을 겹쳐 보면 전세제도가 위태롭게 보이는 것도 당연하다. 게다가 여러 정부에서 전세를 활용해 주택을 투자하는(이른바 갭 투자) 행위에 대해 부동산 투기의 대표적인 사례라며 부정적인 시각을 드러내기도 했다. 이런 상황을 보면 정부는 전세의 월세 전환을 장려하는 방향으로 정책을 수립했어야 할 것 같지만, 오히려 전세를 지원하는 정책을 더 많이 발표했다.

대표적인 것이 시중은행의 전세자금대출 확장을 허용(2009년 8·23 대책, 2010년 8·29 대책 등)하고, 도시주택보증공사, 한국주택금융공사 등 공공금융기관 또는 정부 기금 등을 통해 전세대출 자금을 투입한 것을 들 수 있다. 심지어 갭 투자가 부동산 가격 급등의 원인이라고 지목했던 지난 정부에서도 공공금융기관의 역할을 줄이거나 하지 않았다. 그 결과 시중의 전세자금대출은 2022년 4월 말 기준 167조 원을 넘어섰다. 지난 정부에서 주택 시장으로 유입되는 자금을 줄여보겠다고 LTV, DTI, DSR 등을 강화했던 것을 고려하면 앞뒤가 맞지 않는다. 왜냐하면, 전세자금대출을 받은 세입자가 임차하는 주택을 누군가가 구매했다면, 간접적이지만 대출을 일으켜 주택을 구매했다고 볼 수 있기 때문이다. 이상적으로야 주택담보대출을 활용하든, 전세제도를 통하든 주택 시장으로 유입되는 모든 자금을 줄여야 할 것이지만, 현실적으로는 서민을 보호하는 정부의 이미지를 포기할 수는 없었기 때문일 것이다. 정부 정책이 시민들의 정책 신뢰에서 출발한다는 점을 감안하면, 이 같은 모순적인 정책 집행은 정책 신뢰를 훼손한다는 점에서 아쉬움이 남을 수밖에 없다.

03 기대만큼 성장하지 못한 리츠

부동산을 활용해 돈을 벌기 위해서 반드시 부동산을 소유할 필요는 없다. 부동산으로부터 얻어지는 수입이 내 주머니로 들어오기만 하면 된다. 이런 아이디어로 출발한 부동산 투자 금융제도가 있으니 부동산 신탁, 부동산 펀드, 부동산 투자 회사(이하 리츠, REITs) 등이다. 이 중 리츠는 부동산 투자의 선진화를 이룩하고, 부동산 투자의 가장 큰 단점으로 꼽히는 빈익빈 부익부 문제를 해소해줄 것으로 기대되던 제도였다. 그러나 제도도입 20년이 지난 지금 리츠는 성장하기는 했지만, 애초에 기대한 것에 비하면 아쉬움이 많이 남는 제도라고 할 수 있다.

선진 부동산 투자 제도로 주목받던 리츠

부동산 투자의 전형적인 모습은 부동산을 구매하고, 임대해 임대수익을 얻고, 매각해 시세차익을 얻는 형태다. 그런데 부동산은 워낙 고가의 물건이고 투자 절차가 복잡하다 보니 투자의 기회가 일부 부자들

또는 소수 전문가들에게만 국한되는 문제가 생긴다. 그리고 투자자가 지속적으로 부동산을 유지, 보수, 관리해야 하는 부담도 떠안아야 한다. 부동산 투자의 진입장벽을 낮추고, 투자 부동산 관리의 부담을 획기적으로 줄여 대중들이 보다 쉽게 부동산 투자를 하도록 여러 부동산 투자 제도들이 고안되었다. 대부분은 부동산의 소유, 유지, 보수, 관리부담은 전문회사에게 맡기고, 부동산에서 발생하는 수익은 투자자가 가져가도록 짜여 있다. 제도의 도입 취지나 구체적인 기능에 따라 부동산 신탁, 부동산 펀드, 리츠 등으로 구분된다. 이 중 우리나라 부동산 신탁제도는 부동산 투기억제, 민간자본의 부동산 개발사업 유도, 토지의 효율적 이용 등을 위해 1990년에 도입되었다. 그리고 리츠나 부동산 펀드는 건전한 부동산 투자 시장의 조성 및 부동산 시장의 투명화, 부동산 산업의 경쟁력 강화 등을 위해 각각 2001년과 2004년에 도입되었다.

이 중 가장 주목을 받았던 제도는 리츠였다. 본래 리츠는 주식회사로 설립되어 증권거래소에 상장하는 형태였기 때문에 주식 시장에서 소액으로도 삼성전자 지분의 일부를 소유할 수 있듯이 몇만 원만으로도 광화문 거리에 있는 빌딩의 임대수익과 시세차익을 향유할 수 있는 길이 열릴 것으로 기대되었다. 도입 20년이 지난 지금 우리나라 리츠 시장은 총 332개 회사가 설립되었고, 자산규모는 80.7조 원 수준으로 성장했다. 금융상품으로써 리츠는 어느 정도 자리를 잡았다고 평가할 수 있지만, 이 중 절반 정도가 '공공지원 민간임대주택 리츠'와 같이 정부 정책과 연관된 리츠인 상황이다. 도입 당초 기대했던 것에 비하면 아쉬움이 많이 남을 수밖에 없다. 332개 리츠 중 상장한 것은 20개에 불과하며, 상장 리츠의 시가총액도 7.5조 원 수준이다. 우리나라보다 1년 앞서 리츠를 도입한 일본의 경우 상장된 리츠만 61개이며 전체 규모는 170조 원에 달한다. 게다가 우리나라보다 국토가 좁아 투자 대상이 제한적인 싱가포르의 리츠 시장이 90조 원 수준인 점을 감안하면, 반쪽짜리 성공이라고 평가할 수밖에 없다. 도입 당시 우리나라 부동산 투자문화를 바꿀 것으로 기대되었던 리츠는 어쩌다 평범한 금융상품으로 전락하게 된 것일까?

IMF로 급하게 주입된 우리나라 리츠

당초 리츠의 도입은 학계나 전문가 집단에서 꾸준히 논의되었을 뿐실제 도입 여부는 불투명했다. 그러다가 IMF 외환위기로 인한 기업구조조정의 필요성 때문에 미국의 리츠 제도를 이식하는 방식으로 도입되었다. IMF 당시 기업의 부실을 해소하기 위해서는 기업 자산의 40%에 달하던 부동산을 빠르게 처분해야만 했었고, 주식 시장에서 대규모자금을 끌어들일 수 있는 리츠는 매력적인 수단으로 주목받았다. 그리고 리츠가 1980년대 미국과 호주의 부실 금융기관 정리에 효과적으로사용되었던 해외의 성공사례도 있어 큰 설득력이 있었다.

리츠의 도입 배경이 이렇다 보니 기업 구조조정을 촉진하는 특수한목적의 리츠도 도입되었다. CR-REITs로 불리는 기업구조조정 리츠는당시 급박했던 경제사정으로 인해 의무 공모 비율, 주식 소유 한도, 의무 배당 비율 등과 같은 규제가 적용되지 않았으며, 일정한 요건을 갖추면 주식매수청구 및 주식환매청구권이 부여되기도 했다. 기업의 구조조정을 위해 매각해야 하는 부동산이 많았고, CR-REITs라고 하는전용 투자 제도가 마련되면서 CR-REITs를 중심으로 리츠 시장은 자리를 잡기 시작했다. 하지만 정작 제도도입의 근간이라 할 수 있는 일반 리츠(이하 K-REITs)는 외면을 받았다. CR-REITs에 비해 규제도 많았고 적절한 매물을 구하기도 어려웠기 때문이었다. 무엇보다 미국 리츠와 달리 K-REITs에는 법인세 면제혜택이 부여되지 못해서 투자 수익률이 기대에 미치지 못했던 것이 컸다.

애초에 미국의 리츠는 법인세 부과와의 전쟁으로 탄생되었다. 리츠가 회사로 설립되어 증권거래소에 상장된 이상 법인세 부과 대상이 되는 것은 맞다. 그러나 미국에서는 여러 차례의 법 개정 후 1960년대 리츠 제도의 장점에 주목해 몇 가지 조건[26]을 충족하면 법인세를 면제하기로 했다. 이후 리츠는 꾸준히 성장해 2022년 상반기 기준 미국 리츠의 시가총액은 약 1,800조 원으로 세계 1위의 시장 규모를 자랑하고 있다. 그러나 우리나라는 상법상 회사인 K-REITs가 부동산을 직접 소유하는 한 부동산으로부터 얻어지는 수익은 K-REITs 법인의 이익이므로 법인세를 내야 하는 것으로 결론이 났다. 그러자 시장은 규제도 적고, 법인세도 면제되는 CR-REITs만 찾을 뿐, K-REITs는 관심조차 없었다.

리츠가 있는데 부동산 펀드도 있다고?

법인세 부과 여부가 K-REITs의 걸림돌이라는 지적이 늘어나자 리츠의 주무관청인 국토교통부는 2004년 호주식 위탁관리형 리츠를 도입했다. 위탁관리형 리츠는 서류상으로만 회사가 설립되며 외부 자산

---

26) ① REITs로 설립될 것(금융기관 또는 보험회사 금지)
　　② 자산의 75% 이상을 부동산 또는 부동산 관련 상품으로 구성할 것
　　③ 수익의 90% 이상을 배당할 것
　　④ 5% 이하의 주주가 전체 주식의 50% 이상을 보유하지 않을 것

관리회사가 부동산 대신 관리, 운영해주고 부동산으로부터 발생하는 수익의 90% 이상을 배당하는 제도다. 기존 K-REITs와는 달리 스스로 부동산도 소유하고, 관리, 운영하는 형태(이런 의미에서 '자기관리 리츠'라고 부른다)가 아니다 보니 상장하더라도 실체적 회사로 인정되지 않아 법인세가 면제된다(이를 전문용어로 '도관체'라 부른다). 또한, 투자자 보호를 위한 엄격한 규제 등에 대해서도 소수 전문 투자자(50명 미만)들만 참여하는 사모(私募) K-REITs도 허용해 리츠 시장 확대를 모색했다. 하지만 비슷한 시기 부동산 펀드가 등장하면서 이 같은 노력은 모두 허사가 되었다.

부동산 펀드는 부동산으로부터 얻어지는 수익을 투자자에게 배당하는 금융 투자 상품(Mutual Fund)으로, 투자자에 배당되는 자금의 흐름 측면에서 리츠와 펀드는 거의 같은 금융상품이다. 그러나 근본적으로 리츠는 상장을 전제로 했기 때문에 투자자 보호 측면에서 규제가 강하고 설립 절차가 까다로운 반면, 부동산 펀드는 전문가 집단이 투자하는 사모(私募)형 금융상품인 관계로 규제가 훨씬 덜했다. 이러한 차이 때문에 부동산 펀드는 리츠에 비해 설립이 용이하고 소요기간도 짧다. 리츠라는 용어부터가 일반인들에게 낯설던 2000년대 초반, 부동산 투자 시장은 소수의 기관 투자자들이 주도하고 있었고, 구조상 차이가 적은 두 제도가 거의 같은 시기 도입되자 기관 투자자들에게 좀 더 유리했던 부동산 펀드에만 자금이 집중되었고 K-REITs는 또다시 외면을 받았다. 애초 부동산에 투자할 수 있는 다양한 제도를 도입해 시장 전체의 볼륨을 확대하려 했지만, 결과적으로 일방적인 부동산 펀드의 독주가 아직 진행되고 있다. 참고로 2022년 상반기 기준 부동산 펀드의 시장 규모는 약 140조 원에 달한다.

리츠의 자살골, 개발형 리츠

2007년 부동산 투자 회사법(통칭 리츠법)이 개정되면서 개발사업을 전문으로 투자하는 리츠 설립이 허용되었다. 본래 임대주택건설사업 등 일부 예외를 제외하고 리츠의 부동산 개발사업 투자는 총자산의 30% 이하만 허용되었다. 그러나 법 개정으로 부동산 개발사업에 100% 투자가 가능한 리츠 설립이 가능해졌을 뿐만 아니라 자기자본의 10배 차입 허용, 상장 여부와 무관하게 부동산 개발사업 투자 허용 등의 특례까지 주어졌다. 당시는 건설사에 모든 위험이 집중된 부동산 개발금융의 구조적 개선 방안을 다각도로 모색하던 시기였다. 개발형 리츠는 불합리한 개발금융 구조를 개선할 수 있는 제도로 인식되었을 뿐만 아니라 막대한 개발이익을 주주들에게 배당, 사회에 환원할 수 있는 제도로 여겨졌다. 마지막으로 새로운 리츠 제도를 출시해 부동산 펀드에 비해 열위했던 시장의 성장을 촉진할 수 있을 것으로도 기대되었다.

하지만 개발형 리츠는 이러한 시장의 모든 기대를 저버렸으며 오히려 리츠 시장에 대한 주홍글씨를 새긴 원흉이 되고 말았다. 당시 다산리츠와 골든나래리츠, 2개 리츠 회사가 상장되었으나 다산리츠는 9개월 만에 상장폐지되었으며, 골든나래리츠 역시 상장 이후 얼마 지나지 않아 상장폐지로 막을 내렸다.

다산리츠는 우리나라 유가증권 사상 최단기간 상장폐지라는 오명을 썼을 뿐만 아니라 조직폭력배들의 자금 유입, 조직적인 횡령 등 흉흉한 소문이 사실로 확인되었고, 골든나래리츠 역시 대주주의 주가조작이 사실로 입증되는 등 투자자 보호조치가 전혀 작동하지 않았음이 드러났다. 이로 인해 한국거래소는 리츠의 상장요건을 강화하는 반면 퇴출요건은 낮추어 부실 리츠에 대한 관리 강화를 선언했다. 자본 시장에서 한동안 리츠는 껄끄럽고 못 미더운 투자 상품으로 낙인찍히고 말았다.

첫 단추를 잘못 끼우면 수습이 어렵다

부동산 투자 시장에서 리츠는 여전히 뜨뜻미지근한 관심을 받고 있다. 최근 2, 3년간 도심 빌딩에 투자하는 공모 리츠가 인기리에 판매되기도 했지만, 시장 규모는 여전히 펀드에 밀리고 있다. 리츠의 제도적 경직성, 낮은 시장 신뢰, 기관 중심의 성장 등 다양한 문제점이 제기되어 왔지만 20년 전에도, 10년 전에도 지적되던 것들이다. 근본적인 문제는 리츠와 부동산 펀드가 거의 유사한 구조의 금융상품임에도 주무 관청이 다르다[27] 보니 공존하는 방안을 모색하기 어려웠다는 점이다. 만일 리츠는 일반 투자자를 위한 제도로, 부동산 펀드는 전문 투자자를 위한 제도로 역할을 나누어 도입되었다면 어땠을까? 예를 들어 운영실적이 다소 불확실한 신규 개발 부동산 등은 부동산 펀드를 통해 전문 투자자들이 사모 형태로 투자하도록 유도하고, 이후 충분한 운영실적이 확보되면 상장 리츠에 매각해 일반 투자자들이 이익을 향유하는 관행이 확립되었을 수 있었을 것이다. 하나의 예시지만, 각자의 역할 분담이나 특성화 노력이 있었다면 리츠와 부동산 펀드가 굳이 경쟁할 필요도 없었을 것이며, 충분히 검증된 부동산에만 투자하는 상장 리츠는 시장의 신뢰를 받았을 것이다. 하지만 시장 논리보다 조직의 논리가 우선시되는 공직사회에서 부처 간 협업은 쉽지 않았으며 앞으로도 기대하기 어려워 보인다.

---

27) 리츠는 국토교통부가 관할하며, 부동산 펀드는 기획재정부가 관할한다.

이러한 부처 간 눈치 싸움과 무관하게 세상은 빠르게 변하고 있다. 부동산 투자 시장 역시 기존 한계점을 극복하는 새로운 투자 기법이 개발되고 있다. 이른바 DABS(Digital Asset Backed Securites, 디지털자산유동화증권) 또는 부동산 조각 투자라 불리는 것이 그것이다. 이들은 리츠나 부동산 펀드와 동일한 구조를 지니지만, 토큰(디지털 코인) 등을 활용해 투자자의 접근성을 높이고 있다. 현재 우리나라에서 부동산 조각 투자 상품을 출시한 기업은 카사, 소유, 비브릭, 펀블 등 4개 회사로 대부분 샌드박스 특례 등에 기반해 기존 부동산투자회사법(REITs), 자본시장법(부동산 펀드)의 규제가 완화되어 적용되고 있다. 이들 부동산 조각 투자 상품들은 이제 막 출시되었기에 미래를 속단하기는 어렵다. 하지만, 디지털 네이티브 세대에게 익숙한 접근방식을 취하고 있고, 출시 직후 인기리에 판매되는 등 잠재력을 확인받았다. 이제는 리츠는 누구 관할, 펀드는 누구 관할과 같은 고리타분한 이야기를 할 때가 아닐 수 있다.

해외 사례를 통해 얻을 수 있는 교훈들

미국 외에도 일본, 싱가포르, 호주 등에서도 리츠는 성공적으로 자리 잡았다. 이들 사례 중 우리나라 리츠 성장을 위한 몇 가지 교훈을 찾을 수 있다. 우선 신뢰할 만한 대규모 자금이 지속적으로 공모 리츠 시장으로 투입되도록 유도할 필요가 있다. 주로 일본이나 싱가포르에서 사용되는 Sponsed REITs, 또는 Anchor REITs가 그것이다. 일본은 리츠 제도 도입 초기부터 대형 은행 또는 부동산 회사가 보유한 상업용 부동산을 공모 리츠로 매각하도록 유도해 시장 성장의 기틀을 쌓았다. 비슷한 시기 우리나라는 5년 만기 CR-REITs를 도입한 것을 감안하면 아쉬운 부분이다. 이후에도 일본은 대형 은행이나 부동산 기업이 리츠의 구성 및 운영을 주도하고 있다. 일본 리츠 시총 1위와 2위는 모두 미츠이 부동산 그룹, 미츠비시 부동산 그룹이 스폰서로 참여하고 있다. 싱가포르 역시 시총 기준 상위 5개 리츠가 모두 국부펀드인 Temasek Holdings가 스폰서로 참여하고 있다. 우리나라는 2018년에 주택도시기금의 여유자금을 리츠에 투자하도록 함으로써 Sponsed REITs를 도입했다. 주로 공공성을 띤 임대주택 리츠에 투자하던 주택도시기금의 투자처를 다양화하겠다는 발상이나 3,100억 원 규모에 불과해 시장에 미치는 영향이 제한적이다. 싱가포르와 같이 보다 적극적인 정부기금의 참여 또는 은행권과 같은 대형 금융기관의 참여를 유도할 필요가 있다.

또한 시장 신뢰를 확보할 수 있도록 실질적인 지원책을 강구할 필요가 있다. Sponsed REITs는 신뢰할 만한 대자본이 리츠를 운영함으로써 다산리츠나 골든나래리츠와 같은 부실이 발생할 가능성이 낮아져 투자자 보호가 강화될 수 있다. 다만, 이 과정에서 스폰서(Sponser)의 이익과 일반 투자자의 이익이 상충될 경우가 문제될 수 있다. 따라서 리츠의 운영이 일반 투자자의 이익을 우선시하도록 정책적 배려가 필요하다. 일반 투자자의 신뢰를 저버리는 순간, 공모 리츠는 존재의 의미가 사라질 수 있기 때문이다. 싱가포르 금융당국(MAS)은 리츠의 이해상충이 발생할 경우, 스폰서나 부동산 위탁운영사보다 투자자의 이익이 우선시됨을 명시하고 있다. 또한, 싱가포르거래소 상장 기업을 대상으로 발표하는 지배구조 및 투명성 지수에 상장 리츠를 포함, 매년 점수와 랭킹을 발표함으로써 일반 투자자들의 신뢰를 확보하기 위해 노력하고 있다(KCMI, 2021).

마지막으로 다소 논란의 여지가 있을 수 있으나 리츠 주가를 유지하기 위한 유동성 투입도 고려할 필요가 있다. 리츠는 부동산으로부터 얻어지는 수익을 배분받는 금융상품이다. 따라서 이론적으로 리츠 주가는 기초자산인 부동산의 가격에 연계되어야만 한다. 그러나 실제로 리츠 주가는 종합주가지수와 연계되는 경우가 많으며 최근 금리 상승으로 종합주가지수가 하락함에 따라 얼마 안 되는 공모 리츠의 주가 역시 하락세를 면치 못하고 있다. 투자자는 개인의 투자에 대해 전적으로 책임을 져야 하지만, 상장 리츠 시장이 아직 탄탄하게 형성되지 못한 상황에서 종합주가지수와 연동되는 리츠 주가를 바라보는 투자자의 시선은 탐탁지 못할 것이다.

리츠는 일반 주식보다 수익은 낮지만, 위험도 낮은 중위험 중수익 상품으로 알려져 있다. 하지만 실제 투자 실적이 고위험 중수익이라고 평가가 된다면 시장의 신뢰를 얻기 어려울 것이다. 일본은 글로벌 금융위기(2008년), 동일본대지진(2011년), 코로나19(2020년) 등으로 리츠 시장이 침체되자 일본은행이 직접 리츠를 매입하는 등 시장 활성화를 지속하고 있다. 일본의 사례를 그대로 우리나라에 적용하기는 쉽지 않겠지만 어렵게 출시된 공모 리츠들이 시장의 외면을 받지 않도록 지원이 절실한 실정이다.

04 부동산 개발금융

집을 짓는 것은 단기에 대규모 자금이 소요되므로 부동산 개발과 금융은 밀접한 관계일 수밖에 없다. 그런데도 우리나라에 민간 부동산 개발금융 시장이 열린 것은 30년이 채 되지 않는다. 그전에는 한국주택은행이 주도하다 건설사가 자체자금으로 조달했었다. 그사이에 전세제도처럼 개발자금도 사금융(私金融)을 활용하기도 했다. '선분양제도'다. 이런 부동산 개발금융 시장에 구조적 변화가 일어나고, 민간자금이 유입되기 시작한 것은 IMF 이후였다. 이른바 'PF 대출'로 불리는 구조화 금융기법이 도입되면서부터다.

무늬만 구조화금융이었던 초기 PF 대출

부동산 금융산업 중 IMF의 영향을 받지 않은 것은 거의 없으며, 부동산 개발금융 시장도 마찬가지다. 이전까지 건설사들은 자신의 신용을 바탕으로 개발자금을 융통했으나 IMF 충격으로 대거 퇴출당하면서 다른 방향을 모색해야만 했다. 그 결과 건설업체들은 개발사업의 위험을 쪼개는 선택을 하게 되었다. 개발사업 초반의 높은 위험을 담당하는 업역(부동산 개발업, 시행사)과 건축을 담당하는 영역(건설업)으로 구분되었는데, 이렇게 위험을 구분해 각 위험에 걸맞은 금융기법을 적용하는, 이른바 구조화금융(Structured Finance) 기법이 도입되게 된 것이다. 부동산 개발금융 실무자들 사이에서는 이를 흔히 'PF 대출'이라고 불렀다. 그리고 부동산 개발회사가 건설사에 시공을 맡기는 형태로 개발과정이 정리되면서 토지 확보 및 자금조달의 책임은 건설사에서 부동산 개발회사로 이전되었다. 그러나 재무여력이 취약한 부동산 개발회사를 믿고 자금을 빌려줄 금융기관은 없었다. 건설사 역시 개발사업의 주도권을 유지하고 싶었다. 결국, 건설사가 부동산 개발회사에 연대보증과 같은 신용공여를 제공하는 것이 관행으로 굳어졌는데, 결과적으로 개발위험 측면에서는 IMF 이전과 같이 건설사에 위험이 집중되고 말았다.

하지만, 2008년 글로벌 금융위기가 터지면서 미분양이 급증, 채무부담이 일제히 건설사에 집중되면서 유동성 위기가 도래했다. 이에 2010년 금융감독원은 건설업계의 PF 대출 신용공여에 대해 공시를 강화하도록 했으며, 현재는 재무제표 각주에 자기자본의 5%(대기업은 2.5%)가 넘는 신용공여에 대해서는 수시공시가 의무화되었다. 금융위기에 따른 부동산 시장 충격은 건설사에만 집중된 것이 아니었다. 우발채무로 건설사가 부실에 빠지자 PF 대출에 참여한 금융기관에도 손실이 발생했다. 2010년 은행권 PF 대출의 연체율은 6%에 육박했으며, 개발계획의 사업성 평가 시스템이 취약했던 저축은행은 PF 대출의 연체율이 25%에 달할 정도로 대규모 부실이 발생했다. 정부 등은 이후 은행, 보험권 등에 대해서는 2008년 부동산 PF 리스크 관리 모범규준을 제정해 PF 대출을 규제했으며, 저축은행에도 PF 대출한도 제한(기업여신의 20%), 타

금융기관보다 높은 PF 대출 충당금 적립 등의 규제를 도입하게 되었다.

초기 부동산 PF 대출과 관련한 정부의 태도는 방관에 가까웠다. PF 대출 시장이 워낙 전문가들 사이의 계약이었고, 순수 민간자본으로 구성된 시장이다 보니 정부가 중간에 개입하기도 어려웠다. 무엇보다 집값 상승에 대응해 공급을 늘려야 하는 상황에서 정부의 개입이 방해가 될 소지도 있었다. 그래도 방관만 할 수 없었던 정부는 PFV의 도입과 같은 보다 개선된 금융구조의 도입을 시도해보는 등 노력을 기울였지만, 시장의 외면을 받았다. 결과적으로 정보의 부재 또는 정보의 불균형이라는, 시장 실패의 요인을 해소하지 못했다는 점에서는 정부는 책임을 피할 수 없다. 당시 건설사들의 PF 대출 신용보강은 우발채무로 간주되었기 때문에 재무제표에 공시의 의무가 없었다. 건설사들의 양심에 맡겨놓은 격인데, 확정되지 않은 우발채무라도 발표해서 득 될 것이 없었기에 묻어두기 일쑤였다.

그렇다 보니 시장 참여자는 건설사 등이 알려주는 정보를 무조건 신뢰할 수밖에 없었다. 민간 부동산 정보회사들이 이런저런 정보를 취합해 판매하고는 있었으나 건설사가 짊어져야 하는 재무적 책임에 대해서는 알 방도가 없었다. 결국, 금융회사들은 정보가 부족한 상황에서 PF 대출을 취급할 수밖에 없었고, 금융위기와 같은 외부 충격이 발생하자 사태는 걷잡을 수 없이 커졌다. 엄청난 사회적 비용을 감수한 후에야 비로소 건설사의 공시의무 강화, PF 리스크 관리 모범규준 등이 마련되었지만 소 잃고 외양간 고치기일 뿐이었다.

정부의 지나친 방관은 PF 대출에 참여하는 금융기관의 방심으로 이어지기도 했다. 건설사가 PF 대출에 대한 모든 책임을 지도록 대출구조가 짜이는 것이 관행이 되고, 이에 대한 정부의 정책적 개입이 없으니 금융회사들은 개발 사업지의 사업성 검토를 경시하게 되었다. 엄격하게 사업성을 평가하나, 대충 검토하나 어차피 건설사의 신용등급에 따라 대출 여부와 이자율이 결정되었다. 사업성을 검토할 시간에 대출을 하나 더 취급하는 것이 이익이었다. 또한, 건설사의 보증책임을 경감하려는 노력 역시 하지 않게 되었다. 새로운 대출구조를 개발해 시공사의 보증책임을 경감하고 대신 높은 수수료 이익을 받으려 해도 정책 등으로 의무화되지 않다 보니 여간해서는 대출이 실행되지 못했다. 이런 일이 반복되자 PF 대출 시장에서는 많은 시간을 들여 새로운 금융구조를 개발하는 것보다 그 시간에 기존 PF 대출을 더 많이 취급하는 것이 더 이익이 되었다.

만약 정부가 일정 수준 이상 분양이 되어 상환 재원이 마련된 사업장만 건설사 보증책임에 기반한 PF 대출을 허용했으면 어땠을까? 이러한 방식의 안전장치를 적극적으로 도입했다면 금융기관들은 개발사업의 사업성을 보다 엄격하게 평가했을 것이며, 다양한 금융구조도 개발해 위험을 분산하려는 노력을 경진했을 것이다. 정부가 어느 지점까지 개입하고, 어디까지 시장에 맡겨야 하는지 고민하지 않을 수 없는 대목이다.

성숙해졌지만 여전히 위험한 PF 대출

금융위기의 충격으로 PF 대출 참여자들은 더는 PF 대출이 황금알을 낳는 거위가 아니며 특정 참여자에게 위험을 집중시키는 무늬만 구조화 금융 방식의 PF 대출에서 벗어나야 할 필요를 느끼게 되었다. 무엇보다 PF 대출 신용공여에 대한 공시강화로 건설사가 부담을 느끼면서 기존 방식의 PF 대출은 이제 통용되지 않게 되었다. 참여자들은 개발사업의 위험을 세분화한 후 각 위험에 상응하는 수익을 가져가는 실질적인 형태의 구조화 금융기법을 도입하게 되었다. 우선 건설사는 기한 내에 주택을 건축하는 역할(책임준공)만을 담당하게 되었다. 건설사가 주택을 건축하게 되면 담보물이 확보되므로 금융기관이 PF 대출을 회수할 가능성이 커지게 되어 대출 참여가 가능해진다. 다만, 금융위기 이후 손실을 본 은행권은 PF 대출에 소극적으로 되었으며, 대신 증권사가 PF 대출을 주도하게 되었다. 증권사는 적극적으로 PF 대출을 중개하면서 일부는 자기자금으로 대출하기도 했다. 이렇듯 PF 대출 구조가 과거보다 개선되고, 부동산 시장도 장기간 활황세가 유지되면서 PF 대출 시장은 2022년 3월 말 기준 120조 원 규모로 성장했다.

부동산 개발 시장과 자본 시장이 더욱더 밀접하게 얽이면서 긍정적인 효과도 나타났다. 우선, 부동산 개발회사와 건설사 간의 암묵적인 연결이 사라졌다. 부동산 개발에서 가장 중요한 것은 더욱 좋은 땅을 싸게 확보하는 것이다. 이를 위해서 부동산 개발회사와 건설사 간의 관계는 매우 돈독할 수밖에 없었다. 특정 회사 퇴직자가 부동산 개발회사를 설립하고, 건설사와 특수한 관계를 맺어 토지를 매입하는 경우가 왕왕 있었다. 둘 사이의 관계가 남다르다 보니 손실이 발생하는 개발사업에 대해서도 이른바 '밀어내기식 분양'이 불가피했고, 건설사의 연대보증 등으로 발생한 PF 대출의 부담은 건설사에 집중되어 건설사 및 금융기관의 부실로 이어지기도 했다. 그러나 금융위기 이후 대규모 부실 발생과 정부 등의 규제로 이러한 부적절한 관계는 거의 사라졌다. 시공을 약속한 경우라도 사업성이 낮아지면 위약금을 물더라도 계약을 철회하는 건설사가 등장하는가 하면, 무엇보다 자본 시장에서 자금이 모이지 못해 개발이 진행되지 않는 등 참여자들의 적극적인 위험관리가 정착되었다. 이러한 시장 개선이 이어지면서 금융당국은 2015년 부동산 PF 리스크 관리 모범규준을 폐지하기도 했다. 은행권 등이 이미 모범규준에 맞는 내규를 바탕으로 PF 대출을 관리하고 있어 더는 불필요하다는 판단 때문이었다. 그 결과 한때 15만 호를 넘었던 미분양은 2018~2019년 지방 부동산 시장 위축에도 불구하고 6만 호 수준을 안정적으로 유지했다. 이 시기 미분양 잔고가 늘어난 지역에는 반드시 신규 분양이 줄어드는 등 시장의 자율 조정기능이 확연히 작동하는 모습을 보였다.

PF 대출 시장이 과거보다 성숙해졌다고는 하나 여전히 문제는 남아있다. 가장 큰 문제는 여전히 일부 참여자들에게 책임이 집중된다는 점이다. 예컨대, 최근 쟁점이 되었던 레고랜드 사태를 보면 PF 대출을 담보로 한 유동화채권에 대해 다수의 증권사가 보증을 서고 있다. 건설사들은 과거와 같은 연대보증을 제공하지는 않지만 '책임준공 약정[28]'과 같은 부담을 여전히 지고 있다. 그리고 특정한 사업장에서 PF 대출 상환이 지연되었거나 하는 이벤트가 발생했을 때 같은 건설사가 시공하는 다른 사업장의 PF 대출 역시 부도(정확히는 기한이익의 상실)가 나도록 설계되어 있다. 이는 모두 채권자들의 상환위험을 낮추기 위한 장치이지만, PF 대출 시장 전체의 위험을 높이는 결과를 가져온다. 만일 건설사가 채권 시장의 신용경색으로 운전자금을 구하지 못해 문제가 발생할 경우, 분양이 완료되어 PF 대출 상환 재원이 마련된 사업장이라 해도 계약에 의해 모두 동일하게 부실이 발생하게 된다. 그렇다 보니 PF 대출 시장은 위험의 전파가 매우 빠르다. 금융기관 입장에서 자신이 대출하지 않은 사업장의 문제로 보유하고 있는 PF 대출채권이 부실화될 수 있으며, 그 가능성 역시 전혀 추정할 수 없기 때문이다.

---

28) 공사비를 전혀 받지 못해도 특별한 사정이 없으면 지정된 공사 기간 내에 건축물을 준공하겠다는 약속으로, 지키지 못하면 사업 관련 채무 대부분을 건설사가 책임지도록 안전장치가 걸려 있다.

05 시장과 함께 호흡하는 부동산 금융정책이 필요하다

우리나라에 본격적인 부동산 금융제도가 도입되기 시작한 것은 IMF 외환위기 이후다. 초유의 국란을 극복하는 과정에서 다양한 선진국의 부동산 금융제도가 도입되었다. 그러나 그 과정에서 우리나라의 독특한 사정이 고려되지 못하거나 경우에 따라서는 유사한 제도가 비슷한 시기에 도입되기도 했다. 어떤 분야에서는 정부가 거의 방관하는 태도를 장기간 보이면서 문제를 일으키기도 했다. 종합적으로 따졌을 때 우리나라의 부동산 금융제도들은 여전히 개선의 여지가 많다고 볼 수 있다. 1,000조 원에 달하는 주택담보대출 제도, 지방정부의 경솔한 판단만으로 전체 시장이 흔들리는 PF 대출, 당초 기대에 비하면 크게 미흡한 리츠 시장 등 아직도 나아갈 길이 멀다 할 수 있다.

각각에 대해 장기적인 관점에서 보면, 우선 주택담보대출은 모기지 대출 중심으로 개편할 필요가 있다. 이를 위해 주택금융공사의 자본금 확충, 은행 등의 MBS 발행 유도 방안 등도 고려해야 할 것이다. PF 대출은 공시 강화가 선결되어야 한다. 우발채무라는 이유로, 시장 참여자 간의 비밀이라는 이유로 모른 척하기에는 자본 시장 전반에 미치는 영향이 너무나 크며 여러 번 문제가 되어 왔기 때문이다. 공시가 강화된 이후에야 제대로 된 제도 개선이 가능할 것이다. 마지막으로 리츠 시장은 유사 금융상품인 부동산 펀드와의 관계를 재정립할 필요가 있다. 당초 도입 취지를 감안하면 리츠는 일반인들이 투자하는 상품으로, 부동산 펀드는 전문 투자자들만이 참여하는 상품으로 특화할 필요가 있다.

다만, 정부는 정책의 최종 목표를 미리 제시하되 끊임없는 시장과의 소통을 기반으로 제도의 개선 방향을 타진할 필요가 있다. 금융 시장은 상호 신뢰에 바탕을 두고 운영되며 정부의 의도와 무관하게 신뢰가 훼손될 경우, 사회 전체가 치러야 할 비용은 종종 상상을 초월하기 때문이다. 각종 부동산 금융제도들이 도입된 지 이미 20년 정도 지났다. 이미 시장에는 어느 정도 관행이 굳어진 상태이고, 섣부른 제도 개선은 오히려 시장 충격으로 다가올 가능성도 높다.

마지막으로 부동산 금융정책은 금융 시장 및 거시경제의 안정을 목적으로 해야 하며 다른 목적을 겸해서는 안 된다. 특히 주택담보대출이 이러한 문제에서 벗어나지 못하고 있다. 지난 과거를 돌이켜 봤을 때 주택 시장 안정의 하나로 주택담보대출 규제가 활용되었지만, 결과적으로 제도만 복잡해졌을 뿐 주택가격 안정도, 주택담보대출의 구조 개선도 이루지 못했다. 정부 입장에서야 '일석이조'식 정책이 구미에 당길지는 모르지만, 허울만 좋고 아무 효과가 없는 일석이조보다는 한가지 정책 목적이라도 달성하는 단순한 정책이 훨씬 나을 경우가 많다. 이미 부동산 금융 시장은 복잡할 대로 복잡해져서 한 가지 정책 목적도 달성하기 어려운 경우가 많기 때문이다.

제10장

북한에도 사고파는
부동산 시장이 있을까?

01 북한의 사경제(私經濟)와 부동산

북한의 경제체제는 개인의 소유권을 인정하지 않는 사회주의 국가이므로, 시장 경제가 형성되지 않았을 것으로 생각하기 쉽다. 그래서 주택이나 부동산을 거래하는 시장도 발달하지 않고, 시장 가격도 형성되지 않았을 것이라고 추측하는 것도 당연하다. 과연 북한은 부동산의 소유권을 인정하지 않고, 거래 시장이나 시장 가격이 형성되지 않았을까?

북한에도 사고파는 시장이 있다

북한의 경제는 공식적인 부분과 비공식적인 부분으로 구분할 수 있다. 공식적인 부분은 우리가 알고 있는 대로 기본적으로 사회주의 소유제도에 토대를 둔 계획경제체제다. 그러나 다른 한편으로는 비공식적인 시장화가 빠르게 진행되고 있다. 북한에 관련된 공식 통계는 매우 부족하므로 비공식적인 부분까지 자세히 파악하기는 어렵다. 그래서 여러 연구나 문헌들은 북한의 시장화를 설명하기 위해서 탈북주민의 증언이나 여러 조사자료를 활용하고 있다.

북한의 시장은 '장마당'으로 불리는데, 2000년대 들어 북한의 시장은 크게 발전했다고 알려져 있다. 미국 존스홉킨스대학의 커티스 멜빈(Curtis Melvin) 연구원에 따르면, 2009년 위성사진을 통해 추산된 북한의 상설 시장 수는 200여 개였는데, 2015년에는 그 두 배에 가까운 400여 개로 증가했다(김석진, 2015). 이러한 상설 시장에서는 각종 농산물, 식료품, 생필품 등을 판매하며, 개별 시장의 규모도 커지고 있다.

시장이 확산되어 성장하는 이유는 북한 당국이 시장의 운영을 허용했기 때문이다. 시장이 발전되면서 비공식적이지만 사유재산이 형성되고 있는데, 특히 부동산 부분에서 사유재산이 형성되고 있는 것은 매우 주목할 만한 일이다. 북한에서 주택은 국가가 무상으로 공급 또는 배분하고 있으므로 개인 간 거래는 불법에 해당한다. 다만, 비공식적으로 주택(살림집)에 대한 이용권을 사고팔고 있으며, 북한 이탈주민에 의하면, 현재 북한 주민들은 소토지, 살림집, 매대를 '3대 재산권'으로 인식하고 있다고 한다.

금융 시장에서도 마찬가지로 공식적으로는 '국가은행을 중심으로 이루어지는 자금의 융통'만을 금융에 포함하고 있다. 즉, 일반 주민들은 은행에서 대출을 받을 수 없고, 주민 간의 금전거래는 금지되어 있다. 하지만 북한의 재정이 파탄이 나고 은행이 제 기능을 수행하지 못하면서 주민 간의 금전 거래는 법적 조치 때문에 허용되고 있다. 북한 민법상 개인 간의 금융거래에서는 이자를 허용하지 않지만, 실제 개인 간 금융거래에서는 고리대가 형성되고 있다. 이러한 사금융은 시장 메커니즘이 소비 분야가 아닌 유통, 생산, 금융 분야로 확대되면서 발전하고 있는데, 대부분 체제전환국이 시장 경제체제로 전환할 때 경험했던 현상이다(임을출, 2016).

북한 주택(살림집)은 어떠한 모습일까?

주택은 북한에서는 '살림집'이라고 불린다. 살림집은 국가, 협동단체, 개인으로 구분해 소유할 수 있으며, 국가는 법적으로 소유권과 이용권을 보호한다. 북한의 주택은 개인이 소유하지 못한다고 알려져 있듯이 개인이 주택을 소유하는 것은 상당히 제한적이다.[29] 법적으로 소유권이 보장되어 상속, 매매가 가능한 개인 살림집을 제외하면, 대부분 사용권만을 보장받는 국가 소유 살림집, 협동단체 소속원만 이용권을 보장받는 협동단체 소유 살림집이 있다.

탈북자 증언에 따르면, 북한의 주택은 상하수도 설비와 건축연도에 따라 구조가 다르다(정은이, 2015). 1970년대에 지은 주택은 크기가 $8m^2$인 방이 두 개로 구성되었으나 중간에 커튼을 쳐서 구분했고, 창문이 작아 어둡고 답답한 수준이다. 1990년대에는 방 한 칸의 크기가 $12m^2$로 확장되었고, 1970년대 지어진 주택보다 천장이 높고 창문도 크게 만들었다. 두드러진 점은 재래식 부엌이 아닌 싱크대가 있는 주방과 거실을 둔 전실의 개념이 도입되어, 공간적으로 집 전체가 트인 구조여서 밝은 분위기를 냈다. 2000년대는 발코니 창문에 큰 통유리를 사용하면서 거실과 방까지 확장된 발코니 개념이 도입되어 우리나라 주택과 유사한 평면 설계방식이 도입되었다.

> "1970년대 지은 집은 선교나 동대원 구역의 집으로 옛날 외랑식(外廊式) 벽돌 아파트이며 한 층에 15세대나 산다. 화장실도 양쪽으로 하나밖에 없어 평균 7~8 세대가 한 개 화장실을 공동으로 사용해야 해서 아침이면 화장실 가려고 줄을 서

---

29) 1958년 사회주의제도 수립 이전에 세워진 집으로 국가가 몰수하지 않고 개인에게 소유권이 부여되어 내려온, 또는 그것이 개인재산으로 개축된 주택을 말한다(정은이, 2015).

어떤 사람은 아예 직장 나와 일을 본다.

계단도 가운데 하나밖에 없다. 들어가면 주방이 있고 방이 있지만, 미닫이식으로 되어 한방과 같다. 그다음 1980년대 벽돌아파트라는 것은 4~5층짜리 아파트로 집집마다 화장실이 있어 외랑식보다 낫다. 거기는 방이 2칸이며 주방도 따로 있다. 그다음 1990년대 지은 시리카트 조립식 아파트로 벽돌보다 크고 블로크보다 큰 것이 한 장인데 내가 보기에 한 2m는 된다. 그것을 기중기로 들어 쭉쭉 쌓으면 조립식이 된다. 한국식으로 지어 현대식 아파트이긴 하지만 추운 게 단점이다. 거실 양쪽으로 방이 있고, 주방, 화장실이 따로 있다. 통일거리, 광복거리는 신거리가 되어 아파트가 좋지만, 통일거리가 더 좋다. 광복거리는 80년대 말 청년축전 때 숙소로 둔다고 호텔식으로 빨리 짓고 좁고 천정도 높아 난방이 잘 안 된다. 식수탱크도 작다. 그래서 광복거리는 지금도 물 부족으로 어려움을 겪고 있으나 그 후에 지어진 통일거리의 아파트는 그게 보완이 되어 천정도 낮고, 물도 잘 나온다."

평양 출신 탈북자 증언(정은이, 2015)

북한 주택(살림집)은 어떻게 거래되고 있을까?

북한의 각 도, 시, 군 구역 인민위원회의 '도시경영과'라는 부서가 주택공급을 담당하며 규정에 따라 주택을 배정한다. 주택을 배정받으려는 주민에게 국가가 발급하는 증서인 국가살림집리용허가증(이하, 입사증)을 발급하면서 무상으로 주택을 배정받게 된다.[30] 주택 등 부동산과 관련된 시장 거래행위는 불법이므로 주택에 이사, 거주, 동거 등을 위

---

30) 조선민주주의인민공화국 살림집법 제1장 제3조(국가부담에 의한 살림집보장원칙) : 인민들의 살림집 문제를 국가가 책임지고 원만히 해결해주는 것은 우리나라 사회주의제도의 본성적 요구다. 국가는 현대적인 도시살림집과 농촌살림집을 국가부담으로 지어 인민들에게 보장해준다.

해 입사증은 권리증서와 같은 기능을 한다. 물론 살림집 배정에서 지켜야 할 원칙과 우선 배정규정은 있으나, 체계화된 배정 시스템이 없어 불법 거래 시장이 형성되는 원인을 제공한다.[31]

입사증은 인민위원회 산하 도시경영과만이 아닌, 하위 지역 내 공장건설연합기업소[32]와 같은 조직(주택과 및 경리과, 식량과 등)에서도 입사증 발급과 관리 및 통제 권한을 가진다(정은이, 2015). 공장건설연합기업소 주택과에서도 입사증을 발급하며, 주택지도원 1명당 수백 세대를 관할한다. 주택지도원은 관할구역 주택의 사용료를 징수하러 돌아다니므로 주택 구매자와 판매자에 대한 정보를 접하고 자연스럽게 중개인의 역할도 담당한다.

입사증의 소유자 이름을 변경하는 방식으로 이루어지는 거래는 1990년대 고난의 행군[33]을 거치면서 비공식적으로 활성화되었다. 주로 '주택거간꾼'을 통해 거래가 이루어지며, 부동산 거간비는 판매가격의 10% 수준으로 형성되어 있다(김병욱, 2019). 이러한 주택지도원이나 주택거간꾼이 아닌 주민간의 주택거래는 불법적 거래로 간주해 거래한 집이 몰

---

31) 조선민주주의인민공화국 살림집법 제30조(살림집 배정에서 지켜야 할 원칙)
  1. 혁명투사, 혁명렬사가족, 애국렬사가족, (중간 생략) 같은 대상에게 살림집을 우선적으로 배정해야 한다.
  2. 탄부, 광부, (중간 생략) 힘든 부문에서 일하는 근로자에게 문화적이고 충분한 휴식조건이 보장된 살림집을 배정해야 한다.
  3. 자연재해로 집을 잃은 세대, 도시계획적 조치로 철거된 세대에 살림집을 의무적으로 배정해야 한다.
  4. 가족 수와 출퇴근 조건, 거주조건 같은 것을 고려해 살림집을 배정해야 한다.
  5. 국가가 협동농장에 지어준 살림집과 협동단체소유의 살림집은 농장에 직접 복무하는 농장원, 로동자, 사무원에게 배정해야 한다.

32) 자본주의사회에서 재화를 생산하고 판매하는 기업이 있듯이 북한에서는 '기업소'가 이 역할을 담당한다. 기업소는 북한에서의 생산주체이고, 국가가 관리 및 운영하는 일종의 국영기업에 해당한다. 중앙기관인 국가계획위원회가 기업소에 여러 재화에 대한 생산계획을 하달하고, 지방기관인 도경제지도위원회가 기업소의 계획을 관리하고, 계획 집행상황을 파악하며 지도한다.

수되므로, 입사증 거래 시장에서 주택지도원의 역할이나 권한이 크다.

입사증 문제는 팔려는 측이 감당해야 한다. 집을 사는 사람들은 큰돈을 들이대는데 어디다 막 들이대나? 담보가 입사증인데. 사람들은 입사증 없이는 집을 사려 하지 않기 때문에 집을 팔려는 사람은 자연히 저(주택지도원)를 통한다. 혹은 집 파는 사람이 입사증을 미처 해결하지 못하고 이사할 경우 구입자에게 미리 입사증을 해결할 수속비를 주고 간다. 그럼 나(주택지도원)도 그 돈을 받고 합법적으로 해준다. 입사증은 명의만 바꾸는 것이 아니라 무조건 새로 발급해야 한다. 단순히 이름만 고쳤다가는 위법이다. 8년 정도 약 5백 세대를 담당했는데 그사이 입사증을 새로 한 세대가 많은 정도가 아니라 50~60%가 넘는다. 사람들은 수시로 집을 사고판다. 나는 관할구역 집을 돌아다니며 1달에 1번씩 주택사용료를 받는데 최소 5백 세대 중 5, 6세대는 집을 사고판다. 돈 번 사람은 시내로, 없는 사람은 집을 팔고 떠돌이 생활을 하는 등 여러 가지다."

북한 주택지도원 증언(정은이, 2015)

---

33) 1990년대 북한의 체제 위기 상황을 1996년 신년공동사설을 통해 제시되었다. 고난의 행군이라는 용어는 김일성이 이끄는 항일유격대가 일본군의 토벌작전을 피해 1938년 12월부터 1939년 3월까지 혹한과 굶주림 속에서 중국 몽강현 남패자로부터 압록강 연안 국경일대로 100여일 간 강행군을 했던 것을 일컫는다. 이후 어렵고 힘든 상황이니 시기를 의미할 때 '고난의 행군'이라고 했다. 북한은 1996년 공동사설 발표 이후 '고난의 행군정신'을 강조하면서 군인건설자들을 경제건설 전면에 내세웠다. 이 고난의 행군시기를 전후해 북한 사회에는 상당한 변화가 일어났는데, 전반적인 경제위기로 배급이 중단되었고 주민들이 장마당으로 나오면서 장마당이 경제활동의 중심지로 떠올랐으며, 경제위기 자체가 주민들의 가치관에도 영향을 주어서 이른바 장마당 세대의 등장을 촉진했다(통일부 북한정보포털).

02 북한 부동산 시장의 변화와 성장

북한의 주택 거래 시장은 집을 사는 사람과 팔려는 사람, 이들 간의 거래를 중개하거나 정보를 가진 사람에 의해 작동되는 형태다. 주택 공급 시기나 형태에 따라 주택의 구조나 상태는 매우 다양하고, 수요자와 공급자 간의 경쟁구도가 존재하므로 시장 가격이 형성되는 것으로 보인다. 북한에서는 주택과 함께 다른 부동산은 어떻게 거래되고 가격은 얼마나 될까?

살림집법의 태생

북한의 헌법인 '조선민주주의인민공화국사회주의헌법' 서문에는 북한체제의 기본적인 내용이 3페이지에 걸쳐 서술되어 있다. 대부분 국가의 헌법처럼 북한 헌법의 각 조문은 북한의 통치조직, 통치의 기본원리 및 구성들을 규정하는 내용의 규범들로 구성되어 있다. 북한 헌법에서 살림집법에 근거가 되는 조문은 제28조로, '국가는 협동농장의 생산시설과 농촌문화주택을 국가부담으로 건설해준다'라고 규정되어 있다.

북한의 살림집을 공급하기 위한 살림집법은 2009년에 제정되었는데, 우리나라의 주택법과 임대주택법의 구조와 유사하지만 내용은 매우 단순하다. 또한, 살림집법에 규정되지 않는 내용은 다른 법을 따르게 되어 있는데, 관련된 북한의 법제는 국토계획법, 건설법, 토지법, 도시경영법, 부동산관리법 등이 해당한다. 이와 관련한 주요 내용으로는 우선 건설법상(제2조) 도시살림집과 농촌문화주택은 국가부담으로 건설하는 것이 원칙으로 규정되어 있다. 토지법은 토지 구분과 관리주체를 명기해 토지이용과 보호에 관한 원칙과 기준을 제시하고, 도시경영법은 건물관리와 이용허가에 관한 내용이 포함된다. 그리고 부동산관리법은 부동산 구분, 담당기관 및 이용허가에 관한 내용을 포함하고 있다(조영기, 2017).

살림집법은 여러 가지 북한 사회의 경제적 변화, 유행, 시장의 형성 등 여러 가지 요인이 복합적으로 작용해 제정된 것으로 보인다.[34] 여러 문헌에서 그 원인들을 찾아볼 수 있는데, 첫 번째 요인은 북한의 경제 침체로 인한 배급시스템의 붕괴는 살림집법이 만들어지게 되는 다양한 원인들을 제공하는 계기를 만들었다. 1980년대부터 동유럽을 중심으로 사회주의 체제가 붕괴되면서 북한체제를 유지시키는 지원체계가 무너졌고, 1990년대 고난의 행군으로 번지게 된다. 이때, 북한 경제는 극도로 악화되면서 주택건설을 추진할 수 없게 되고 살림집 수요를 충족시킬 수 없었다. 두 번째 요인은 1990년대 북한의 배급시스템 붕괴는 전 산업 분야로 확산되면서 살림집 이용 질서까지 동시에 영향을 미

---

34) 문흥안(2017)의 '북한의 살림집 정책과 공급의 한계', '살림집 이용권 거래 시장의 형성과 발전' 부분을 재정리.

쳤다. 살림집 이용체계가 원활히 작동되지 않는 단서는 여러 곳에서 발견되었다. 1992년 '사회안전단속법' 제20조에서 살림집 이용질서 단속 규정이 신설되고, 1996년 '사회주의재산관리법'을 제정해 그 매매를 금지하고 어긴 자는 행정적 또는 형사적 책임을 묻게 했다. 이후 형법의 처벌 수위는 점차 커졌는데, 북한에서의 살림집 이용질서가 통제하기 어려운 수준임을 반증한다.

세 번째 요인은 장마당이 활성화되는 초기에는 생존을 위한 수단으로써 국가에서 배정받은 살림집을 장마당에서 달러와 바꾸기 시작하면서 살림집 거래가 활성화되었다. 또한, 장마당이 활성화되고 주변 인근이나 역 주변에 교통이 편리한 살림집에 대한 수요가 급격히 늘어났다. 그리고 장마당 인근지역이 아닌 식량 부족 등으로 살림집 이용을 포기하고 떠난 노동자 지구에서는 기존 황폐화된 살림집이 주택부족 문제를 해결하면서 살림집 이용권 거래를 활성화시켰다.

이처럼 북한에서 국가살림집 이용질서가 파괴되고, 통제가 불가능한 상태에 이르면서 북한 당국에서도 이러한 변화를 반영하는 가운데, 2009년 살림집법을 제정하게 된다. 그와 동시에 부동산관리법을 제정해 살림집 등 부동산 사용료의 징수를 강화했는데, 통제 대신 재정수입 증대를 위한 정책 전환이라고 볼 수 있다.

> 북한은 기본적으로 시장을 중심으로 민간경제가 움직이므로 시장이나 역에 가까운 주택일수록 주택가격은 2배, 많게는 3배 이상 차이가 난다. 예를 들어 시장이나 역에 가까운 집은 숙박집 및 대기집 등 여러 용도로 돈을 벌 수 있어 임대수요가 발생해 이 집을 이용해 사업하고자 하는 사람이 생겨난다.
>
> (중략)
>
> 장마당 주변 골목길에 한심하게 생긴 집이 있는데 사람들이 이 집에 물건을 맡기면서 창고 역할을 하자 집 수요가 높아졌다. 주인은 집을 안 팔고 버티다 마지

북한도 주택수요가 시장을 만들고 있다

북한의 살림집은 대부분 국가 소유 살림집이어서 이들은 국가가 공급하는데, 국가가 충분한 시공능력이나 자본이 없어 그 책임을 구역별로 기업소에 할당한다. 전문건설업체가 아니어도 해당 구역의 기관이나 기업소에서는 주택건설계획을 할당받아 살림집을 건설한다. 이러한 조치로 인해 각 기관이나 기업소에서는 종사자의 주택을 자체적으로 건설한다.

앞서 언급했듯이 1990년대 이래 북한의 가장 큰 변화는 장마당의 확대와 증가였고, 국가가 주택을 공급하지 못하는 상황에서 시장이 그 역할을 대신했다. 시장이 활성화되면서 결과적으로 주택의 공급은 민간의 역할로 옮겨지고 있다. 일반적인 시장에서 주택공급에 여러 가지 유형이 있듯이 북한에서도 자연스럽게 주택은 하나의 재화와 투자로 보게 되면서, 증축과 개축, 그리고 개인 건설까지 시장 범위가 확대되고 있다.

증축과 개축에는 살림집 교환이 합법적이기 때문에 허름한 살림집을 교환한 뒤 부가가치를 늘리고자 하는 투자 전략이 적용되었다. 좋은 아파트와 일정한 현금을 주고 낮은 살림집(단독주택)과 교환하고, 낮은 살림집을 증축하거나 개축을 하고자 하는 전략적 교환사례가 등장한다. 북한에서 단순한 교환이 아닌 개발을 염두에 두고 교환을 한다는 자체가 놀라운 사실이다. 이러한 증개축을 위한 살림집 교환은 장마당이 활성화됨에 따라 살림집을 주거용이 아닌 영업용으로도 활용하는 등 북한에서는 일반적인 투자 전략과 공간가치 창출의 개념이 도입되고 있다.

또한, 장마당 활성화에 따른 변화 중에서 일반 주민이 자본을 모아 이른바 '돈주(錢主)'가 생겨났고, 이들은 시장과 함께 성장했다. 기업소들은 주택을 짓기 위해서 국가시스템에서 배분해주는 자금과 자재를 활용했지만, 배급시스템이 붕괴되면서 돈주를 찾게 되었다. 기업소는 각종 행정 및 법적 절차문제를 해결하고 철근, 시멘트 등 자재조달은 돈주가 맡게 된다. 그리고 주택들이 완공이 되면 자재조달을 맡은 돈주는 자금 기여도에 따라 주택을 분배받게 된다.

주택수요 대비 주택공급이 부족한 상황에서 돈주와 기업소 간의 역할 분담은 개인의 아파트 공급을 활성화시키고 있다. 즉, 기업소가 아파트를 건설한다는 계획만 상급단위로부터 할당받는다면, 자본은 원활히 공급되기 때문에 주택을 건설하는 데 무리가 없기 때문이다. 이는 과거 1970년대 우리나라가 민간의 자본을 이용해 대규모 주택공급을 했던 선분양의 초기상황과 유사해 보인다. 최근 지어지는 아파트들은 현대식 평면 설계에 의해 건설된 아파트들이고, 방은 적어도 3개 이상, 화장실은 2개 이상이며 승강기도 있다(정은이, 2016).

> K시(市)의 ○○지배인은 최근 멋진 자기 집을 창고같이 허름한 집과 맞바꾸면서 오히려 100만 원을 더 얹어 주었다. 본인 집은 선물아파트 1종에 속하는 고급 아파트인 반면 바꾼 집은 아주 초라했다. 실제로 산 집을 보니 너무 끔찍하고 한심했다. 하지만 ○○지배인은 도로변에 있어 장사하기에 최적의 집이라고 판단했다.

기름 장사(필자 역 : 주유소)를 하자니 차를 수시로 대어야 했다. 원래 지배인집은 S역전에 위치해 있었다. 즉 차는 지나갈 수 있지만 다른 차도 다녀야 하므로 정차할 만큼 넉넉한 공간이 없었다. 디젤유 등 기름 장사를 하는 곳에 차를 대지 못하면 드럼통을 집까지 끌고 와야 하는 수고를 겪어야 한다. 또한 엄연한 불법이므로 역전보다는 외진 곳을 선호한다. 지배인은 구입 즉시 집을 허물고 단독주택으로 크게 다시 지었는데 창고를 3개나 지었다. 소문에 의하면 이 창고가 다 연유창고로 군부로부터 휘발유, 디젤유를 전문 받아 차나 오토바이를 운행하는 개인에게 판다. 기름 파는 행위가 불법이므로 지나가는 행인이 보면 마치 포로수용소인지 모를 정도로 높게 지어 일반인은 그 안에서 무슨 일이 일어나는지 모른다. 주인만이 알고 있다. 이렇게 교환한 집은 큰 차를 3대 정도는 댈 수 있는 도로변에 입지해 있어 이사 전보다 오히려 2배 이상의 이윤을 올렸다. 자그마한 땅에서 채소를 심어 먹으며 살던 전 주인은 다쓰러져 가는 단층집을 내놓고 현금 백만 원을 더 받았다고 횡재했다고 생각하겠지만 ○○지배인은 토지라는 지대를 본 것이다.

외졌지만 큰 도로변 집(기름장사의 집)의 증언사례(정은이, 2015)

북한도 철거민과 보상의 분쟁, 투기 문제가 있다

일반적인 살림집의 증축과 개축에서 아파트 개발까지 확산되는 과정에서 북한도 우리나라와 같이 철거민과 보상의 분쟁이 발생하고 있다. 우선 주택의 인허가부터 공급과정에 대해 조사한 정은이(2016)와 박세훈 외 3인(2016)의 연구내용을 정리해보면 다음과 같다.

인허가 측면에서 보면, 주택건설에 대한 승인 요청은 시 건설과에서 도 건설관리국으로, 도 건설관리국은 국가건설감독성에 승인을 요청하고, 그 승인이 떨어지면 도 도시계획연구소에서 설계하게 된다. 이 승인문건을 다시 시 인민위원회로 올려보내면 위원장이 승인하고, 다시 국가건설감독성으로 보내면 토지이용허가증이 나온다.

주택공급을 착수하는 측면에서 보면, 건설주는 세 가지 방식을 통해 부지를 확보한다. 첫 번째 방식은 일반 공터인 경우 기관 또는 기업소의 이름을 빌린 개인이 신청하는 방식이다. 두 번째 방식은 공장기업소의 가동률 저하로 기관 및 기업소 부지를 돈주가 해당 공장지배인과 인민위원회 위원장을 연결해 주택을 건설할 수 있도록 추진한다. 세 번째 방식은 기존 건물이나 살림집을 철거하고 아파트를 건설하는데, 건설주는 원주민의 설득과 보상을 책임진다. 철거로 부지를 확보하는데 보상과 협상이 성립되어야 하지만, 북한의 사정상 세 가지 중에서 철거 방식이 가장 선호된다(정은이, 2016). 왜냐하면, 철거가 필요한 지역은 이미 다양한 인프라 및 편의시설이 존재하는 등의 입지가 좋아서 더 빠르고 비싸게 팔 수 있기 때문이다.

북한은 철거민에게는 집 한 채를 우선적으로 제공해야 하고, 그 권리는 법적으로 보호받는다. 거주자에게 새로운 집을 제공한다고 하면 모두 환영할 일 같지만, 북한의 철거민들은 조금 특이한 사유로 반대한다. 북한은 주택 자체가 부족해 철거민이 임시 거주할 곳을 찾기 어렵다. 그리고 집을 부모로부터 물려받은 가보로 생각하기도 하고, 새로운 집에 들어가 살려면 가구 등 모든 것을 다시 사야 하는 등의 이유로 철거를 반대하는 주민들이 많다고 한다. 또한, 배정받기로 한 아파트의 층보다 좋지 않은 층[35]을 배정받으면서 분쟁이 발생하는데, 여기에는 웃돈을 주고 입주하는 구매자 등에 의해 철거민은 뒤로 밀려나기 때문이다.

---

35) 북한은 전력 사정으로 높은 층을 선호하지 않고, 난방 문제로 중간 이하의 층이 가장 가격이 높고, 그다음이 중간 이상 층, 그다음 1층과 최고층이 가장 낮게 시장 가격이 형성된다.

여러 우여곡절 끝에 철거를 통한 새로운 주택건설사업이 승인되면, 낡은 집이어도 주택가격이 상승하는 현상이 북한에서도 발생하고 있다. 사례마다 다르지만, 철거에 대한 계획이 알려져도 가격이 한 자리 단위에서 두 자리 단위까지 쉽게 상승하고, 입주한 뒤에도 꾸준히 상승하는 것으로 알려진다. 북한에도 예외 없이 주택공급이 제한된 상황에서 신축아파트들의 부족과 그에 따른 주택수요 쏠림과 자본차익을 얻고자 하는 자들이 늘어가고 있다.

북한에서 철거세대의 입사증은 신축아파트의 분양권과 같고, 신축아파트를 구매하는 것보다 저렴한 철거세대의 입사증을 미리 구매하려고 한다. 그리고 제한된 정보와 불투명한 거래 시장에서는 각종 뇌물이 오고 가고, 브로커들이 개입하기도 한다. 그리고 브로커들은 개발 초기 단계부터 참여하기도 하는데, 개발지 주변의 단층집들을 미리 구매하기도 하고, 다른 부동산 개발업자에게 되팔기도 한다.

> 돈주가 주택을 건설할 때에는 미리 로비를 통해 간부들에게 작업해야 합니다. 작업이 완료되면 자재와 인력을 구해서 일단 1층부터 짓거든요. 그리고 돈주들에게 1층 구조를 보여주면 돈주들이 투자를 합니다. 그러면 그 돈으로 5층짜리 아파트를 짓습니다(51세 여, 도시설계연구소 출신).
>
> 보통 돈주가 돈을 주고 기업소로부터 토지사용권을 받아서 사업을 시행합니다. 기존에 살던 사람들에게 철거증을 나누어 주는데, 이 철거증은 판매할 수도 있고 아파트가 건설되면 입주할 수도 있습니다. 아파트가 건설되면 위층부터 가난한 사람들이 들어가고, 중간층은 당국의 간부들에게 배정되고 나머지는 판매해서 건설비용과 이익을 챙깁니다(33세 남, 무역 경력)
>
> **도시설계연구소 및 무역 경력 탈북자 증언사례**(박세훈 외 3인, 2016)

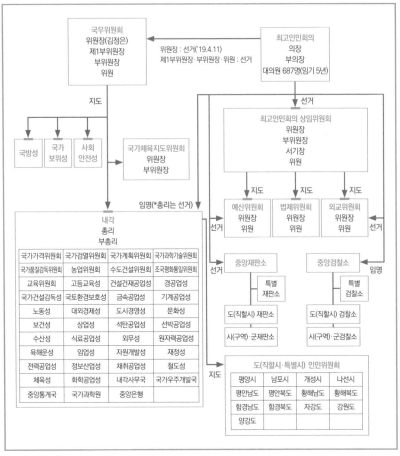

출처 : 2022년 북한 이해, 통일부 국립통일교육원

북한의 부동산 가격은 얼마일까?

북한의 부동산 시장에 관해서는 자료나 정보들이 매우 제한적이어서 대표성 있는 통계들을 집계하는 데 어려움이 있다. 특히 부동산이나 주택은 지역이나 입지, 특성에 따라 달라지므로 부동산 통계를 생산하는데 많은 제약이 따른다. 탈북자의 증언에 따라 발생하는 오차도 있고, 해당 탈북자의 정보 취득 능력이나 범위가 달라서 '장님이 코끼리 만지기'가 될 수 있다. 그래서 대표성이 있는 통계로 이해하기보다는 대략적 범위 정도로 가격수준을 가늠해볼 수 있다.

2000년대 들어 평양에서는 부동산 열풍이 지속하면서 부동산 투자로 100만 달러 이상 부를 축적한 신흥 부자계층이 등장했다고 한다. 평양은 서울의 한강처럼 대동강이 위아래로 지역을 가로지르고 있다. 서북쪽인 서평양, 대동강 동남쪽을 동평양으로 나뉘며, 서울의 강남과 같이 부자들이 다수 거주하는 지역이 서평양 지역이다. 서평양의 평천, 모란봉, 중구역, 보통강 4개 구역이 본평양으로 불리우며, 북한에서 유일하게 지하철이 다니고 있다. 이 중에서 평천 구역은 화력발전소가 옆에 위치해서 난방이 잘되어 선호되는 구역이다. 서평양 지역의 아파트는 평균 3만~5만 달러 수준이고, 동평양 지역은 평균 1만~1만 5,000달러로 알려져 있다. 본평양에 지어지는 신축아파트는 10만~15만 달러이고 대동강이 보이는 경우 약 30만 달러까지도 올라간다.[36] 또한, 중심구역을 벗어난 지역의 경우에는 방 한 칸에 세면장이 달린 주택은 6,000달러 수준이다.[37]

북한의 혜산시는 중국과 인접해 있는 국경지역이어서 무역을 위한 회사들이 집결되어 있고 비공식적인 밀매가 왕성한 지역이다. 시장도 활성화되어 있고, 2010년 이후부터 신규주택이 많이 건설되고 있는데,

---

36) 평양 아파트 얼마면 살 수 있나?(《MBC 통일전망대》, 2020. 10. 17)

37) 평양시 중심구역에서 좋은 주택 기준으로 45평 큰방 4개, 화장실 2개인 주택가격은 대략 20만 달러(USD)이고, 중심구역에서 벗어난 방 한 칸에 세면장이 달린 주택은 6,000달러(USD) 수준임 (《SPN 서울평양뉴스》, 2019. 3. 13)

중국 장백현 지역과 인접해 있는 만큼 북한 원화나 달러가 아닌 인민폐를 사용한다. 주택매매가격의 경우, 시장이나 역전 일대의 연립주택(방 2칸, 48㎡)은 100만 위안(2020년 환율 기준 약 10만 달러), 단층 다가구주택(방 2칸, 48㎡)은 60만 위안(2020년 환율 기준 약 6만 달러)이다. 동일한 주택 유형과 규모로 광산이나 군부대가 있는 지역은 연립주택은 30만 위안(3만 달러), 단층 다가구주택은 12만 위안(1.2만 달러)이다(김병욱, 2019).

김병욱(2021)은 탈북자의 증언들을 토대로 혜산시 부동산의 가격을 좀 더 표준화시켰는데, 상업시설 중심지에서 34평 아파트는 대략 1만 1,000~1만 5,000달러에 형성되어 있다. 또한 권력기관 중심지의 주택 매매가격은 상업시설 중심지보다 조금 낮은 8,000~1만 4,000달러에 형성되어 있고, 산업시설 중심지는 6,500~1만 달러다. 임대료의 경우에는 평당 임대료로 환산했는데, 20평 아파트의 경우 상업시설 중심지는 평당 15~20달러, 권력기관 중심지는 평당 12~14달러, 산업시설 중심지는 평당 7~10달러다. 식료품 상점(30평)의 경우는 상업시설은 평당 100~150달러, 권력기관은 평당 70~100달러, 산업시설은 평당 35~55달러로 형성되어 있다. 이와 같이 지역별 부동산 가격의 차이가 주는 함의는 북한의 부동산 가격이나 임대료도 수요와 공급 등 시장 원리에 따라 시장 가격이 형성된다는 것이다.

03 대북 지원을 위한 과제

지금까지 살펴본 북한 부동산 시장의 모습은 사회주의 경제체제보다 자유시장 경제체제의 모습과 유사하다. 장마당 활성화를 통해 자생하는 민간 부동산 시장을 통제하기 어렵고, 주택공급 부족 문제 등을 해결하는 이상 부동산 시장만큼은 시장의 기능이 작동되면서 발전될 가능성이 크다. 하지만 살림집 공급이나 배정체계, 부동산 거래나 관리제도는 아직 미숙한 수준이어서 과거 우리나라가 경험한 다양한 사회적 문제들을 겪고 있다. 앞으로 다가올 미래 상황과 상관없이 대북 지원 차원에서 무엇이 필요할까?

앞으로 남한과 북한의 미래는?

우리 정부의 공식적인 통일방안은 1994년 8월 15일 김영삼 대통령이 제시한 '민족공동체 통일방안'으로, 1989년 9월 11일 노태우 정부시기에 발표된 '한민족 공동체 통일방안'을 계승한 것이다. 이는 동족

상잔의 비극과 장기간 분단이 지속해온 남북 관계 현실을 고려한 바탕 위에 제시된 통일의 접근방식이다. 구체적으로는 남북 간 화해협력을 통해 상호 신뢰를 쌓고, 평화를 정착시킨 후 통일을 추구하는 점진적이고 단계적인 통일방안이다.

이러한 방안은 현재 남한과 북한 상황을 반영하고 있지만, 국제사회 정세나 북한 사정에 따라 얼마든지 변할 수도 있다. 여러 문헌에서 언급하듯이 통일의 방식이 급진적이거나 점진적일 수도 있고, 흡수 형태나 공동체 형태가 될 수 있다. 다양한 방식이 있으나 변하지 않는 점은 북한의 시장과 산업을 미리 선제적으로 발전시키고 지원해야 한다는 점이다. 특히 북한 주민들의 주거환경 개선은 남북 간의 동질성을 회복하고, 북한 주민들의 마음을 얻음으로써 통일 기반 강화에 기여할 것이다. 주거환경에서부터 남북 간의 격차를 줄여갈 경우, 통일 이후의 사회·경제적 부담을 최소화하는 데도 도움이 될 수 있기 때문이다(이상준, 2015).

앞에서 살펴본 것과 같이 북한의 주택은 이미 20~30년간 시장화되어 와서 개인 간에 거래되고 있고, 시장 가격이 형성되어 있다. 그리고 앞으로도 시장이 확장될 가능성만 있을 뿐이며, 국가가 다시 주택을 건설해 배급하는 과거로 회귀할 가능성은 거의 없다. 그리고 북한이 개방되거나 외부의 지원을 적극적으로 받고자 한다면, 일차적으로 남한이 그 역할을 담당하게 될 것이다. 그렇다면 남한과 북한 간의 발생 가능한 쟁점은 최소화하면서 적극적으로 주거환경부터 개선하도록 지원한다면, 북한 주민의 복지 증진과 민족 동질성 회복에 큰 성과를 낼 수 있을 것이다.

분단 이전 부동산의 소유권을 인정할 수 있을까?

통일에 대해 가장 많이 언급되는 해외 사례는 독일이다. 통일 후 독일은 원소유자 반환(Restitution) 원칙을 채택해 동독 치하에서 소유권을 상실하거나 실제 이용할 수 없었던 서독 거주 소유자 또는 그 상속인들의 소유권을 인정했다. 우리나라에서도 북한 지역의 토지를 소유한 사람들이나 그 상속인들이 통일 후 부동산을 회복할 것을 기대하는 예를 흔히 볼 수 있다. 그러나 북한 지역의 토지 소유권을 원래 권리자에게 돌려주는 일은 가능하지도, 바람직하지도 않을 것으로 예상된다.

무엇보다도 동독에서 몰수한 부동산에 대해 소유권 반환문제에 있어 여러 갈등과 비용문제가 컸다. 50년 가까이 분단된 상태로 있으면서 기존 살던 사람과 원소유자와의 사회적 갈등과 소유권 인정방식에 있어 무엇이 정의이고 합리적인가에 대한 논란은 당연하다. 따라서 반환을 최소화하되 금전보상을 위한 보상기금을 설치하면서 독일의 통일비용은 기하급수적으로 증가했다.

남한과 북한에서도 이와 유사한 문제가 발생할 수 있는데, 독일처럼 과연 원소유자가 소유권을 인정할 수 있을까? 여러 한계점 때문에 이를 인정하기가 어렵다. 첫째로, 북한 주민 토지에 대한 권리보호가 있어야 하기 때문에, 원소유자의 반환 방식은 불가능에 가깝다. 만약 원소유자로 반환이 된다면 북한 주민의 거부감, 이질감 등 사회적 갈등이 커지고 북한 사회 전체의 동요가 우려된다. 둘째로, 북한에서는 토지등기부가 소각되었기 때문에 원소유자의 소유권을 입증할 방법이 없다. 셋째로, 금전적 보상의 경우, 남한의 재정, 즉 통일비용이 증가하고 이는 세금으로 충당할 수밖에 없기 때문에 정부의 부담뿐만 아니라 국민들의 저항이 클 수밖에 없다. 넷째로, 과거의 지적(地籍)과 현재의 지적이 다를 수밖에 없고, 북한의 주택들은 시장화가 진행되어 여러 차례 소유자가 바뀐 상태다. 원소유자의 권리를 인정한다면 소유권 분쟁의 문제가 발생할 수밖에 없고 이를 해결하기 어렵다.

북한의 주거지원을 위해 무엇을 해야 하나?

현재 북한의 현실에 맞는 가장 바람직한 주거지원 방향은 우리나라가 겪었던 문제를 해결한 제도를 수출하는 것이다. 선분양 및 대규모 주택공급제도, 분양보증, 청약제도 등이 주택공급의 확대와 효율적인 공급체계를 만들어 줄 것이다. 또한 토지 관련 기초조사 등을 통해 지적을 정비하고 등기부등본을 작성하며 전산화하는 등 지적과 소유관계를 명확하게 해야 한다. 다만, 이러한 제도 수출에 앞서 부동산 정책의 모범답안은 개성공단 모델이라 할 수 있다(백민석 외 2인, 2015).

개성공단과 같이 경제협력지구를 점차적으로 넓혀 가면서, 그 안에서 주거문제들을 해결하도록 시범사업을 한다면, 북한에 필요한 제도와 관행들이 전국적으로 전파될 수도 있다. 그리고 단순히 주거여건의 물리적 개선에 초점을 맞추는 것이 아니라 지속 가능한 주거환경 유지를 고려해야 한다. 자조적 주거환경 개선, 일자리 창출과 연동된 주거환경 개선을 위한 협력모델 발굴이 중요한 과제다(이상준, 2015).

한편, 북한 농촌주택의 경우, 주거여건 자체가 불량하고 기반시설이 제대로 갖추어져 있지 않아 정부차원의 지원보다 자발적인 정비를 유도해야 한다. 주택건설 자체가 일자리 창출과 고용안정 문제를 해결하면서 동시에 노동집약적 산업이므로 이를 적극적으로 이용해야 한다. 즉, 주민 자력형 '북한형 새마을 운동'에 의해 주거지 정비사업을 다양화시킬 수 있다. 구체적으로 주택의 개보수, 마을 진입로·안길 확충, 상하수도 확충, 친환경적 주거 체계의 정립 등이 해당한다(문순철, 1999).

북한의 부동산 시장이나 주택 시장을 연구한 문헌들을 보면, 여러 경제협력 모델 개발이나 실천 프로젝트를 통해 주거환경 지원을 해야 한다고 한다. 그러나 대부분 통일을 대비해서 무엇을 해야 할지에 대한 내용을 분류하는 정도만 있는 실정이다. 부동산이나 주택 시장의 제도를 이해하는 바탕 위에 지원 순위가 무엇인지, 어떻게 해야 하는지에 대한 논의는 찾아보기 힘들다. 그 이유는 아마도 북한이라는 국가의 특수성 때문에 더 이상의 논의가 불필요하거나 무의미할 수도 있다.

북한은 전 세계적으로 최빈국에 속하고, 국제개발협력 차원에서 지원해야 하는 수준이다. 2021년 기준으로 북한의 인구는 남한의 절반임을 감안하더라도 북한에 비해 남한의 명목GNI가 57배, 무역총액이 1700배, 한 해 예산규모가 40배 등 엄청난 차이가 난다. 공적개발원조(ODA: Official Development Assistance) 대상 국가의 정의상 북한은 해당되지 않는 논란은 있지만, 빈부의 격차를 줄이고 빈곤문제를 해결해 인간의 기본권을 지키는 공적개발원조의 원칙에는 부합한다.

통일 방식이나 실현가능성 여부를 떠나, 언어가 같고 지리적으로 인접한 상황에서 언젠가의 교류, 개방 등을 감안하게 된다면, 무엇을 어떻게 실천해야 할지 미리 준비해야 한다. 정부는 아니더라도 연구기관이나 학계라면 어떤 제도가 최우선되고 추진해야 하는지 기본적인 순서와 시나리오별 계획이라도 준비해두어야 하지 않을까 한다.

참고문헌

강미나 외, 「공공임대주택과 주거급여제도의 정책효과 분석과 성과제고 방안」, 『국토정책 Brief』, 865호, 2022.

경제사회연구원, 『대한민국 100년을 향한 Vision 2045, Agenda 2022』, 2021.

고영선 외, 『국제협력과 지식공유 2019』, KDI 국제개발협력센터, 2019.

곽태원, 『토지는 공유되어야 하는가?』, 한국경제연구원, 2005.

국립통일교육원, 『2022년 북한 이해』, 통일부, 2022.

국정브리핑 특별기획팀, 『대한민국 부동산 40년』, 한스미디어, 2007.

국토개발연구원, 『개발이익환수의 제도적 기술적 장치와 영향에 관한 연구』, 1981.

국회예산정책처, 『부동산 세제 현황 및 최근 논의동향』, 2018.

국회예산정책처, 『2022 대한민국 조세』, 2022.

권세진, 「문재인 정부의 토지공개념 발언 총정리 : 청와대와 슈퍼여당, 사회주의화에 제대로 시동 걸었다」, 『월간조선』, 2020년 7월호, 2020.

권영섭, 「서울 소재 대학 지방분교가 지역발전에 미치는 효과에 관한 연구」, 『지역연구』, 제8권 제1호, 1992.

글레이저, 에드워드 L. 『도시의 승리』, 이진원 역, 해냄, 2011.

김경환 · 손재영, 『부동산 경제학』, 건국대학교출판부, 2020.

김계홍, 『국내 채권 시장에서 MBS 영향력 강화 방안』, 한국주택금융공사 주택금융연구원, 2015.

김광중 · 이인재 · 정상혁, 『서울시 주택개량 재개발 연혁 연구』, 서울시정개발
연구원, 1996.

김동근, 「국토계획법 20년의 성과와 과제」, 『국토』, 제487호, 2022.

김병욱, 「대북제재하 북한의 혜산시 부동산 상품별 거래행태와 특징」, 『부동산
분석』, 제5권 제3호, 2019.

김병욱, 「북한 혜산시 부동산 가격실태와 가격결정의 함의」, 『부동산 분석』,
제7권 제1호, 2021.

김보영, 「일본과 싱가포르의 상장리츠 시장 성장 및 시사점」, 『자본 시장 포커
스』, 2021-06호, 자본시장연구원, 2021.

김석진, 「2015년 상반기 북한 시장과 사경제 동향」, 『KDI 북한경제리뷰』,
2015년 8월호, 한국개발연구원, 2015.

김수현 · 진미윤, 『집에 갇힌 나라, 동아시아와 중국』, 오월의 봄, 2021.

김용창, 『한국의 토지 주택정책』, 부연사, 2004.

김우철, 「주거안정을 위한 부동산 세제의 운영 방향」, 바른사회시민회의 토론
회 발표자료, 2020. 1. 6.

김재칠 · 강현주 · 백인석, 「가계부채 문제의 연착륙을 위한 정책과제」, 이슈
보고서 17-07, 자본시장연구원, 2017.

김재형 외, 『부동산 정책의 종합적 검토와 발전방향 모색』, 한국개발연구원,
2008.

김정호, 『왜 우리는 비싼 땅에서 비좁게 살까』, 삼성경제연구소, 2005.

김지혜 · 이길제 · 안종욱, 「주택금융정책의 국제 비교 및 정책적 시사점」,
『국토정책 Brief』, 882호, 2022.

김태현 · 권영덕, 『주택필터링개념을 활용한 주택공급효과 실증분석』, 서울시정개발연구원, 2010.

김현아 외, 『주택공급체계의 국내외 비교분석』, 건설산업연구원, 2004.

김형준, 「수도권인구분산정책의 평가 : 교육시책을 중심으로」, 『국토연구』, 제6권, 1986.

김혜승, 『주택후분양제도의 조기정착방안』, 국토연구원, 2003.

남영우, 「한국주택공급 시스템의 동남아 개발도상국 적용에 대한 연구」, 『부동산 정책연구』, 제20집 제1호, 2019.

남영우 외, 『주거신분사회 : 타워팰리스에서 공공임대주택까지』, 창비, 2010.

대천덕, 『토지와 자유』, 도서출판 무실, 1989.

문순철, 「통일 이후 북한 농촌 문제의 전망과 대책」, 대한지리학회 학술대회 논문집, 1999.

문흥안, 「북한살림집법을 통해 본 북한 부동산 시장의 변화와 통일시 시사점」, 『비교사법』, 제24권 제2호, 2017.

박세훈 · 김태환 · 김성수 · 송지은, 『북한의 도시계획 및 도시개발 실태분석과 정책과제』, 국토연구원, 2016.

박정현, 「정책수단으로서 부동산 조세에 관한 연구」, 『재정정책논집』, 제13집 제1호, 2011.

박지영 외, 『LH공공임대주택 이미지 개선방안 연구』, 토지주택연구원, 2019.

박지현 외, 『부동산 세제 쟁점 분석 및 정책제언』, 한국지방세연구원, 2022.

박진백 · 이영, 「부동산 조세의 주택 시장 안정화 효과 : 보유세와 거래세를 중심으로」, 『부동산 분석』, 제4권 제2호, 2018.

백민석 · 권기욱 · 금상수, 「통일을 대비한 부동산 정책에 관한 연구 – 토지소
　　　유제도를 중심으로」, 『한국지적정보학회지』, 제17권 제1호, 2015.

서울 21세기 연구센터, 『서울의 국제경쟁력 진단 및 제고방안』, 서울시정개발
　　　연구원, 1995.

손재영, 「수도권 분산정책의 평가와 정책전환을 위한 제언」, 『주택연구』,
　　　제1권 제2호, 1993.

손재영 · 김현주 · 박재룡, 『수도권 정책의 새로운 방향』, 삼성경제연구소,
　　　1997.

손재영 외, 『한국의 주택금융 70년』, 한국주택금융공사, 2016.

손재영, 『시장을 이기는 정책은 없다』, 매일경제신문사, 2022.

송하승 외, 『토지에 관한 국민의식조사(2020년)』, 국토연구원, 2021.

안지영, 『MBS 해외 투자자 유인 방안 검토』, 한국주택금융공사 주택금융연구
　　　원, 2020.

우아영, 「공공임대주택이 들어오는 것을 싫어하는 이유」, 『공공임대주택의
　　　수요자와 사업자 그리고 지역사회』, 지식공작소, 2020.

이상준, 「북한의 주거환경 개선을 위한 남북협력 실천과제」, 『KDI 북한경제리
　　　뷰』, 2015년 7월호, 한국개발연구원, 2015.

이선화, 「조세기능에 기초한 부동산 관련 세제 개편방향」, 한국재정학회 정책
　　　토론회 발표자료, 2018. 7. 5.

이종권, 『공공임대주택 이렇게 바꿔라 – 저성장시대 공공임대주택 공급체계에
　　　서 소셜믹스의 실현 방향』, 학고재, 2021.

이준용, 「재건축초과이익환수제로 주택 시장의 과열을 막을 수 있다?」, 『부동산 상식의 허와 실』, 건국대학교 부동산도시연구원, 2018, pp. 371~378.

이창무 · 김미경, 「뉴타운사업에 대한 재진단」, 『주택연구』, 제17권 제2호 연구노트, 2009.

임은선 · 유재윤 · 김걸, 「도시정비사업에 따른 원거주민의 이주패턴과 거주형태 변화 분석」, 『국토연구』, 제66권, 2010.

임을출, 「북한 사금융의 발전, 영향 및 전망」, 『KDI 북한경제리뷰』, 2016년 4월호, 한국개발연구원, 2016.

정영식 외, 『국제사회의 부동산 보유세 논의 방향과 거시경제적 영향 분석』, 대외경제정책연구원, 2021.

정은이, 「북한 부동산 시장의 발전에 관한 분석 : 주택 사용권의 비합법적 매매 사례를 중심으로」, 『동북아경제연구』, 제27권 제1호, 2015.

정은이, 「북한 부동산 개발업자의 등장과 함의에 관한 분석」, 『KDI 북한경제리뷰』, 2016년 9월호, 한국개발연구원, 2016.

정희남, 「정부수립 이후의 한국 토지정책 60년사 소고, 1948~2008」, 『부동산연구』, 제20집 제1호, 2010.

정희남 외 5인, 『부동산 시장 선진화를 위한 리츠제도 활성화 방안 연구』, 국토연구원, 2008.

정희윤, 『서울의 도시기능 보완방안 : 국제화에 따른 도시기능 및 지원시설을 중심으로』, 서울시정개발연구원, 1998.

조만 외, 강의자료, 2013.

조영기, 「통일 후 북한 주민의 주거복지를 위한 과제」, 『선진화정책시리즈』, 한반도선진화재단, 2017.

최명근, 「부동산 보유과세 부담수준에서 본 위헌 가능성」, 『월간 조세』, 212호, 2006.

최성은, 『주거부문 재정지출 현황과 저소득층 주거지원정책의 방향』, 한국조세재정연구원, 2017.

최영상·백인걸, 「미국 도시재생 경험의 시사점과 교훈」, 『주택금융월보』, 제157호, 2017.

최찬환, 「도심재개발의 외국사례」, 『건축사』, 11호, 1993.

토지공개념연구위원회, 『토지공개념연구위원회 보고서』, 1989.

한국은행, 『금융안정보고서』, 각년호.

한국토지개발공사, 『지가문제를 중심으로 한 외국의 토지제도 비교』, 1990.

한병도, 「집값 폭등에 부동산 교부세 3兆 돌파… 경기 1위, 서울 4위」, 보도자료, 2021.

Buckley, Robert M., and Jerry Kalarichal (eds.), *Thirty Years of World Bank Shelter Lending : What Have We Learned*, World Bank Publications, 2006.

Micklethwait, John, "Future Perfect? A Survey of Silicon Valley," *Economist*, 1997. 3. 29.

Rosenfeld, Orna, *Social Housing in the UNECE Region : Models, Trends and Challenges*, Geneva : United Nations Economic Commission for Europe, 2015.

부동산 정책, WHY & HOW

초판 1쇄 2022년 12월 27일
초판 2쇄 2023년 3월 30일

지은이 손재영, 남영우, 황규완, 이준용, 황세진
펴낸이 최경선 **펴낸곳** 매경출판㈜
기획제작 ㈜두드림미디어
책임편집 이향선, 배성분 **디자인** 노경녀 nkn3383@naver.com
마케팅 김성현, 한동우, 김지현

매경출판㈜
등록 2003년 4월 24일(No. 2-3759)
주소 (04557) 서울특별시 중구 충무로 2(필동 1가) 매일경제 별관 2층 매경출판㈜
홈페이지 www.mkbook.co.kr
전화 02)333-3577
이메일 dodreamedia@naver.com(원고 투고 및 출판 관련 문의)
인쇄·제본 ㈜M-print 031)8071-0961
ISBN 979-11-6484-502-6 (03320)